어느 교장 선생의 가서(家書)
인생, 어떻게 살아야 하나?

어느 교장 선생의 가서(家書)
인생, 어떻게 살아야 하나?

아들딸·손자에게 남긴 입지·학문·인격·처세에 관한 글

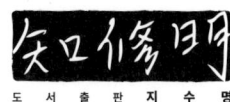
도서출판 지수명

영(靈)은 마음과 생각을 일으키고,
마음과 생각은 말과 행동을 이끌고,
말과 행동은 인격과 습성을 만들며,
인격과 습성은 인생을 변화시킨다.
그러므로 영(靈)이 건강해야 한다.

가르치고 배우며 서로 성장한다(敎學相長)

  사람의 존귀함을 석가모니는 천상천하 유아독존(天上天下 唯我獨尊)이라 했다. 그러나 물질문명이 지배하는 오늘날에는 사람의 가치보다 물질의 가치를 더 믿고 더 많이 가지려고 욕심을 부리고 경쟁을 하며 사람은 물질과 황금의 노예처럼 자유와 행복을 잃게 되었다. 고로 사람이 사람답게 살려면 인격에 가치를 두어야 한다.
  인격이 사람의 가치를 결정하며, 사람의 타고난 본성인 인, 의, 예, 지는 무엇과도 바꿀 수 없는 무한한 가치를 가진 보석이라고 말할 수 있다.

  "옥은 쪼아서 다듬지 않으면 그릇이 될 수 없고, 사람은 배우지 않으면 사람된 도리를 알지 못한다(玉不琢 不成器 人不學 不知道)"

  『명심보감』 근학편(勤學編)에 나오는 위의 명언과 같이 인격수양은 목표를 갈고 닦아 보석을 만들듯이 정성을 들여 갈고 닦는 수양을 해야 한다.
  조선시대 선비는 유학을 기본적인 학문으로 삼아 수양에 힘썼다. 유학은 인간학으로 인격 수양에 필요한 주옥같은 가르침을 집대성한 사서오경의 고전에 성현의 가르침이 담겨 있다. 춘추전국 시대의 문란해진 도의를 바로 잡으려던 공자, 맹자와 같은 성현의 가르침은 2,500여 년이 지난 오늘날 비인간화되어 가는 현실을 바로 잡는 데에 가장 적절한 가르침이 되리라 믿는다. 이러한 뜻으로 동서고금의 훌륭한 가르침에 가장 가까운 삶을 살았던 인물이 바로 우리의 옛 선비임을 깨닫게 된 것이다.

처음에 명언을 모을 때에는 손자들에게 가르치려고 시작한 것인데 가르치려면 먼저 배우지 않으면 가르칠 수 없음을 알고 나 스스로 공부를 하려고 이 책의 서문의 제목을 교학상장(敎學相長)이라고 정하게 된 것이다. 중국 오경(五經)의 하나인 『예기(禮記)』의 학기(學記)편에 나오는 문구이다. 본문의 내용은 선비의 지향, 인간의 품성, 인격수양과 학문에 걸쳐 주제를 정하여 인격수양의 처방으로 요긴한 내용만 담겨 있다고 생각한다. 성년이 되는 20대부터 70대 노년에 이르기까지 삶의 현장에서 필요한 가르침을 찾아 인격수양과 처세에 가르침으로 활용할 수 있을 것이다.

주제에 따라 명상도 하고 뜻을 같이 하는 사람과 이야기의 화두로 삼을 수도 있고, 어떤 일에 처할 때에 처신할 지혜로서 염두에 두고 활용할 수도 있다. 최근 중국에서는 유학의 가르침으로 국민 도의교육을 하고 유학사상으로 세계를 이끌어 가려고 시도하고 있다.

선비문화인 유학이 중국보다 앞섰던 우리나라에서 당연히 유교문화, 선비문화를 부흥시켜 도의 국가를 세우고, 세계 무대에서 인간 중심의 유교문화를 보급하여 선비의 인격을 세계에 널리 알리기를 원하는 마음 간절하다.

유학은 인간학이요, 인격수양에 절실한 가르침이요, 평생을 학문과 수양에 절실한 문답을 과제로 제시하고 있다. 21세기의 비인간화의 그릇됨에서 인류를 구원하는 자세로 온고이지신(溫故而知新)의 지도자가 되는 데에 커다란 도움이 될 것이다.

이 책은 선비다운 인격을 닦는 수양서로 고전의 해석 또한 교양으로서 책을 읽는 사람에 따라 자기에게 알맞게 적절히 새기면 된다. 이러한 의도로 필요한 과제를 선정하여 선비의 학문 과제인 수신제가 치국평천하(修身齊家治國平天下)의 군자학에 접근하는 데 도움이 되도록 배려하였다.

 욕심을 더한다면, 이 책이 인생의 교본처럼 애독되어 명언, 명구를 되풀이해서 읽고 명상과 좌우명으로 삼을 수 있으면 좋으리라 기대해 본다.

2010년 봄
일산 호수공원에서

남계(藍溪) 허경한

뜻을 세우는 맹서(立志之誓)

험란한 사막의 인생의 항로를 나는 걸어가고 있다
목표를 향하여 전진하지 않으면 죽음뿐이며
생의 사막에서 패배자로 남게 된다
한걸음 한걸음 늦으나 쉬지 않고…

고생이란 성공한 사람의 자서전에서나
美스럽고 그럴듯하게 보인다
뼈를 깍는 형극의 길을 걸어보지 못한 자가
어찌 生의 진가를 논하리오

인간의 마음은 갈대와도 같다
진정한 시련과 싸울만큼 강하지 못하다
허나, 거치른 生의 풍파를 극복하고 돌진한 자
지금 역사의 한 장을 차지하고 있다

방향타 없는 돗단배는 외롭게 망망대해를 간다
모든 사탄의 무리들을 물리치고 나아간다
심은 만큼 수확한다는 평범한 진리를 맏으며
과거를 후회하지 않는 인간이 될 수 있도록…

자! 이제 앞으로 나아가자

Paul, Lincoln, King이 그러하듯이
냉철한 이성과 꺽이지 않은 집념으로 약속을 지키며
철저하게 나의 生을 계획하자(1983.03.29.).

경남 함양에는 동방오현(東方五賢) 중 한 사람인 일두(一蠹) 정여창(鄭汝昌, 1450~1504)을 기리는 남계서원이 있다. 남계(藍溪)는 이 서원 앞을 흐르는 개천이다. 본서의 원저는 2010년에 남계지역 태생의 현대판 선비 남계(藍溪) 허경한(許京漢)이 저술하였다.
　허경한은 1931년 선비의 고향 함양에서 태어나 남계천에서 물놀이 하며 소년 시절을 보내고 진주와 대구에서 사범학교를 졸업한 후 평생 교사의 길로 나갔다. 1956년 이후 부산에서 40년 동안 일관되게 교직에 종사하였으며, 이 중 18년은 교장의 중책을 맡았다. 1996년 정년 퇴직 후 후대 교육을 위해 이 글을 엮었으며, 2010년 탄생 80주년을 맞는 해에 가족회 이름으로 서적을 발간하여 가족, 친지들에게 나누어 주었다. 그러나 당시 정식 출간하지 않았기 때문에 시중 서점에는 유통되지 않았다. 이후 남계 선생은 2015년 세상을 하직하였다. 남계 선생이 세상을 떠난 후 8년이 지났고, 사위 된 자가 직장을 퇴직한 지 5년이 지난 어느 여름날 서재에 누워서 뒤척이다가 책꽂이에 꽂혀 있는 본서를 무심코 보게 되었다. 일어나 정좌하고 글을 찬찬히 읽으면서 그동안 발견하지 못한 주옥같고 천금같은 글귀 한구절 한구절에 너무나 경외감을 느꼈다. 사람이 사람답게 사는 삶의 도리, 지혜와 인성을 수양하는 글이었다.

그러나 한문이 많이 혼재되어 있고, 문맥 중 난해한 인용구들이 산재하여, 과연 이 글귀를 손자, 손녀들이 읽고 이해할 수 있을까 하는 의문이 들었다. 그리하여 누구나 쉽게 읽으면서 이해할 수 있고, 누구나 쉽게 접할 수 있도록 다시 편찬하여 출판해야겠다는 마음이 절실하였다.

그리하여 문맥이 이해되지 않거나 의미가 일치하지 않는 문장의 수정, 부합되는 의미의 보필, 등장 인물들의 출생 및 사망년도 삽입, 이해하기 어려운 용어에 대한 주석 넣기, 가독성을 높이기 위해 그림이나 도표 넣기 등 내용을 보강하여 9개의 chapter로 분류하였다. 또한 인생의 시작인 청소년기부터 인생의 마무리인 노년기까지 살아가면서 필요할 때마다 쉽게 찾아볼 수 있도록 단락을 구분하였다. 하지만 남계 선생님의 집필 의도를 감안하여 잘 소통되지 않더라도 가능한 원문을 그대로 살렸다. 다소 둔탁한 표현이 있더라도 여유를 가지고 천천히 음미하고 새겨 읽어보면 그 의미를 제대로 이해할 수 있을 것이다.

필자가 관직을 떠난 이후 7여 년간 학문에 심취해보니 지나간 인간의 역사 3천 년이 그렇게 먼 과거가 아님을 깨닫게 되었다. 그리고 유학이 우리 삶에서 과거와 현재, 미래를 넘나들 수 있는 지혜와 지식을 가져준다는 것도 인식하였다. 국내에서 정토회를 설립하여 왕성한 수행지도를 하고 있는 승려 법륜(法輪, 1953~)은 '행복은 정신적으로 괴로움이 없는 상태'이며, '건강은 육체적으로 아프지 않고 사는 것'을 말한다며 삶의 지혜를 설파하고 있다.

이처럼 본서는 삶의 지혜를 담은 책으로 어린 시절부터 읽고 또 읽으면, 심신 수양에 크게 도움을 줄 것으로 판단된다. 현대의 바쁜 세월에 그것이 힘든다면 청년기, 중년기, 노년기에 짬이 날 때마다 읽어도 무방하며 할아버지, 할머니가 손자에게 읽어주거나 아버지, 어머니가 사랑하는 아들딸에게 읽어주면, 더욱더 효과가 있을 것이다. 단언컨대 "인생, 어떻게 살아야 하는가?" 라는 의문에 대한 적절한 해답의 실마리를 찾아 줄 것으로 믿어 의심치 않는다.

본서를 숙독하여 머릿속에 새겨 두면 올바르고 희망에 찬 인생을 살아가는 지혜와 지표를 터득할 수 있을 것이며 풍족한 마음의 삶을 만들어 나갈 수 있을 것이다.

끝으로 본서를 엮는데 각별히 시간을 내시어 꼼꼼한 교정과 조언을 주신 우암 선생 등 여러분께 심심한 감사를 드립니다.

2024년 3월
도곡로 청운재에서

대송(大松) 홍윤근

차례

[교학상장]
[입지지서]

017

CHAPTER 01 인생을 시작하다

    01. 인생의 시작 19
    02. 청춘 예찬 22
    03. 젊음의 기회 24
    04. 청년의 과제 26

029

CHAPTER 02 뜻을 세우다

    01. 마음 37
    02. 선비 43
    03. 성(誠) 54
    04. 인격수양 58
    05. 학문 69

071

CHAPTER 03 유학의 사상을 담다

01. 역(易, change) 81
02. 중용(中庸, golden mean) 90
03. 도(道, tao) 98

105

CHAPTER 04 본성을 익히다

01. 사성(四性) 109
    1) 인(仁, benevolence)
    2) 의(義, justice)
    3) 예(禮, manners, courtesy)
    4) 지(知/智, knowlege)
    5) 신(信, belief)
    6) 용(勇, courage)

02. 칠정(七情) 139
    1) 희(喜, pleasure, joy)
    2) 노(怒, anger)
    3) 애(哀, sorrow)
    4) 구(懼, fear)
    5) 애(愛, love)
    6) 오(惡, hate)
    7) 욕(欲, greed)

199

CHAPTER 05 수신하다

01. 허심(虛心, disinterestedness) 202
02. 자각(自覺, self-awareness) 206
03. 반성(反省, self-reflection) 208
04. 자존심(自尊心, self-respect) 210
05. 정직(正直, honesty) 214
06. 겸양(謙讓, humbleness, modesty) . 217
07. 지족(知足, knowing satisfaction) 222
08. 절제(節制, self-control) 224
09. 검약(儉約, economy) 226
10. 선행(善行, good deed) 228
11. 신(愼, be careful, refrain) 231
12. 말(言) 234
13. 독서(讀書, reading) 240
14. 건강(健康, health) 243

247

CHAPTER 06 입신하다

01. 일(事, work) 250
02. 성공(成功, success) 254
03. 성가(成家, make a family) 257

   어느 교장 선생의 가서(家書)

263

CHAPTER 07 윤리를 알아차리다

01. 효문화(孝文化, filial piety) 270
02. 충((忠, loyalty) 277
03. 붕우((朋友, friend) 280
04. 부덕((婦德, wife's virtue) 285

293

CHAPTER 08 봉사하다

01. 지도자(指導者, leader) 297
02. 공직자(公職者, public official) ... 303

309

CHAPTER 09 마무리하다

Chapter 01.
인생을 시작하다

01. 인생의 시작
02. 청춘 예찬
03. 젊음의 기회
04. 청년의 과제

01. 인생의 시작

무릇 자연이나 인간사회에서 시작(Begin)이 무엇보다도 중요하다. 모름지기 사람에게 있어서 스스로의 인생 시작은 자아(自我)를 표출하는 청소년 시기부터라고 할 수 있다.

사람의 일생은 농사의 1년과 같다. 농부는 가을걷이를 생각하고 봄에 그만큼의 씨를 뿌린다. 과일나무는 봄에 꽃이 피고 가을에 열매를 맺으며, 곡식은 봄에 씨 뿌려 가을에 거둔다(春華秋實 春植秋穫).

[그림 1-1] 앤드류 카네기
* 출처 : https://en.wikipedia.org/

이처럼 사람의 인생도 어떻게 살아가고 이루고자 하는 것에 대하여 인생을 시작하는 시기인 청소년 때에 그 목표를 정하고 그 목표를 달성하기 위해 정진해야 한다. 흔히 이를 '입지, 즉 뜻을 세운다(立志, set up a will)'라고 말한다. 사람은 인생의 봄에 해당하는 청소년 시기에 뜻을 세우고, 실천할 수 있는 힘을 길러야 성공할 수 있다.

이러한 의미에서 귀감이 될 만한 위대한 한 사람의 예를 들어 본다. 미국의 철강 재벌로 잘 알려진 스코틀랜드 태생의 앤드류

카네기(Andrew Carnegie, 1835~1919)라는 사람이 있다. 그의 어린 시절 일화이다. 한번은 앤드류가 어머니와 함께 식료품 가게에 갔다. 어머니가 시장을 보는 동안 앤드류는 체리 가게 앞에서 체리 상자를 뚫어지게 바라보았다. 그러자 주인 할아버지는 "먹고 싶으면 한 줌 집어 먹어도 좋아"라고 말했다. 마침 가까이 있던 어머니도 이 말을 듣고 "할아버지가 허락했으니 한 줌 집어 먹어"라고 말했지만, 그는 손을 움직이지 않았다. 그러자 하는 수 없이 할아버지가 체리를 한 움큼 집어 그에게 내밀었다. 그제야 그는 공손하게 고맙다고 인사하고 두 손으로 체리를 받아먹었다. 집으로 돌아가는 길에 어머니는 왜 할아버지가 체리를 집어주기 전까지 가만히 있었는지 물어보자, 앤드류는 이렇게 답변했다. "할아버지의 손이 저보다 훨씬 크게 보였어요."

그 후 앤드류는 1848년 13살의 나이에 가난을 벗어나기 위해 가족과 함께 미국 펜실베니아주(Commonwealth of Pennsylvania) 피츠버그(Pittsburgh)로 이민을 가게 되었다. 이민가기 전에 할아버지는 "돈이 없어 성(城)을 구경시켜 주지 못하여 안타까운데 장차 네가 커서 성을 사 버려라"라는 격려의 말을 하였다. 결국 앤드류는 유전 사업과 철강 사업으로 큰돈을 벌어 철강왕이 되었고, 돈을 벌면 자선사업을 하겠다는 자신의 확고한 철학에 따라 60세 후반의 나이에 모은 재산을 자선사업에 기부하였다.

그는 1888년 펜실베니아 브래독(Braddock) 시에 카네기 도서관을 처음으로 건립하였고 1902년 당시로서는 천문학적인 액수인 2,500만 달러를 기부하여 공공도서관 건립을 지원하고 워싱턴 카네기(Carnegie) 협회를 설립했으며, 이후 미국을 포함하여 전 세계에 수많은 도서관, 대학교, 박물관, 연구소를 건립하면서 교육문화 사업에 헌신하였다. 이외에도 프린스턴 대학(Princeton University, 1746년 설립) 내 조정팀을 위한 인공 호수(카네기 호수 : Lake Carnegie) 건설 등 앤드류의 기부 일화는 끝이 없었다. 그는 자신이 평생 모은 재산의 90%에 이르는 3억 5,000만 달러를 사회에 환원하였다.

[그림 1-2] 카네기 인공 호수(Lake Carnegie)
* 출처 : https://brunch.co.kr/@princeton/9

오늘날에 이르러 뜻있는 젊은이는 누구나 과학자, IT 기술자, 인기 연예인, 의사 등이 되어 부자가 되기를 바란다. 노력을 하면 마침내 이러한 물질적 성공은 달성할 수 있을 것이다. 그러나 물질적 성공과 함께 사람답게 살려는 목표를 세우고 존경받는 인격자가 되려는 뜻을 세우는 사회적 분위기는 아니다.

중국 춘추전국 시대 사상가인 공자(公子, BC551~BC479)는 15세에 뜻을 세우고 70세에 성인(聖人)이 되었다. 그리고 조선시대 성리학을 체계화하여 '동방의 주자'라고 불린 퇴계 이황(李滉, 1502~1571) 선생은 비록 관직에 오르기는 했으나 인재를 가르친다는 자신의 뜻에 따라 낙향하여 300여 제자를 길렀다. 퇴계 선생은 완전한 도덕인의 인격을 갖추고 모범이 되어 그의 가문은 명문가로 인재가 이어 배출되었다. 이처럼 성현의 삶에서 젊은이는 입지를 소중히 여기고 장년기에 최선의 노력을 다하여 노년기에 존경받는 인격자가 되기를 기약해야 하지 않겠는가?

02.＿＿ 청춘 예찬

젊은이는 피기 전 꽃봉오리처럼 아름다움과 동경심을 느끼게 한다. 그것은 청년의 자랑이며 인생의 봄으로 꿈과 희망을 준다. 소위 청년을 가르켜 "앞날이 구만리 같다"라고 하며 활동할 앞날의 시간이 무한함을 예찬한다. 한편 이 말은 청소년기와 젊은 시절을 헛되이 보낸 어른들의 한탄이기도 하다.

러시아의 문학 작가 막심 고르키(Maxim Gorky, 1868~1936)는 "젊음은 항상 신선하고 폭넓은 우아함이 있다. 청소년은 미래가 있다. 그것만으로도 행복하다"라고 젊음을 예찬했다. 그리고 중국 춘추전국 시대의 문인이자 정치가인 굴원(屈原, BC343~BC278)은 다음과 같이 청춘을 찬양했다. "백금으로 준마를 사고 천금으로 미인을 사고 만금으로 벼슬을 산다 한들, 무엇으로 청춘을 사오리까?" 이처럼 청소년은 넉넉한 부자이다.

[그림 1-3] 오토 폰 비스마르크
* 출처: https://ko.wikipedia.org/wiki/

또한 독일을 통일한 철혈 명재상 비스마르크(Bismarck, 1815~1898)는 독일의 젊은이들에게 다음과 같이 호소하였다.

"젊은이여 일하라, 또 일하라, 그리고 또 일하라."

젊은이는 부자로서 다음과 같은 다섯 가지 재산을 가졌다.

첫째, 미래가 그들 것이라 많은 시간에 많은 활동을 할 수 있다.
둘째, 왕성한 정력으로 강력한 힘을 발휘할 수 있다.
셋째, 예리한 감수성으로 자극에 빠르게 적응하여 새로운 동기를 일으킨다.
넷째, 이상주의 정신으로 훌륭한 뜻을 세운다.
다섯째, 두려움 없는 용기로 과감히 행동한다.

청소년은 생각과 행동, 학습과 실천을 왕성하게 하는 한창 일하는 시기이다. 청소년의 여가 시간은 인생을 즐기는 행복을 누릴 수 있고, 청소년의 활동력은 무엇이든지 이루어 낼 수 있는 가능성이 있다. 청소년기에는 야망과 봉사의 양면이 있다. 입신출세하려는 의욕과 남에게 희생 봉사하는 이타심을 함께 지니고 있다. 이를 이루려는 의욕은 용기가 되고 활력이 된다.

기성세대는 젊은이의 적극성을 긍정해야 한다. 격려의 말 한마디가 젊은이에게 희망을 준다. 젊은이의 모습은 피기 전 꽃봉오리와 같다. 인류의 희망은 현재가 아니라 미래에 있다. 미래의 주인공은 현재의 청소년이다.

가정의 미래는 아이에게 있다. 아이의 미래는 가정교육에 달려 있다.
그리고 가문의 미래는 자식 농사에 달려 있다고 해도 과언이 아니다.

03. 젊음의 기회

산다는 것은 시간을 사는 것이며 청소년기 20년의 세월은 기회의 시기이다. 일생의 성공 여부는 청년기 20년에 그 기회가 주어진다. 한 번 찾아온 기회는 두 번 다시 오지 않는다.

지나간 인생과 무시해 버린 기회는 노년에 가서 후회하게 된다. 청소년 20년에 의해 인생 100년이 결정된다. 이때는 입지, 교우, 학업, 취업, 결혼 등을 선택할 기회이며, 이 모든 것을 자신이 풀어 나가야 한다. 이 중에 취업과 결혼이 삶을 살아가는데 가장 크게 영향을 미치므로 각별히 신중을 기해야 한다.

영국의 시인이자 실낙원(失樂園, Paradise Lost)의 저자인 존 밀턴(John Milton, 1608~1674)은 "아침이 하루를 정하는 것과 마찬가지로 그 유년 시절은 사람의 일생을 정한다"라고 말했다. 밀턴은 정치적 소용돌이에 휘말려 말년에 세상에서 버림받아 실의와 고독 속에서 불후의 명작 실낙원을 저술하였다. 노년기에 실명을 하여 아내와 딸들의 도움(받아쓰기)으로 마침내 1667년 실낙원을 완성하였다.

사람의 일생은 변화의 연속이며 가장 발전적인 변화는 청년기에 이루어진다. 청년기의 과제는 자기의 존재 가치를 자각하고 자질을 개발하여 유용한 인재가 되기를 기약하며 그에 필요한 학문을 연마하는 것이다. 자기를 긍정적으로 봐야 자기의 장점을 찾을 수 있다. 십중팔구 낙천적이면 즐거운 인생길이 보이게 된다.

[그림 1-4] 존 밀턴(John Milton)
* 출처 : https://terms.naver.com/entry

　인생의 출발점에서 마음가짐이 중요하다. 오늘 낭비한 시간은 다가오는 시간으로 바꿀 수 없다. 씨 뿌리는 봄철이 빠르게 지나가듯이 인생의 봄인 청년기도 덧없이 빠르게 지나간다. 미래의 갈 길을 결정하고 앞으로 달려 나가자. 젊음의 기회는 다시 오지 않는다.

04. 청년의 과제

　농부가 봄에 씨를 뿌리듯 사람의 일생은 청년기에 인생의 목표를 마음의 밭에 심어서 장년기에 가꾸고 노년에 이르러 성공한 것을 거두어 드린다. 일을 잘하려면 젊어서 지식과 기술을 배워야 한다.

　청년기는 인생의 성패를 정하는 시작이다. 일은 시작이 좋아야 좋은 결과를 기대할 수 있다. 활발하게 활동하는 청년은 노쇠하여 일할 수 없는 노년기에 대비하여 경제적이고 신체적인 여유를 마련해 두어야 한다.

　중국의 고전인 『고문진보(古文眞寶)』에 "소년 시기에 노력하지 않으면, 늙어서 큰 괴로움이 따른다(小年不努力, 老大徒傷悲)"라고 기록하고 있다. 고문진보는 중국 송나라 말기의 학자 황견(黃堅)이 주(周)나라 때부터 송나라 때까지의 시문(詩文)을 모아 엮은 책으로 전집(前集) 시(詩) 10권, 후집(後集) 문(文) 10권, 총 20권으로 구성되어 있다.

　청년기는 일생 4기간(四期間) 중에 가장 빠르게 지나간다. 활동을 쉬지 않고 정열적으로 열중하기에 그런 것이다. 청년 20년간에 일생의 일은 반 이상 이루는 것이 아닐까? 미래는 현재에 의해 얻어진다. 청춘은 아름답다. 청년기를 낭비하는 행위는 범죄이다. 청년기에 일생의 목표를 세워야 한다. 내가 노년에 이르러 거둘 것이 무엇인가를 생각하여 청년 때에 입지를 정해야 한다. 그에 따라 평생의 사업과 업적이 이루어지는 것이다.

중국 동진 후기의 시인 도연명(陶淵明, 365~427)은 다음과 같이 말했다.

청년은 두 번 다시 오지 않고(盛年不重來)
아침은 하루에 두 번 아니온다(一日難再晨)
좋은 때를 잃지 말고 마땅히 힘써 노력하라(及時當勉勵)
세월은 사람을 기다리지 않는다(歲月不待人).

성리학을 집대성한 남송의 유학자 주희(朱熹, 1130~1200)는 소년 시절에 학문의 중요성을 일깨우고 학문을 권하는 다음과 같은 명문을 남겼다. 800여 년이 지났건만 지금도 우리에게 깊은 시사점을 주고 있다.

소년이 늙기는 쉬우나 학문을 이루기는 어려우니(少年易老學難成)
한 순간의 짧은 시간이라도 가볍게 여기지 말라(一寸光陰不可輕)
집앞 연못가의 봄풀은 아직 꿈에서 깨어나지 못했는데(未覺池塘春草夢)
계단아래 떨어지는 오동잎은 이미 가을을 소리낸다(階前梧葉已秋聲).

[그림 1-5] 에이브러햄 링컨
* 출처: https://ko.wikipedia.org/wiki

일하려면 알아야 하고 알려면 배워야 한다. 배워서 힘을 기른다. 가장 배움에 힘쓸 때가 청년기이다. 청년기의 공부가 일생을 좌우한다. 젊은 시절에는 돈을 모으는 것이 아니라 그것을 사용하여 장차 쓸모 있는 사람이 되기 위해 지식을 구하고 훈련하는 시기이다. 노예해방을 이룬 미국의 제16대 대통령 링컨(Abraham Lincoln, 1809~1865)은 다음과 같은 교훈을 남겼다. "나는 공부하고 준비하리라, 그러면 기회는 반드시 올 것이다."

CHAPTER 01 | 인생을 시작하다   27

링컨은 게티스버그(Gettysburg) 연설에서 "국민에 의한(by the people), 국민을 위한(for the people), 국민의(of the people) 정부"라는 유명한 말을 남겼다.

청년기에 기르고, 익히고 가꾸어야 할 다섯 가지를 제시해 본다.

첫째, 바른 품성을 기른다. 품성은 습관과 예절로 평가된다. 습관이 잘못되면 감정을 조절하지 못한다. 젊어서 좋은 습관이 몸에 배야 좋은 품성과 훌륭한 인격을 갖추게 된다. 그러나 젊어서 못된 행위는 노년에 크게 영향을 미친다.

둘째, 유익한 벗을 사귄다. 순수한 벗은 이해관계 없이 마음이 통하여 사귀게 된 청년 시절의 벗이 아니겠는가? 학문, 예술 등 뜻과 취미가 통하는 벗을 사귀면 그 이상 유익한 것은 없을 것이다.

셋째, 몸을 건강하게 가꾼다. 젊어서 건강이 거의 정해진다. 나름대로 건강관리를 위해 규칙을 세워 습관화하자. 젊음의 욕정을 경계해야 한다. 젊은 시절의 잘못된 욕정은 노년기까지 고통을 당하게 한다.

넷째, 선행하고 감사하는 삶을 익히자. 청년이 되기까지 입은 은혜에 감사할 일은 수없이 많다. 빚을 지고 있는 셈이다. 감사하고 선행하고 봉사함으로써 빚 갚는 기분과 같이 마음이 기뻐진다. 진정한 행복은 남을 기쁘게 함으로 내가 행복해지는 것이다. 청소년은 선행과 봉사를 가장 기쁘게 할 수 있다.

다섯째, 견문을 넓힌다. 학술 토론, 독서, 여행 등으로 지식과 안목을 넓혀 실력있는 세계인의 일원으로 그 몫을 해내야 한다.

Chapter 02.
뜻을 세우다

01. 마음
02. 선비
03. 성(誠)
04. 인격수양
05. 학문

뜻을 세우다, 즉 입지(立志)란 일생 하고자 하는 '목표를 세워 변하지 않게' 삶의 방향을 따르게 하는 것이다.

일 년의 계획은 봄에 세우고, 일생의 계획은 청년기에 세운다. 각자 계획의 성공을 위해 부지런히 일해야 한다. 농사는 해마다 계획을 세워 봄에 씨 뿌리듯이 사람은 인생의 계획을 젊어서 정하여 부지런히 정진하며 목표를 이루려고 노력해야 한다. 뜻이 있는 곳에 길이 있으며, 뜻이 있는 사람은 끝내 그 목표를 이루어낸다. 부자가 되고자 하는 사람은 사업의 길을, 경세에 뜻이 있는 사람은 정치인의 길을, 학자가 되고자 하는 사람은 학문의 길을 선택하여 자기 뜻을 이루고자 평생을 바쳐 정진해야 한다.

큰 뜻을 세워 크게 이루려면, 노력과 시간이 그만큼 많이 들므로 인생의 시작인 청년기에 뜻을 세워야 한다. 사람이 하고자 하는 일은 직업과 관계가 가장 깊은 것이니, 직업 선택을 잘해야 입지를 이루는 데에 크게 밑바탕이 된다. 농부가 봄에 씨 뿌리는 것에 비교가 안 될 만큼 청년기의 입지는 그 무엇보다도 중요한 것이다.

콩 심은 데에 콩 나고, 팥 심은 데에 팥 난다

무릇 청년기의 생활은 입지(立志)로 시작해야 한다. 그래야 평생 삶의 목적과 목표를 이루는 성공인이 될 수 있을 것이다. 현대사회가 기능과 직업 위주로 사람을 평가하고 대우하게 되니 청년기의 생활이 직업 선택의 수단으로만 인식되어 인간성과 인격 가치를 소중히 생각하지 않고 수양을 소홀하게 함으로써 인간이 도구로만 인식되어 비인간화의 길로 빠지게 된다. 그러니까 더 늦기 전에 입지의 한쪽 면에는 인격에 목표를 두고 가장 적절한 수단으로 군자(君子)의 학문이라는 유학(儒學)에서 인간 교육을 본받아야 할 것이다.

참된 나의 모습은 미래에 있으며 입지의 선택으로 인생이 갈라진다. 세 살 때의 뜻이 여든까지 간다. 입지는 희망이며 희망은 사람을 인도하는 신앙이다. 자기의 위대한 부분을 따르는 것은 대인이고 못난 점을 따르는 것은 소인이다. 사람만이 목표를 세워 삶을 발전시키고 새로운 문화를 창조한다. 사람은 자기가 세운 목표를 향해 노력하고 종국에는 그것을 이루어 낸다. 퇴계(退溪) 이황(李滉, 1501~1570) 선생과 율곡(栗谷) 이이(李珥, 1536~1584) 선생은 "입지로 성인되기를 기약하라"고 후학들에게 학문하는 목표를 강조하였다. 인격 가치를 소홀히 하는 오늘날에 더욱 절실한 가르침이라 판단된다.

[그림 2-1] 공자(孔子)
* 출처 : https://ko.wikipedia.org/wiki

유학에서의 입지

유학을 집대성한 공자(孔子, BC551~BC479)는 자신의 일생을 논어 위정편에서 다음과 같이 회고하였다. "나는 15살에 학문에 뜻을 두었고, 30살에 홀로 섰으며, 40살에 현혹됨이 없었고, 50살에 하늘의 뜻이 무엇인지 알았으며, 60살에 듣고 거스르지 아니하였고, 70살에 마음이 하고자 하는 대로 좇아도 법도에 어긋나지 않았다(吾十有五而志于學 三十而立 四十而不惑 五十而知天命 六十而耳順 七十而從心所欲不踰矩)." 유학의 학문과 수신이 힘든 것이며 남과 다른 것을 추구하는 것이라고만 생각하기 쉽다. 그러나 공자는 삶의 목표에 대해 개인적으로는 도덕적인 면 못지않게 즐겁게 사는 것을 삶의 의미로 생각하고 그렇게 실천하였다.

성리학의 기초를 닦은 중국 송나라 시대의 사상가 장재(張載, 1020~1077)는 다음과 같이 그의 포부를 내세웠다. "천지자연의 이치에 따르기를 마음에 정하고 민생을 위하여 도를 세우며 끊어져가는 옛 성현의 학문을 다시 계승하고 세상 사람을 위해 태평을 이루겠다(爲天地立心 爲生民立道 爲去聖繼絶學 爲萬世開太平)." 이는 곧 유학의 수신과 치인(治人)의 가르침인 것이다.

논어 술어편에도 다음과 같은 삶의 방향을 가르치는 구절이 있다. "도의 수양에 뜻을 두고 인덕(仁德)을 실천하며 예능을 고루 갖추어 즐긴다(志於道, 據於德, 依於仁, 游於藝)." 그리고 논어 공야장(26장)에 공자와 제자 자로(子路)와의 대화에도 나온다. 자로가 말했다. "선생님의 뜻(입지)을 듣고자 합니다." 공자가 다음과 같이 답했다. "노인을 평안하게 하며 벗에게는 믿음 있게 하며 어린이를 보살펴 그들이 그리워하게 하고 싶다(老者安之 朋友信之 少者懷之)." 또한 공자는 논어 옹야편(13장)에서 제자 자하(子夏)에게 다음과 같이 말했다. "너는 소인같은 선비가 되지 말고 군자다운 선비가 되어라(女爲君子儒 無爲小人儒)."

입지와 노력

독일의 고고학자로 트로이와 미케네 유적을 발굴한 하인리히 슐리만(Heinrich Schliemann, 1822~1890)은 체험적 명언으로 다음과 같은 말을 남겼다. "일하고자 하는 마음이 힘을 준다." 무엇을 하겠다는 뜻과 목표가 정해지면 노력하게 되고 또한 노력하면 뜻을 이룬다.

　모든 성공은 일할 목표를 정하여 열심히 노력함으로써 이루어지는 것이다. 뜻있는 자는 노력하고 노력하는 자는 성공하게 된다. 목표가 서면 먹는 것도 잊고 일하는 즐거움에 빠져 근심 걱정도 모른다(發憤忘食 樂以不憂). 이 명구는 공자 자신의 학문하는 삶을 스스로 말한 것이다.

　큰 그릇은 늦게 만들어진다(大器晩成). 큰일은 쉽게 짧은 시간에 이루어지기 어려우니 끝까지 노력하지 못하고 중도에 포기하기 쉽다. 초지일관하는 굳은 의지가 있어야 끝을 볼 수 있다. 뜻을 나타내는 "志(지)"라는 글자는 선비 사(士)와 마음 심(心)자로 이루어져 있지만, 원래 선비 사(士)가 아닌 갈지(之)로 구성된 글자이다. 따라서 글자의 본래 의미는 "가려는 마음"을 뜻한다. 풀이하면 하고자 하는 목표를 정하여 그것을 이루려고 행동하는 것이다.
　사람이 하루를 여행하더라도 목적지를 정하고 출발하는데, 일생을 앞으로 살아가는 데 목표가 없고, 있다 해도 확실치 않거나 별로 가치가 있지도 않게 살고 있지 않는가? 세상에 성공하는 사람이 그렇게 많지 않은 것은 젊었을 때 뚜렷한 입지를 정하지 않았기 때문이다. 이에 따라 노력도 게으르게 적게 하였기에 거둘 것 또한 변변치 않은 것이 아닌가?

　일반적으로 젊은이들은 현재 노인의 모습에서 가르침을 배울 수 있을 것이다. 역사에 이름이 남은 영웅호걸, 위인, 현인, 학자, 정치가, 사업가 등 성공하는 사람은 입지로써 노력하여 인류에게 공헌한 인물이다. 젊어서 야망을 가지라고 말한다. 그러나 유교에서는 야망보다는 선비의 도를 닦아 성인군자 되기를 기약하라고 가르쳤다.
　현대 우리나라의 젊은 세대는 서구의 실용문화에 지배되어 현실 생활에서 남보다 앞서려는 경쟁에 모든 것을 걸고 사람끼리 서로 돕고 인간답게 살려는 생각을 상실하고 있다. 사람은 빵 만으로만 사는 것이 아니라 인간성을 바로 기르려면, 인간의 도리를 학문과 수양으로 닦아야 군자답게 살 수 있다. 유학이 바로 군자가 되기 위한 학문이 아닌가? 입지의 한 기둥은 인격으로 바르게 세워야 할 것이다.

 사람이 보람 있고 행복하게 사는 데에 위대한 목표만이 중요한 것은 아니다. 소박한 일상생활에도 뜻있는 목표는 얼마든지 많다. 단란한 가정을 꾸리어 행복하게 살려는 생각, 직장에서 지위의 고하를 떠나 자기가 맡은 자리에서 최선을 다하고 만족과 즐거움을 찾는 삶, 또한 소중한 것이다. 일생을 걸고 인생을 마무리할 때까지 보람 있게 산다면 그 삶은 성공한 것이다.
 전공(專攻)이란 마음이 바르게 오붓하게 한 곳을 향하여 노력하는 것이다. 전공만이 남보다 앞서게 하고 사회에 공헌하게 한다. 길이 많으면 양을 잃는다(多道忘羊).

입지는 희망이다

입지와 희망에 관련된 명언은 다음과 같이 많이 있다.

- 희망은 잠자고 있지 않은 인간의 꿈이다(Aristoteles, BC384~BC322).
- 희망은 영원한 기쁨이다. 인간이 소유하고 있는 토지와 같다. 철마다 수입이 올라가고 결코 다 써버릴 수 없다는 확실한 재산이다(Robert Louis Stevenson, 1850~1894).
- 희망은 강한 용기이며 새로운 의지이다(Hans von Kluge, 1882~1944).
- 희망은 불행한 인간의 제2의 혼이다(Johann Wolfgang von Goethe, 1749~1832).
- 희망은 위인을 만든다(영국 속담).
- 희망이 없으면 노력도 없다(Samuel Johnson, 1709~1784).
- 해는 또다시 떠오른다(Ernest Hemingway, 1899~1961).

소원이 희망이 되고 희망이 입지를 낳고 입지는 소원을 이루어 낸다. 입지는 낙천적이고 긍정적인 인생의 올바른 길(正道)이다.

이퇴계 선생과 이율곡 선생은 후학에게 "입지로써 성인되기를 스스로 기약하라"고 간곡하게 당부했다. 성인이 되는 학문은 곧 유학이다. 그래서 유학을 성학(聖學)이라고 말한다. 유학은 수기치인(修己治人), 즉 수양을 통해 자신의 인격을 완성하고 난 다음에 세상 사람들을 다스린다는 가르침이며, 유학의 목표는 사서(四書)의 하나인 『대학(大學)』에 다음과 같이 분명히 나와 있다. "사물의 이치를 통찰해 지식을 넓히고, 성실히 마음을 바르게 세운다. 자신을 수양하고 집안을 바르게 하고 나라를 다스리면 천하가 태평하다 (格物致知 誠意正心 修身齊家 治國平天下). 앞의 부분인 격물에서 정심까지는 수신을 위한 학문하는 법을 가르치고, 뒷부분은 수신 연후에 남을 다스림을 목표로 한 것이다. 유학의 목표는 사람이 사람답게 사는 목표로서 유학하는 선비의 목표이니, 선비는 성인군자 되기를 뜻에 두고 수기치인의 도리를 다함을 평생 사업으로 삼았다.

이번 chapter는 입지에 관련되는 과제로 인생살이는 마음에 달려 있으므로 작은 주제로 마음, 선비, 성(誠), 인격 수양, 학문에 대해 논하기로 한다.

01. 마음

　사람이 귀한 존재인 것은 생명이 있는 만물 중에서 가장 뛰어난 정신 능력을 타고난 만물의 영장이기 때문이다. 사람의 보배로운 이 마음은 수시로 변한다. 선한 마음이 악해지기도 하고 악한 마음이 선해지기도 한다. 일에 부딪혀 절망도 하고 희망을 품기도 한다. 기쁜 마음이 되기도 하고 슬픈 마음이 기쁜 마음으로 변하기도 한다. 또한 모든 것은 좋은 쪽으로 생각하면 좋아지고, 나쁜 쪽으로 생각하면 나빠진다. 인간사 모두가 마음먹기에 달려있다.

　"모든 일은 마음 먹기에 달려있다(一切唯心造)." 이 명언은 불교의 『법구경(法句經)』에 나오는 가르침으로 금언 중의 금언으로 어려움에 처한 사람에게 희망과 용기를 갖게 한다.

- 나는 불가능이란 것을 몰랐다(Andrew Carnegie).
- 마음은 나의 터전이다. 거기에서 지옥을 천국으로, 천국을 지옥으로 만든다(John Milton).

　위의 명언과 같이 우리가 1을 10으로 만드는 능력은 사람의 마음 먹기에 달려 있음을 깨닫고 무엇이나 어떤 상황에서도 자신(自信)을 잃지 않는 마음을 가져야 할 것이다.

중국 전국시대의 유학자인 맹자(孟子, BC372~BC289)는 사람의 마음이 본래 선한 것이라고 보고 그 본성으로 받은 인의(仁義)의 마음은 하늘이 내려준 보물이며 귀한 것으로 "하늘이 내려준 벼슬, 곧 천작(天爵)"이라고 말했다. 맹자는 세상에서 얻은 벼슬인 권력, 명예, 재물이 아무리 귀해도 인의(仁義)와 같은 선한 본성을 당할 수 없다고 말했다.

[그림 2-2] 맹자
* 출처 : https://terms.naver.com/

마음은 무한한 상상력을 갖고 있다

마음은 모양도 없고 빛깔도 없어서 만질 수도 없고 볼 수도 없다. 그러나 이 세상 무엇과도 바꿀 수 없는 값진 보물과 같은 것이다. 바다보다 넓은 것이 하늘이고 하늘보다 더 넓은 것이 사람의 마음이다. 하나의 생각이 무한한 공간을 채운다. 사람의 생각 속에는 모든 것이 담겨져 있다. 사람은 보이지 않는 세계까지 마음으로 생각한다. 신도 마음으로 믿는 것이 아닌가? 마음이 사람의 생각을 지배하니, 마음은 불가능이 없는 신과 같은 것이며, 정신이란 맑고 참된 마음이라 말할 수 있지 않은가? 인공지능(AI : Artificial Intelligence)이 모든 지적인 활동을 할 수 있다고 해도 사람의 마음을 알아내는 AI는 없다. 사람의 마음은 신비한 것이다. 인류는 무한한 상상력에 의하여 인간만이 문화를 창조하고 생활을 발전시킨다.

이와 같은 무한한 능력을 가진 마음의 작용은 다음 3가지 즉 지(知), 정

(情), 의(意)의 작용이다. 인간의 심적 요소인 지성(知性), 감정(感情), 의지(意志)를 이르는 말이다. 이 중에 의(意)는 의지의 작용으로 하고자 하는 일을 정하고 추진하려는 마음이며 선악의 선택도 의지에 의하여 결정된다. 곧 뜻을 정하고 이루려는 노력이 따르고 그에 따라 결과가 따른다. 즉 의(意)는 '사람의 마음 먹기'라고 말할 수 있다. 의(意)의 글자를 풀이하면 '날(日, 날 일)에 따라 하고자 하는 마음(心, 마음 심)을 세운다(立, 세울 립)' 이다.

　마음은 몸을 다스리는 주인이라 몸을 수양하는 것은 마음을 바르게 하는 데에 있다(心 身之主宰者也 修身在正其心). 마음을 나타내는 한자는 무수히 많다. 그만큼 마음의 상태는 다양하다. 바른 마음이 어떤 것이 있는지 몇 가지를 알아보자. 정심(正心), 양심(良心), 청심(淸心), 적심(赤心 : 거짓이 없는 참된 마음), 성심(誠心), 충심(忠心), 본심(本心), 허심(虛心), 천심(天心), 효심(孝心), 신심(信心), 직심(直心) 등이 있다. 그러나 부정적 사고, 비관적 사고, 독선적 사고, 편협한 사고는 해가 되는 일(一)자형 사고인 것이다. 선과 악이 공존하는 마음속에는 경계해야 할 불량적 사고(思考)도 많이 존재한다.

마음은 다양하고 변화 또한 많다. 사람마다 본성으로 착한 인의예지(仁義禮智)를 타고 났지만, 감정이나 의지가 다르게 나타나고 수시로 변한다. 조선시대에 편집된『추구집(推句集)』[1] 에서는 '사람의 마음은 아침 저녁으로 변한다(人心朝夕變)' 라고 말하지 않았는가? 서로 다른 마음을 가진 사람끼리 더불어 평화롭게 살려면, 내 마음을 남의 마음과 충돌하지 않게 서로 마음을 조절하며 맞추어야 한다. 그 노력이 마음의 수양이며 사람의 기본 도리이다.

　수양이란 곧 마음의 수양이다. 유대인의 정신적 지주 역할을 해 온 지혜서이자 잠언집인『탈무드(Talmud)』에는 다음과 같은 마음에 관한 명언이 있다.

---

1) 추구집(작자 미상)은 '유명한 글의 구절을 뽑았다'는 뜻으로 속담과 해학, 풍자, 명언 등 충효사상과 전인교육을 위한 지침서이다. 우리 선조들이 애송한 시구절을 정선한 다섯 글자(오언시)로 구성된 아름다운 시집이다.

"인간의 모든 기관은 마음에 의해 좌우된다. 자신의 마음을 통제하고 지배할 수 있는 사람만이 가장 강한 인간이다."

사람의 본성은 선하다고 보지만, 사람의 마음속은 언제 일어날지 모르는 선과 악의 전쟁터와 같은 것이다. 공자는 "사람이 자기의 사욕을 억제하고 남을 배려하는 예(禮)로 돌아오면 어질다(仁) 라는 말을 듣는다"라고 말하였다. 이는 인격 수양을 통해 바른 마음으로 수신하는 것을 의미한다.

중국 남송의 유학자인 주자(朱子, 1130~1200)는 『근사록(近思錄)』에서 마음을 다음과 같이 말하였다. "마음이 품성과 감정을 다스리는 것이다(心統性情者也)." 마음이 바르게 되어야 사람의 성정(性情)을 바르게 할 수 있다. 품성과 인격 도야는 마음 수양부터 시작해야 한다. 『근사록』은 중국 송나라 때의 유학자 주자와 그의 동료 여조겸이 학문의 요점과 일상생활에서 반드시 실천해야 하는 내용들을 편찬한 책이다. 일상 수양에 필요한 구절을 622조목으로 추려서 14부로 분류하였다.

[그림 2-3] 주희가 머물며 성리학을 완성시킨 무이구곡 중 제8곡

마음 수양은 다른 종교에서도 강조한다. 유교에서는 현실의 생활 중에 일어나는 마음의 작용을 인간의 본성인 선으로 바로 잡기를 수양으로 삼고, 불교에서는 "마음 밖에 따로 부처 없고, 부처 밖에 따로 마음이 없다(心外無佛)"라고 하여 부처와 같은 욕심 없는 마음 닦기를 일컫는 것이며, 기독교에서는 자기의 사심을 버리고 하느님을 사랑하라고 가르치고 있다.

마음을 여의주와 같이

마음을 여의주(如意珠, cintamani)에 비유한 것은 여의주라는 구슬은 사람이 바라는 것을 이루어 준다. 사람은 마음으로 바라는 대로 인생이 이루어짐을 꿈으로 삼아 아름다운 마음을 갖도록 갈고 닦아야 한다. 아름다운 모양과 영롱한 빛을 보듯이 구슬보다 귀한 사람의 타고난 선한 마음이 때묻지 않게 갈고닦는 인격 수양을 바라는 마음이다. 과거를 청산해야 마음이 편하다. 과거 때문에 괴로워함은 무익하다. 괴로움은 마음의 상처나 때와 같은 것으로 몸을 깨끗이 씻어내듯 마음을 깨끗하게 청산하면, 그 맑은 마음으로 자신과 세상을 보고 항상 뜻있고 행복하게 살 수 있다.

마음 공부하는 방법으로 유교의 경전인 『대학(大學)』에는 다음과 같은 가르침이 있다.

- 마음에 없으면 눈으로 보아도 보이지 않고 귀로 들어도 들리지 않으며 음식을 먹어도 맛을 모른다(心不在焉 視而不見 聽而不聞 食而不味).
- 높아지거나 낮아지게 되는 것은 마음에 있다(高下在心).
- 마음이 도를 낳는다(心生道也).
- 마음이 밝으면 본성이 보인다(明心見性).

앞의 가르침처럼 사람답게 살려면 마음부터 본성대로 닦아야 한다.
이와 같은 마음가짐은 입지에서부터 바르게 세워야 할 것이다.

마음이 변하면 태도가 변하고, 태도가 변하면 습관이 변하고, 습관이 변하면 인격이 변하고, 인격이 변하면 인생이 변한다.

02. 선비

　선비(士, classical scholar)란 유교적 의미로서 '학문을 닦아 어질고 학식과 인품이 높은 사람'을 이르는 순우리말이다. '선'은 몽골어의 '어질다'는 말인 'sain'과 연관되고, '비'는 몽골어 또는 만주어에서 '지식이 있는 사람'을 뜻하는 '비'에서 온 말이라고 분석되기도 한다.[2]
　한편 한자의 '선비 사(士)'는 지식과 인격을 갖춘 사람으로 주로 관직이나 신분을 의미한다.

　우리나라에서 존경받는 역사적 인물 몇 분을 보기로 든다면 정치가 황희(1363~1452), 학자 이퇴계(1502~1571), 무인 이순신(1545~1598), 군왕 세종대왕(1397~1450)을 손꼽을 수 있을 것이다. 이분들은 모두 선비의 학문을 닦은 훌륭한 인격자이다.

　중국에서는 우리나라보다 앞서서 맹자, 주자와 같은 유학을 계승한 현인 학자가 나왔지만, 우리나라는 조선조에 이르러서 중국보다 유학을 깊이 있게 닦았다. 유학을 잘 모르는 현대 사람들도 이퇴계, 황희 같은 인물을 존경하는 것은 우리이 옛 선비를 동경하는 마음이 있기 때문이다.
　이 책의 집필 동기가 '선비의 마음'을 다시 생각하는 데에 있기에 모든 주제에 옛 선비의 정신이 담겨져 있다. 옛 선비의 학문과 삶에서 현대인에게

---
[2] 한국민족문화대백과(https://encykorea.aks.ac.kr/), 한국학중앙연구원.

적용할 가치 있는 가르침을 많이 찾게 될 것이다. 선비는 이상적인 인격자가 되려는 정신으로 살았기에 비인간화 되어가는 현대인에게 꼭 필요한 가르침을 줄 수 있을 것이다. 옛 것을 익혀 새로운 것을 안다. 즉 온고이지신(溫故而知新)의 정신으로 옛 선비의 정신을 우리만이 세계화할 수 있는 보배임을 알게 될 것이다. 영국은 15세기부터 청교도 정신과 신사도를, 인격을 갖춘 지도자에 의해 세계를 이끄는 대제국이 되었다. 우리나라도 선비 정신으로 무장한 화랑도(花郎道)에 의하여 신라는 삼국 통일의 대업을 이루었고, 조선 500년은 의로운 선비에 의하여 왕도정치를 이어왔다. 선비는 인간 중심의 유학으로 수양했기에 인의(仁義)의 선비 정신은 비인간화 되어가는 현대 사회를 바로 잡는 데에 가장 요긴한 가르침이라고 생각한다. 우리는 더 늦기 전에 옛 선비의 삶을 거울로 삼아 수양과 처신을 새롭게 해야 할 것이다.

명예로운 그 이름 선비

조선시대 선비는 항상 부러움의 대상이었다. 조선시대 인문지리지인 『택리지(擇里志)』3)의 저자 이중환(李重煥, 1690~1752)은 "대장부가 벼슬을 하지 않으면 갈 곳은 산림뿐이다"라고 말했으며, 조선 중기의 문신이자 유학자 정온(鄭蘊, 1569~1641)은 "나라에 선비가 있음은 사람에게 원기가 있는 것과 같다"라고 말했다. 선비의 학문과 절의(節義)에 의하여 나라가 유지됨을 강조한 것이다. 국가 운명을 맡은 인재는 잠시라도 없어서는 안 된다. 조선에서는 나라 경영의 재목으로 경국지재(經國之才)를 양성하기 위해 국립대학인 성균관(成均館)을 두어 선비 교육과 인재 양성에 힘썼다.

---

3) 1751년(영조 27년) 출간된 인물지리서로 이중환이 30여 년간 전국 각 고을을 유람하며 인심, 풍속, 문화, 물자 등 직접 현지 답사한 것을 기초로 하여 저술하였다.

선비는 한국인의 이상적 인간상이다. 오늘날에도 옛 선비로부터 배울 것은 그들의 학문하는 태도, 지사적(志士的) 가치관, 삶을 즐기는 예술적 기질이 아닌가 생각한다. 선비는 명예를 소중히 했다. 상품의 가치는 상표로 인정받듯이 사람의 인격은 이름으로 평가받는다.

다음은 수공명죽백(垂功名竹帛)이라고 말하는 유명한 중국 고사(故事)이다.

후한의 광무제(光武帝) 유수(劉秀, BC6~AD57)의 옛 벗 등우(鄧禹, 2~58)는 유수가 등극하였다는 소식을 듣고 바로 찾아왔다. 유수는 등우를 보고 기뻐하며 "그대가 먼 곳에서 찾아왔는데 무슨 벼슬을 하고 싶은가?"라고 묻자, 등우는 "벼슬을 원치 않습니다"라고 대답했다. 다시 유수가 "그렇다면 무슨 일을 하고자 찾아왔는가?"라고 물었다. 이에 등우가 말하기를 "저는 다만 명공(유수)의 위엄과 덕망이 세상에 널리 퍼지도록 오직 저의 작은 힘이나마 바쳐서 공의 이름이 역사의 기록에 남겨지기를 바랄 뿐입니다(垂功名竹帛)"라고 하였다. 이 말을 들은 유수는 크게 만족하며 곧바로 등우를 장수로 임명하였다. 이후 등우는 후한의 명장으로 맹활약하여 크게 공을 세웠다.

우리는 일제 강점기 때 선비에 대하여 나쁘게만 말하는 것을 들어왔다. 물론 선비 중에는 소인유(小人儒)도 있다. 이제 우리가 바로 알아야 할 것은 참다운 선비, 훌륭한 지도자 군자유(君子儒)인 것이다. 안으로 인격을 수양하고 행동으로 이웃과 나라와 국민을 위해 지도하고 봉사하는 수기치인(修己治人)의 인격자로 존경받은 선비를 배우고자 함이다. 벼슬살이보다 더 존경받는 선비가 있다. 선비의 가는 길은 두 가지가 있다. 하나는 수기치인의 학문을 닦은 후에 왕도정치에 참여하는 관직의 길이다. 다른 하나는 학문과 수양을 계속하면서 후진의 교육과 문화 전수와 사회 정화를 이끄는 처사(處士)4)의 삶이다. 즉 선비는 대부(大夫)5)와 처사로서 뜻을 이루고 더 나아가 현인군자(賢人君子) 되기를 바라고, 학문과 수양을 평생 계속하여 어진 인격자가 되기를 바란다.

유(儒)는 선비이며 글자 구성이 需(수 : 쓰임)를 뜻하고 人(인)은 곧 사람이니 쓰임이 있는 사람이 유(儒), 곧 선비이다. 중국이나 우리나라의 선비는 관직에 나가는 것이 일차적 목표였으나, 우리나라에서는 관직에 나가 벼슬한 인물보다 수양을 계속하는 산림 처사가 더 존경받아 "정승 셋보다 대제학(大提學) 하나가 낫고 대제학 셋보다 처사 하나가 낫다"는 말이 생겼다. 지금까지 남아있는 명문대가는 관직에 있으면서 인격을 갖춘 인물로 덕을 많이 베푼 인물이나 처사적 인물의 인격자 후손의 집안이다. 군자다운 조상의 덕을 후손들이 긍지를 가지고 자신들의 체면을 지키기 위해서도 남과 다른 노력을 하여야 한다.

[그림 2-4] 경북 군위군 대율리(한밤마을) 남천고택
* 출처 : https://cho-a47.tistory.com/1224

---

4) 조선 중기 벼슬에 나서지 않고 초야에서 묻혀 사는 선비들을 일컫는 말, 혹은 세상 밖에 나서지 않고 조용히 살며 일반 사회를 멀리하던 선비를 일컫는다.
5) 벼슬의 품계에 붙이던 칭호

선비는 입지와 지조

선비는 입지(立志)의 인물이다. 공자는 "지어도(志於道)6), 즉 도의 길에 뜻을 둔다"라고 했다. 성현이 되기를 기약하고 그 목표를 향해 평생을 바친다. 공자는 지어도(志於道)로서, 도학(道學)으로서, 유학을 대성한 성인으로서 왕도정치를 펼치려고 각국의 제후들을 설득하여 학문으로서 정치를 바르게 하게 하려 했기에 문선왕(文宣王)으로 후대에 존경받게 되었다. 이와 같은 공자의 높고 큰 뜻, 원대한 뜻, 이상적인 목표를 일반 사람들은 알 리가 없기에 "제비와 참새가 어찌 기러기나 고니와 같이 멀고 높이 하늘을 나는 새의 뜻을 알겠는가?"7)

우리는 성인군자는 못되더라도 옛 성현의 인품과 삶에서 가능한 것부터 본받아 노력한다면, 수양에 도움이 되고 적어도 경쟁 사회에서도 남을 해치지 않은 삶, 즉 이(利)보다 의(義)를 생각하는 인물이 될 수 있을 것이다. 대중은 이익을 중히 여기고, 청빈한 선비는 의로움을 중히 한다(衆人重利 廉士重義).

이익에 정신이 빠져 사는 세상이지만, 종국에는 의리를 지키는 사람은 세상이 늦게라도 알게 된다. 추운 겨울이 온 연후에 소나무와 잣나무의 잎이 늦게 지는 것을 알게 된다(歲寒知松柏之後凋). 선비의 사심이 없는 깨끗한 뜻은 누구의 유혹에도 넘어가지 않는 지조 그것이 특색이었다. 혼탁한 현대 사회에서 사업가, 공직자 등은 생각부터 바로잡고 바르게 살려는 뜻부터 가져야 할 것이다. 유학은 인간학이며 실학이다. 선비는 유학으로써 자기 수양에만 끝나지 않고 지인(治人)으로 사람을 이끌어 가고 사회와 국가에 봉사

---

6) 공자는 "도에 뜻을 두고, 덕에 근거하고, 인에 의지하고, 육예에 노닐어라(지어도 거어덕 의어인 유어예 : 志於道 據於德 依於仁 游於藝)."라고 말해다
7) 연작안지 홍곡지지(燕雀安知 鴻鵠之志). 평범한 사람은 영웅의 큰 뜻을 알지 못한다는 뜻.

하기를 배우는 실학이다. 선비가 조선조 500년에 이룬 공덕은 명예로운 이름으로 길이 전해지고 있다. 공덕비를 세우고, 정문(旌門)8)을 세우며 학덕 있는 선비를 서원에 모시고 추앙하며 후학에게 귀감이 되게 하였다. 앞으로 젊은이들은 국토와 문화 유적을 답사할 때 지방에 있는 서원과 향교, 명문가를 찾아 선비 정신을 학습하면 그들의 삶에서 오늘의 나를 찾고 나를 새롭게 하는 교훈을 많이 깨닫게 될 것이다.

현대인의 자만은 유학의 인(仁)에서, 부정부패는 의(義)에서, 무법 질서는 예(禮)에서, 허영과 무지는 지(智)에서, 허위와 사기는 신(信)에서, 고민과 비관은 락(樂)에서, 악심은 양심(良心)에서, 다툼과 분열은 화(和)에서, 게으름과 수치는 정명(正名)에서, 변절은 지조(志操)에서, 탐욕은 청빈(淸貧)에서 배워 오늘의 그릇된 삶을 바르게 한다면, 사람이 사람답게 사는 도의가 바로 설 수 있을 것이 아닌가? 선비에 대한 그릇된 인식에서 벗어나 선비의 바른 마음을 배워야 할 것이다. 자기의 이익에만 급급한 현대 사회를 바로 잡을 수 있는 처방은 의로움이 이익을 끝내 이기는 것이다.

국민교육으로서 다시 일으켜야 할 선비 정신

선비는 나라의 기둥이요, 백성의 지도자로서 소임을 맡은 나라에 꼭 필요한 인물이었다 이율곡 선생은 이른바 "참된 선비, 즉 진유(眞儒)는 조정에 나가서는 일세(一世)의 모(謨)9)를 행하여 백성을 태평케 하고 물러서며 바른 가르침으로 후학들에게 큰 꿈을 깨치게 하는 것이다"라고 말했다. 이퇴계 선생은 이와 같은 삶을 실천한 선비 중의 선비이다.

---

8) 충신, 효자, 열녀 들을 표창하기 위하여 그 집 앞에 세우던 붉은 문.
9) 신묘한 계책(計策).

세종대왕은 집현전에서, 정조대왕은 규장각에서 나라의 기둥이 될 인재로 선비를 양성하여 국사(國事)를 이끄는 역할을 맡겼다. 성삼문, 정다산과 같은 충의와 실학의 인재가 나와 나라에 충성하고 학문과 국사에 이룬 공은 후대에 영원히 남게 되었다.

[그림 2-5] 조선시대 서원과 향약
* 출처 : https://www.doopedia.co.kr

우리나라에서 선비는 관직에 나가기보다 향촌에 머물러 후대 교육에 봉사하며 민풍을 이끄는 지도자로서 그들의 인품과 공덕으로 존경을 받았다. 이퇴계 선생과 남명(南冥) 조식(曺植, 1501~1572)[10]은 경상우도의 특징적인 학풍을 이루었으며, 퇴계 이황의 경상좌도 학맥과 더불어 영남 유학의 양대 산맥을 이루었다. 선생은 후세 교육에 생을 다하며 수많은 인재를 길러내었다. 또한 수많은 선비들이 후세 교육에 뜻을 두어 서당, 서원에서 인재 교육에 힘쓴 사설 교육은 세계 어느 나라에서도 볼 수 없은 우리의 자랑인 것이다. 선비는 민풍을 선도하기 위해 향약(鄕約)을 만들어 일종의 자치 교육의 민풍양속의 자치 제도를 솔선하였다. 향약은 조선 중종 이후 권선징악과 상부상조를 목적으로 만든 향촌의 자치 규약이다. 이퇴계 선생이 만든 예안향약, 이율곡 선생이 만든 해주향약이 그 대표적인 것이다.

---

10) 조선 중기 학자. 출사를 거부하고 평생을 학문과 후진 양성에 힘썼다.

선비의 삶은 수양

선비는 삶의 염원을 인격 수양에 두었다. 『소학(小學)』11)에서 사람의 도리와 생활 습관을 바르게 익히고 『대학(大學)』에서 수기치인의 인격을 밝게 닦고 백성을 가까이하고 새롭게 하는 지도자로서 자질을 닦았다. 이와 함께 선비는 사서(四書)12)를 기본적으로 공부했으며 스승으로부터 배울 뿐 아니라 벗과 더불어 삶의 지혜와 예절을 익혔다. 선비의 교육은 경전이 기본이며 유학의 내용은 봉건시대에 만들어졌지만, 결코 보수적이나 신분 차별적이 아니다. 현실적이면서 개혁을 계속하여 중용에 알맞은 삶을 할 수 있는 생의 목표와 지혜가 담겨있다. "진실로 나날이 새로워지고, 날마다 새로워지며 또 날로 새로워지라(苟日新 日日新 又日新)"는 성군(聖君) 탕왕(湯王)의 세숫대야에 새겨진 명언으로 자기 개혁을 다짐하는 자세처럼 선비는 자기 개혁에 수양의 목표를 두었다.

한편 유학은 인간관계의 학문이다. 현대인의 인간관계는 얼마나 번잡하고 다양한가? 그것을 잘하기 위해 새로운 이론이나 책들이 많이 있지만, 지엽적이고 수단적인 것에 매여 있지 않은가? 인간관계의 근본은 아무래도 유학에서 다시 배우는 것이 기본이 되어야 할 것이라고 생각한다. 매일의 생활을 반성하여 날로 새롭게 되려면 인간 본성인 인의예지(仁義禮智)의 사성(四性)을 가장 중히 여기고 지키려는 학문이 유학이며 선비의 학문이다. 인간관계는 예(禮)로서 나타남으로 선비는 예를 가장 소중히 했기에 유학을 예학(禮學)이라고 말하기도 한다.

---

11) 송나라 주자(朱子)가 8세 안팎의 아동들에게 유학을 가르치기 위하여 1187년에 편찬한 수양서.
12) 사서는 논어, 맹자, 대학, 중용을 말한다.

인품은 예절로서 평가된다

선비의 인품은 그의 신언서판(身言書判)13)으로 나타난다. 이 네 가지 모습과 행동이 갖추어 졌을 때 남으로부터 존경을 받게 된다. 몸가짐은 바른 자세와 단정한 옷차림, 말씨는 공경스러움과 부드러움을, 글씨는 선비의 인격을 품기는 단아함이 있고, 판단하는 일은 사리에 어긋남이 없이 처신하는 것이 선비의 도리였다.

덕망 있는 사람은 존경받고 예절 바른 사람은 환영받는다. 선비는 후덕하고 예절 바르기에 존경과 사랑을 받는 인격자로서 많은 사람의 부러움의 대상이었다.

선비의 여가와 풍류

선비의 일상생활은 학문하는 시간 이외에 가사 관리, 손님 접대 등 한 시도 노는 시간이 없이 수고를 한다. 힘든 노력을 하기에 심신이 피로했다. 그래서 집을 떠나 자연을 벗 삼아 한적하고 평안한 시간을 즐기는 풍류 문화를 만들어 낸 것이다. 우리나라의 산천은 비단 같이 아름답다고 하여 금수강산이라 말한다. 산수가 아름다운 곳에 누각이나 정자를 세워 벗과 함께 즐기는 누정(樓亭) 문화는 우리 정서에 잘 어울렸다.

복잡하고 삭박한 현대의 여가문화, 옛 풍류의 멋을 살리는 새로운 여가문화 창출을 시도하면 좋을 것이다. 예(禮 : 예절), 악(樂: 음악), 사(射 : 활쏘기), 어(御 : 말타기), 서(書 : 글쓰기), 수(數 : 셈하기)는 육예(六藝)로서

---

13) 중국 당나라 때 관리를 선발하거나 사람을 평가할 때 중요한 요소로 간주되었던 네 가지 조건이다.

전문가, 예술가가 아니면서 선비로서 문인문화를 만들어 즐겼던 조상의 여가문화의 지혜를 오늘에 살리면 어떨까? 하나의 문예부흥 같은 것이 되지 않을까? 지금이 문화의 세계화 시대이니 말이다.

옛날 사랑(舍廊)14), 즉 선비의 사교와 예술의 공간인 사랑방은 벗과 친지가 함께 만나 여가를 즐기는 가장 가족적인 자리였다. 현재는 명가(名家)의 유산으로 남아 있으니, 여행하는 기회에 찾아가서 관람도 하고 옛 선비의 생활대로 체험도 해 본다면, 나 자신의 문화적 뿌리를 알게 되는 계기가 될 것이라 생각한다. 식물과 마찬가지로 문화도 뿌리를 가꾸어야 참다운 문화인이 될 수 있는 것이다.

옛 선비의 마음을 오늘에 적용하는 자세

[그림 2-6] 선비의 마음
* 학은 선비의 고고함, 무성한 나무는 후손의 번성, 코끼리는 재물과 예지능력을 의미.

---

14) 집의 안채와 떨어져 있으며, 손님을 접대하는 곳.

학문을 닦는 선비는 현인, 군자 나아가 성인되기를 바라고 학문과 수양에 힘쓰고 실제 생활동도 그대로 실천하려고 힘썼다. 우리의 옛 선비는 성인의 인격에 이르기를 목표로 삼아 인격수양에 힘썼는데, 그 후손인 우리는 사람답지 않은 일도 예사로 하고 있으니 걱정스러운 일이 아닌가? 사람의 마음속은 선과 악의 전쟁터라고 말하지 않는가? 악을 누르고 선으로 돌아가려면 인간 본성을 찾고 감정을 선하게 다스리는 수양이 필요한 것이다. 그 길을 따르는 삶이 곧 선비의 삶이었다.

  인의예지의 본성은 성인의 본성이며 이익에 정신을 잃은 현대인은 무엇보다 인의의 가르침을 유학에서 배우면 가장 효과적일 것으로 생각하며 유학을 기본으로 삶았던 선비의 삶을 배워 온고이지신(溫故而知新) 한다면, 누구나 인간답게 사는 인물이 될 것이다. 선비의 마음에서 배울 것은 사람답게 살기 위한 수기치인(修己治人)의 성실한 삶이다.

03. 성(誠)

선비는 현인 되기를 바라고 현인은 성인 되기를 바란다(士希賢 賢希聖).

선비는 학문과 수양으로 현인 되기를 바라고 현인이 되면, 나아가 성인이 되기 위해 평생토록 성심으로 노력한다. 성인의 인격을 닦으려면 인간 본성인 인의예지에 벗어나지 않게 인성을 지키려는 경건한 자세를 지키고 성실한 행동으로 수양과 처신을 해야 한다.

이에 선비의 자세는 성실이 바탕임으로 주제인 선비에 이어 기본자세로서 성(誠)을 주제로 삼았다. 최선을 다하는 마음이 정성이며 가장 정성스러운 마음은 어머니의 자식 사랑이 아닐까? 성실은 모든 덕의 바탕이며 유학에서, 특히 성리학에서 강조하고 있다.

인간 도리로서 하늘과 자연이 역사하는 것과 같이 사람도 할 도리에 성실해지라고 고전 속에 가르침이 처음부터 끝에 이르기까지 수많이 나온다. 성은 하늘과 자연의 도리로서 자연의 존재를 지키기 위해 잠시도 쉬지 않고 성실하게 활동한다. 밤낮의 변화, 사철의 진행은 잠시도 머무르지 않고 천체가 움직임으로서 이루어지는 것이다. 성은 자연의 일부인 사람에게도 적용되어 사람도 평생 성실한 노력을 꾸준히 해야 한다. 일생지계(·生之計) 재어근(在於勤)이란 "일생의 계획은 부지런함에 있다"는 뜻으로 바로 성(誠)을 말하고 있다.

성(誠)은 하늘의 도리요, 성(誠)하여지려고 하는 것은 사람의 도리이다(誠者 天之道也 誠之者 人之道也). 성 그 자체는 하늘의 도이고, 하늘의 도를 향해서 성실해지려고 노력하는 것은 사람의 도리이다. 인간은 중용을 찾기 위해 성실하게 살려고 노력해야 한다. 나무 한 그루, 풀 한 포기 자연과 하늘을 보고 배우려고 하는 노력이야말로 성의 지극함이다. 성의 최고 경지는 인간이 신이 되는 경지와 비견하다.

맹자는 다음과 같이 말했다.

"지성(至誠)이면 통하지 않는 것이 없다." 이어서 "조금도 생각에 어긋나거나 그릇됨이 없는 것이 성이다(思無邪者 誠也)." 그리고 "성은 사물을 이루는 시작이며 끝이다. 성실하지 않으면 이루지 못한다(誠者物之始終 不誠無物)." 결국 "성은 실심(實心)을 통하여 이루는 최극선이다."

성실하면 중용에 맞아 지나침과 부족함이 없고 최선의 대덕이 된다. 모든 일에 성실해야만, 중용의 가르침에 도달할 수 있기 때문에 인격 수양에 성실하기를 강조하고 있다. 돈벌이나 출세에만 부지런한 현대인이 사람답게 살려면, 인격 수양을 성실하게 해야 할 것임을 깨달아야 한다. 성이란 5상(五常), 즉 인간의 본성인 인의예지신의 변하지 않는 도리로서 사람이 지켜야 할 백행의 근원이다(誠者 五常之本也 百行之源也).

성실은 도덕의 핵심이다

사람을 평가할 때 "그 사람은 성실 근면하다"라고 말하면, 그 이상 다른 말로 평가할 필요가 없다. 유학에서 성인군자가 되는 노력으로 하학이상달(下學而上達), 즉 아래를 배워 위에 달하고 쉬운 것을 배워 깊고 어려운 것을 깨달음을 강조한다. 사소한 일상생활에서는 성실히 힘써 노력하면 누구나 성인군자가 될 수 있다는 가르침이다. 또한 일상생활에서 성실하면 물질적 이익 못지않게 신용이란 재산을 얻게 된다. 사람은 욕구를 채우기 위해 일한다. 그 욕구는 노력의 정도에 따라 이루어진다.

　상대성 이론으로 위대한 업적을 이룩한 독일출신의 이론물리학자 아인슈타인(Albert Einstein, 1879~1955)은 다음과 같은 교훈을 남겼다. "인간은 자기의 잠재력의 18%도 활용하지 못한다." 이처럼 자기 계발에 뜻도 노력도 없이 살고있는 인생을 늙어서 후회한들 무슨 소용이 있겠는가? 일생의 계획은 부지런히 일하는 것이다.

　어려운 여건에도 굴하지 않고 평생 노력하여 국악인으로 대성한 박동진(朴東鎭, 1916~2003) 선생은 다음과 같이 자신의 체험적 명언을 남겼다. "노력은 천재를 이긴다." 노력은 꼽추도 춤추게 한다는 말이 있듯이 지성이면 감천이란 교훈처럼 탑을 쌓는 심정으로 정성을 다해야 성공한 결과도 오래간다. 성실하지 않고 요행이나 부정으로 이룬 것은 거품과도 같이 곧 사라지고 만다.

인간 수양을 성신(誠信)으로 하자

　인격 수양은 다음 단락의 주제로 자세하게 다루겠으니, 성(誠)이 인격에 미치는 근본을 설명하는 다음의 명구를 먼저 생각해 보자. 성신(誠信)은 정성스럽고 참됨이다.

- 스스로 자기를 속이지 말라(毋自欺).
- 인생은 정성을 다하여 나가라. 정직하면 항상 좋고 속이면 흉하게 된다(주역).
- 오직 하늘이 내려준 정성을 다하여야 능히 그 본성을 다하여 천명에 따라 성인의 도리를 다할 수 있다(唯天下至誠 爲能盡其性).

이와 같이 인격 수양은 오직 성실한 노력으로 인간의 본성인 선성(善性)을 보존하려고 노력한다. 황금이나 물질에 묻혀버리고 있는 인성(人性)을 바르게 하는 노력이 인간 소외, 물질 만능의 풍조가 만연한 현대사회에서의 절실한 과제이다.

04. 인격수양

　인격이란 글자 그대로 사람의 자격이다. 사람을 인간이라고 말하는 의미에는 사람은 다른 사람과 더불어 살기에 사람 사이에 인간관계가 잘 이루어져야 하며 인간관계를 잘하는 데에 갖추어야 할 자격이 있어야 하기에 인격은 사람의 자격과 같은 것이다. 함께 사는 데에는 질서가 필요하고 질서는 예절로서 스스로 지키는 것이 바람직하다.

　그래서 인격은 곧 예의와 통하는 것이다. 현대 사회가 개인의 탐욕에 의하여 남을 생각지 않고 자기 이익에만 온전히 빠져 서로 사양함이 없이 다툼으로 질서도 예절도 잃어버리고 있지 않는가? 이에 더 늦기 전에 인격의 소중함을 깨닫고 인격 수양에 힘써야 하겠다. 옥(玉)이 땅에 떨어지면 찾아내고 때와 흙이 묻은 것을 씻어낸다. 그러나 보석보다 비교할 수 없이 소중한 사람의 본성을 잃고도 찾으려고도 하지 않고 더럽혀진 성품을 깨끗하게 닦아내려고 노력도 하지 않는다면, 인의예지의 천성을 잃어 악한 존재가 되고 말 것이다. 인격의 소중한 가치를 지키고 잃은 것을 다시 찾는 노력이 인격 수양이다.

　앞에서 언급한 바와 같이 "정승 셋보다 대제학 하나가 낫고 대제학 셋보다 처사 하나가 낫다"라는 말이 있듯이 우리나라에서는 벼슬보다 학문과 인격 수양에 힘쓴 선비를 존경했다.
　우리나라에서 인격자의 대명사로 선비는 인격 수양을 평생 사업으로 삼아 유학의 가르침에서 마음을 닦고 처신을 바로 지켰다. 이번 주제인 인격 수양에서는 그 필요성과 강조할 점을 다루고 구체적인 것은 다른 주제에서 자세히 다루기로 한다.

[그림 2-7] 단원도

수양의 의미는 곧 성(性)과 정(情)을 보존하고 다스리는 일이다

성(性)은 타고난 마음의 본바탕으로 선(善)이며, 정(情)은 마음이 외부의 자극을 받아 마음이 감정으로 움직여 나타나면서 본성인 선한 감정이 되기도 하고 악한 감정이 되기도 한다.

산 아래의 샘물은 처음에 맑고 고요하게 솟아나듯이 사람은 누구나 선한 본성을 갖고 태어난다. 시냇물이 흘러가면서 밖에서 흘러 들어오는 오물에 의해 탁해지듯 사람의 마음도 나쁜 자극을 받으면 악해지기 쉽다. 또 욕심이 생겨 남을 해치는 죄를 짓게 된다.

사람의 감정은 희노애구애오욕(喜怒哀懼愛惡欲) 7가지 모습이 있다. 기쁨, 노여움, 애통함, 두려움, 사랑, 미움, 욕구의 7가지며 이 중에는 선한 것도 있고 악한 것도 있다. 또 같은 감정이라도 악한 면도 있고 선한 면도 있다. 선악이 감정의 움직임에 따라 달라지기도 한다. 같은 정이라도 쓰기에 따라 선도 되고 악도 될 수 있으니 선해지려는 노력이 곧 수양이 아닌가?

사람이 타고난 본성은 인의예지 4가지로 선 자체이다. 본성이 악해지지 않게 보존하고 악해진 본성을 바로잡는 노력을 존심양성(存心養性), 즉 본마음을 잘 보존하고 본성으로 돌아가도록 마음을 닦는 일이다.

수양을 수신(修身)이라고 말하나 신(身)은 단순히 신체만을 말하는 것이 아니라 그 사람 전체를 가리키며 사람의 마음에 의해 움직이므로 수양이든 수신이든 마음을 닦는 것이 인격의 시작이요, 전부이다.

대양을 항해하는 배가 안전하게 목적지에 가기 위해서는 목적지를 향해 항로를 벗어나지 않아야 한다. 항시 나침판을 지켜보듯이 인생항로는 변화무쌍하니, 마음이 목적지를 향해 항로를 바로 지켜가도록, 사람이 사람답게 살도록 성심성의를 다해 수양에 힘써야 할 것이다. 성의정심(誠意正心), 즉 성의를 다하면 바른 마음과 정심으로 돌아오게 되어 수신하는 마음의 바탕이 이루어지는 것이다. 사람은 수양으로 사람답게 인격을 갖추게 된다.

수양이 쌓이면 교양이 되고 교양이 쌓이면 인격이 되고 완전한 인격에 이르면 성인이 된다. 수양을 쌓으면 성인은 못 되더라도 현인군자는 될 수 있고 그에 미치지 못해도 착한 인격자는 누구나 될 수 있다. 선비의 삶이 바로 이와 같은 것이었다. 성현의 가르침을 외면하고 경쟁 풍조가 판치는 현대인의 삶에서 인격 가치를 모르는 비인간화의 현상을 바로잡기 위해서는 인간 본성부터 찾는 노력이 더욱 절실하다. 소인들이 자기만의 이득에 정신이 팔려 있으니, 세상이 살기 어려워진 것이 아닌가? 유학 정신으로 재무장한 군자다운 인격자가 세상을 이끌어가야 할 때가 바로 지금이다.

유교의 인격교육

유교는 선비 교육이며, 선비는 유학하는 사람이란 뜻으로 유인(儒人)이라고 부른다. 선비는 수기치인 곧 인격을 닦은 후에 사람을 대하고, 인격을 갖춘 자로서 남과 나라를 위해 일을 하기에 다른 사람이 따를 수 있는 인품과 모범이 되어야 한다. 유교에서는 현실 생활 속에 항시 변하고 있는 인심을 도심(道心)에서 벗어나지 않게 그때마다 마음을 조절하는 처세의 생활교육이라고 말할 수 있을 것이다.

인격 수양은 끝이 없는 일상생활과 함께하는 것이다. 즉 유교는 생활 교육이다. 생활을 배우고 습관이 되게 수양하는 것이다. 그러나 습관을 바르게 고치기는 어렵다. "세 살 버릇이 여든까지 간다"는 속담이 있듯이 우리의 조상들은 어렸을 때 좋은 품성을 갖도록 어린이의 품성 교육에 힘씀으로 인성 교육의 기초위에 인격교육을 이루려고 힘썼다. 어린이 교재로는 『동몽선습(童蒙先習)』, 『명심보감(明心寶鑑)』, 『소학(小學)』을 가르치고, 철이 드는 15세부터는 사서(四書)의 『논어』, 『대학』에서 수기치인의 인격을 닦았다. 나아가 『맹자』에서 학문적 사고로서 의론(議論), 즉 어떤 사안에 대하여 각자의 의견을 제기히는 방법을 배우고, 『중용』에서 본받을 완전한 인격에 이르기를 도모하며 정성을 다하여 선비의 모범을 그대로 따르려고 성현의 가르침과 삶을 따르기를 평생 사업으로 삼아 수양에 힘썼다.

현대 교육이 생활 수단으로서 기능교육에 치우치고 경쟁만을 조장하여 사람이 서로 도와가며 평화롭게 사람답게 사는 가치를 버리고 있지 않은가? 이제 더 늦기 전에 비인간화의 풍조에서 벗어나려는 노력이 시급하다. 인간 경시 풍조도 극에 달하면 회복의 기미가 싹틀 것이다. 이런 때 인간학인 유학으로 재무장하여 전 세계를 바로 이끌어 가야 할 것이다. 중국이 이미 유교로서 세계의 지도자 역할을 하려고 시도하고 있다. 중국보다 더 유학에 힘썼던 우리는 옛 선비의 후손으로서 세계를 바로 이끌어 가는 중심 역할을 우리 세대가 감당하여야 할 것이다.

수신(修身)은 반성이 시작이다

논어는 공자 삶의 반성이요, 유학의 으뜸가는 인간 교본이다. 논어의 가르침은 생활 속에 일어나는 사례에서 제자마다 그에 알맞은 사례로서 제자로 하여금 반성으로부터 학문과 수양의 길을 찾게 가르쳤다.
공자는 다음과 같은 가르침으로 제자에게 자기반성부터 하라고 말했다.

"나에게 자리가 주어지지 않음을 걱정하고 말고 내가 그 자리를 맡을 능력이 있는지를 걱정하라. 나를 알아주지 않는다고 탓하지 말고 나를 남이 알아줄 만한 인물이 되는지를 생각하라."

2,500여 년 전에 논어에 담긴 공자의 이 가르침은 이기심에 자기의 능력도 잊고 과욕을 부리는 현대인에게 절실한 가르침이 아닌가 생각해 보아야 한다.

턱도 없이 과분한 자리를 탐내고 잘 난 줄 착각하고 지도자가 되려고 선거에 나서며 실력이 모자라면 부정도 저지르고 당선되면 국민에 해가 되고 떨어지면 패가 망신한다. 그런 세상에서 현대인은 수양은 고사하고 반성할 뜻도 없이 바쁘다. 많은 사람과 접하면서 잘못을 저지르지 않고 살 수는 없다.

그래서 반성이 필요하다. 반성은 개과천선의 시작이요, 인격수양의 기본이다. 시작이요 끝마무리다. 기독교에서도 회개하여 하느님께 돌아오라고 가르친다. 공자의 손자이며 유학을 계승한 현인 학자로서 『중용』의 저자인 자사(子思, BC483~BC402)는 반성을 수양의 최선의 방법으로 알고 실천했으며, '하루에 세 번씩 자신의 몸가짐을 살피고 반성한다'는 그의 삼성오신(三省吾身)은 인격수양의 본보기로서 유명하다.

앞서 언급했듯이 성군 탕왕은 다음과 같이 명문을 말하였다.

"진실로 새로워지려면, 하루하루 새롭게 하고 또 새롭게 하라 (苟日新 日日新 又日新)."

탕왕은 이 글귀를 세수 그릇에 새겨 하루도 빠지지 않고 보며 반성을 했다. 중국 춘추시대 위나라의 대부(大夫) 거백옥(蘧伯玉)은 50세가 되어 늙은 나이에도 지난 49년의 잘못을 반성하여 수양에 힘씀으로써 60세에 이르러서는 문인으로 존경받는 인물이 되었다.

밴자민 프랭클린(Benjamin Franklin, 1706~1790)은 미국 독립전쟁 당시 외교관, 과학자, 정치인, 저술가, 도서관 설립자로 다양한 공적을 남기면서도 인격 수양을 위한 13가지 실천 덕목을 적어 매일 실천 여부를 점검했다고 한다.

우리나라의 선비는 항상 부족함을 반성하며 수양을 계속함으로써 현인의 인품을 갖추게 되었다. 선비로 추잉받는 농방오현(東方五賢)을 든다면 김굉필(金宏弼, 1454~1504), 정여창(鄭汝昌, 1450~1504) 조광조(趙光祖, 1482~1520), 이언적(李彦迪, 1491~1553), 이퇴계(李退溪, 1501~1570) 다섯 분이다. 동방오현 다섯 분은 임진왜란이 일어나기 바로 전에 우리나라 유학을 도덕 실천의 학문으로 발전시켜 유학을 우리나라에서 도학, 예학이라고 칭하게 만든 선비요, 현인이다. 김굉필 선생은 소학 동자라고 불릴 만큼 인격 수양을 평생 사업으로 알고 소학 책을 품고 다니면서 그대로 실천했다고 한다.

경북 안동에 유가의 대표적인 종가집이 많으며 군자리(君子里)라 불리는 '오천문화재단'에는 '오천 7군자'15)의 유가가 한데 모여 있다. 그들은 유학으로 군자의 도를 닦았지만, 벼슬에 뜻을 접고 인격 수양과 덕행을 쌓아 그 후손들이 그의 명예를 400년 이상이나 지켜왔다. 벼슬보다 인격을 소중히 여기고 조상의 명예가 이어지는 집안이 명문가이다.

[그림 2-8] 안동 군자마을
* 출처: https://www.tourandong.com/public/sub1/sub1_3.cshtml?seq=159

---

15) 퇴계 이황의 제자 김효로(광산 김씨)의 친손과 외손 7명(김부필, 김부의, 김부인, 김부신, 김부륜, 금응훈, 금응협)이 태어난 데서 유래함.

인격수양의 마음가짐, 성의(誠意)와 정심(正心)

인격 수양은 마음을 닦는 것이 근본이니, 마음을 닦으면 탐욕이나 자극에 흔들리지 않는 고요한 상태가 되며 고요해지면 바르게 된다. 성인의 마음은 움직이지 않는 고요한 물과 같다(聖人之心 如止水). 정심은 성심을 다해 바른 마음이 되는 것이니, 성의(誠意)와 정심(正心)은 마음 다스림의 시작이며 성정(性情)을 넓게 하는 것이다.

기를 다스려 성정(性情)을 넓혀라. 맹자가 말한 호연지기란 곧 사람의 성(性)과 정(情)을 위대한 자연의 기운처럼 넓고 높게 가지라는 것이다. 호연지기는 자연의 기운이니 산에 들어가 체험하는 것이 가장 효과적이다. 수도자는 흔히 산에 은거하며 마음을 닦는다. 신라의 화랑도는 산천을 찾아 큰 기개를 닦아 삼국 통일을 이룩했다.

생각이 각박해지고 작아지는 현대인의 소인다운 생각을 버리고 생각을 더욱 넓고 높게 가지려는 자세가 아쉽다. 성심을 다하여 마음을 바르게 닦아 자연의 위대한 섭리대로 살면 곧 옛 성인과 다름없는 인품을 갖게 될 것이다. 정심(正心)은 곧 양심이다. 인간의 마음에 있어서 유일한 안내자는 양심이다. 양심은 누구나 타고난 본성으로 이어진 선심(善心)이다.

양심 안에 악행을 부끄러워하는 수치심이 있기에 악을 물리칠 수 있는 용기가 있다. 사람의 생각은 다양하며 수시로 변한다. 양심이 있는 사람은 나쁜 유혹을 물리친다. 인격 수양은 양심을 찾고 기르는 일이다. 나무를 기를 때 좋은 꽃이나 좋은 과일을 얻고자 잎이나 꽃에 거름해서는 안 되는 것처럼 사람의 품성을 잘 기르려고 행동거지를 바로 잡으려만 해서는 효과가 없다. 사람의 마음부터 바르게 가지도록 양심에 호소해서 스스로 자신을 바로 잡도록 양심 교육, 도덕교육을 우선해야 한다. 그 길이 유학의 바람직한 가르침이라고 생각한다.

인격 수양은 성(誠)과 경(敬)으로

유학에서 인격 수양의 핵심은 무엇인가? 인격 수양의 핵심은 성(誠)과 경(敬)이다. 성실하려는 마음가짐(性)은 인격 수양의 기본이다. 이퇴계 선생과 남명 조식 선생은 인격 수양에 경(敬)을 강조하였다. 즉 성과 경을 수양의 바탕으로 삼았다. 수양을 존심양성(存心養性)이라고 말할 때 경은 존심, 성은 양성에 해당한다. 이 말은 '마음을 보존하고 본성을 기른다'는 뜻으로 맹자에서 유래한다. 양심을 지키고 타고난 천성을 수양해야 한다는 의미이다.

경은 본성을 그대로 보존하려는 마음이며, 성은 본성을 지키면서 벗어난 마음을 다시 본성대로 되돌려 놓는 노력이다. 인격 수양은 사람의 마음속에 항시 선과 악이 다투고 있으니, 경이든 성이든 성실하지 않고는 불가능함으로 성은 경까지 포함하며, 경은 처음부터 본성(善)을 벗어나지 않으려는 존심(存心)을 강조하는 것으로 생각한다. 경은 "오직 정밀하게 선을 택하고 오직 한 가지 마음을 지킨다(敬 惟情擇言 惟一固執 一心主宰)"라고 설명하고 있다. 즉 오직 정밀하게 선을 택하여 한마음으로 지키는 것으로 경은 마음을 이끌고 마음은 몸을 다스리게 하여 오직 수양으로 도심(道心)을 보존하여 하늘의 뜻에 따르는 것이다.

퇴계 이황 선생은 학문과 인격 수양을 그대로 생활에 실천한 도학과 예학의 모범이 된 학자이며 인격자요, 교육자요, 제가(齊家)와 향민(鄕民) 선도의 모범이었다. 이황 선생은 공자의 가르침과 주자(朱子, 1130~

1200)16)의 학문으로 인격을 닦고 선조(재위 1567~1608)를 성군으로 이끌기 위해 국왕에게 인격 수양서로 『성학십도(聖學十圖)』17)를 바치기까지 했다.

[그림 2-9] 이황(李滉)
* 출처 : 한국민족문화대백과

　사람의 몸을 움직이는 것이 마음인데 이 마음의 중심은 경으로서 하나로 집중하고 몸가짐을 바르게 하고 흐트러지기 쉬운 마음을 가다듬어 악의 유혹으로부터 본선으로 받은 인의예지의 성선(性善)을 보존하려면, 성(誠) 즉 성의(誠意)로서 정심(正心)이 되어 하늘의 뜻대로 천도(天道)에 순응하고 만

---

16) 중국 송대의 철학자이자 유학자로 성리학의 창시자이다. 이름은 희(熹), 자는 원회(元晦), 호는 회암(晦庵). 주자는 존칭이다.
17) 퇴계 이황이 1568년 12월 선조에게 올린 성리학의 주요 개념을 10개의 그림으로 나타낸 상소문이다. 이황 선생은 단양군수, 풍기군수, 성균관대사성, 대제학 등을 역임하였다.

물과 사람을 사랑하는 경천애인으로 인도(人道)를 성(誠)과 경(敬)으로 이루는 것이다.

유학에서 선비의 삶이 곧 인격 수양이며 인격을 닦은 연후에 사람의 할 도리를 그대로 실천하려고 평생을 힘썼다. 지금 세상에 잘 났다고 온갖 일에 끼어드는 사람은 많지만, 사람이 되지 않았기에 자타에 주는 피해가 얼마나 큰가? 지도자가 되려면 군자의 인격부터 갖추어야 한다. 그러기 위해 먼저 배우고 정진해야 한다.

05. 학문

　사람이 살려는 의욕과 새로운 것을 알려는 호기심으로 배우려 노력하고 배워서 알게 된 지식이 쌓여 생활이 향상되고 문화가 발전된다. 사람은 알아야 활동하기에 생활은 곧 배움에서 시작된다.

　삶은 곧 배움이다(生則學). 학문이 발달한 나라가 번영하고 학문한 사람이 잘 산다. 기술을 배운 자가 일을 잘하고 대접받는다. 자격을 가진 자가 일자리를 차지한다. 동도서기(東道西器)라는 말은 1880년대 초 신기선과 윤선학의 글에서 기원한 말로, 동양 고유의 제도와 사상인 도(道)를 그대로 유지하면서 서양의 기술, 기계 등을 받아들여 부국강병을 이룩한다는 사상이다. 동양에서 도(道), 서양에서는 기(器), 즉 기술을 중시하는 생각으로 동양은 기능 면에서 뒤떨어짐을 의미한다. 서양에서는 도덕면에서 소홀하게 한 경향이 있었으나, 마찬가지로 현재 동양에서도 과학기술 분야에 치우쳐 도덕과 관련된 배움이 등한해져 인간 소외의 경향이 나타나고 있다. 이제는 과학기술의 학문에만 치우치지 말고 인간 도리를 배워야 할 때가 되었는데, 가장 적절한 학문이 유학임을 깨달아야 한다.

　그러므로 다음 chapter의 주제는 유학을 중심으로 한 학문과 사상을 다루고자 한다.

Chapter 03.
유학의 사상을 담다

01. 역(易, change)
02. 중용(中庸, golden mean)
03. 도(道, tao)

유학의 목표

 우리의 옛 선비는 유학으로 인격을 닦고 사람의 도리를 실천하며, 현인의 인격을 닦아 현인이 되면, 성인군자가 되려는 목표로 학문에 힘썼다.
 학문이 지극하면 가히 성인이 될 수 있다(學之則 可以爲聖). 물고기가 변하여 용이 된다. 옛 선비는 이와 같은 심정으로 학문에 힘썼다. 이처럼 공자는 대성한 성인으로 만인의 존경을 받으며 대성전(大成殿)에 모셔진 성인이다.
 논어 술이편에 "배우는 것을 싫어하지 말고 가르치는 것을 게을리하지 말라(學而不厭 敎而不倦)"라는 명구가 있다. 공자는 배움을 싫어하지 않고 가르침에 게으르지 아니한 성인으로서 인간 속에서 인간선을 깨닫게 가르치는 목탁 역할을 했다.

 유학의 목표에 대해 대학(大學)에서 다음과 같이 명확하게 제시하고 있다. "격물치지 성의정심 수신 제가 치국 평천하(格物致知 誠意正心 修身 齊家 治國 平天下)이다." 풀이하면

- 격물(格物)은 사물의 이치를 궁리함이다.
- 치지(致知)는 앎을 지극히 함이다.
- 성의(誠意)는 실천하려는 생각을 정성스럽게 함이다.
- 정심(正心)은 마음을 바로잡음이다.
- 수신 제가 치국 평천하(修身 齊家 治國 平天下)는 인격을 닦고 집안을 가지런하게 하며 나라를 다스리고 천하를 평정함이다.

 유학은 군자학(君子學)이다. 공자는 군자불기(君子不器), 즉 "군자는 그릇이 아니다"라는 뜻으로 군자는 한 가지 재능에만 얽매이지 않고 두루 살펴야 한다는 말이다. 학문하는 선비는 단순한 재주만 가지고 사는 자가 되지 밀고 사람을 다스리는 사, 즉 군자가 되라고 가르쳤다.

학문은 어떠한 자세로 할 것인가?

공자는 『인생삼계도(人生三計圖)』에서 "일생의 계획은 어릴 때에 있고, 한 해의 계획은 봄에 있으며, 하루의 계획은 새벽에 있다(一生之計 在於幼, 一年之計 在於春, 一日之計 在於寅). 일생의 계획을 유년에 세워 공부하라" 라고 말했다. 배우며 생각하고 생각하며 배운다. 배우고 그것을 생각하지 않으면 자기 것이 되지 않으며 남으로부터 배우지 않으면 잘못에 빠질 위험이 있다. 어려서 배우지 않으면 늙어 아는 것이 없으며, 봄에 밭을 갈지 않으면 가을에 거둘 것이 없고, 새벽에 일어나지 않으면 하루의 일이 제대로 되지 않을 것이다(幼而不學 老無所知, 春若不耕 秋無所望, 寅若不起 日無所辦).

확실하게 알기 위해 다음 4가지 단계를 거쳐야 한다.

첫째, 학박(學博)하라 : 넓게 배워서 박식하게 한다.
둘째, 문심(問審)하라 : 의문이 없게 자세히 묻는다.
셋째, 사신(思愼)하라 : 알게 된 것을 깊게 생각한다.
넷째, 변명(辨明)하라 : 분명하고 확실한 지식을 얻는다.

다음 고사성어처럼 끊임없이 학문을 갈고 닦아야 한다.

- 절차탁마(切磋琢磨) : 옥돌을 자르고 줄로 쓸고 끌로 쪼고 갈아 빛을 내다.
- 보보등고(步步登高) : 높은 곳을 향해 한걸음, 한걸음 올라간다.
- 발분망식(發憤忘食) : 무엇을 할 때 끼니마저 잊고 힘쓴다.
- 수적석천(水滴石穿) : 물방울이 떨어져 돌에 구멍을 낸다.
- 위편삼절(韋編三絶) : 가죽으로 맨 책 끈이 세 번이나 닳아 끊어졌다.

학문의 왕도는 곧 노력이다. 남이 대신해주지 못한다. 따라서 다음과 같은 자세가 필요하다.

- 묵이식지(默以識之) : 책에서 묵묵히 배워 이를 알고 있다.
- 학이불염(學而不厭) : 배움을 싫어하지 아니한다.
- 회인불권(誨人不倦) : 제자를 가르침에 게으르지 아니한다.
- 교학상장(敎學相長) : 가르치고 배우면서 성장한다.

아무리 배워서 아는 것이 많아도 사람의 도리를 벗어나면 배우지 않는 것만 못하다. 사람이 되려면 유학(儒學)이 최고이며 유학에서 인간의 본성과 처세를 배워야 한다. 비인간화의 물결에 빠져 허우적거리지 않고, 인간학인 유학을 온고이지신(溫故而知新)의 자세로 공부하여 동도서기(東道西器)를 갖춘 바람직한 현대인이 되어야 할 것이다.

그러면 우리가 본받을 학문 교육과 선비의 모범으로 삼을 인물은 누구일까? 조선의 유학자 퇴계 이황 선생이라고 생각한다. 선생은 19세에 주역(周易)을 접한 후 밤낮을 계속하여 독서와 사색에 골몰하여 병을 얻어 평생 병고를 겪었다고 한다. 더욱이 송나라 주희(朱熹, 1130~1200)의 주자학을 심화하여 퇴계학으로 발전시켰으며 후세 교육과 예절 교육으로 백성을 선도하고 어려운 집안까지 돌보며 이웃을 위해 살았다. 우리 겨레의 큰 스승임에 틀림이 없다. 학문의 궁극적 목적은 퇴계 선생과 같은 인격을 갖추고 그대로 살려는 데에 있는 것이다.

[그림 3-1] 안동 도산서원(陶山書院)
* 출처 : 도산서원(https://www.andong.go.kr/dosanseowon/main.

학문의 본말(本末)

배우는 목적은 잘 살기 위한 것이며 잘 산다는 것은 사람이 사람답게 사는 것이 아닌가? 사람이 사람다워지려면 인간 본성을 먼저 지켜야 한다. 현대에 와서 사람들은 사람보다 물질에 관심을 두고 남보다 더 가지려고 탐욕을 부려 사람끼리 욕심을 채우기 위해 다투기에 바쁘다. 다투는 것은 악이며 인간 본성인 인의예지를 해치는 것이다. 더 늦기 전에 인간성을 다시 찾기 위해서는 인간 중심의 학문을 찾아 사람의 도리를 바로 세워야 하지 않겠는가?

본(本)은 근본을 말하며 나무의 뿌리와 같은 것이다. 뿌리가 성해야 줄기와 가지가 제대로 자라고 좋은 잎을 피우고 좋은 열매를 맺는다. 욕심이 앞서 열매를 빨리 보다 많이 가지려고 꽃이나 잎에 거름을 줘서는 안 된다. 늦게 거둬드리더라도 뿌리에 거름과 물을 주어 나무를 가꾸어야 한다.

훌륭하게 자녀를 키우려면 인간의 본성부터 윤리도덕 교육으로 제대로 교육해야 한다. 바로 교육계를 지배하고 있는 과학기술, 경영 등 기술적인 재능을 갖춘 인간보다 도덕적인 인간 교육부터 시작해야 인간은 사회 속에서 공존할 수 있다.

윤리, 도덕, 예절을 배워 사람답게 만드는 학문이 바로 유학이다. 서구에 뒤졌던 과학, 기술 분야도 이제는 우리도 경쟁에 앞설 수 있는 때가 되고 있다. 끊어져 가는 유학을 다시 일으켜 동도서기를 아우르는 학문과 교육에 우리가 앞장설 수 있을 것이라 기대할 수 있지 않은가?

유학은 온고이지신의 학문이라 결코 보수에 매인 학문이 아니며 보수의 바탕 위에 새로운 발전을 바라는 혁신의 학문이다. 바로 동양 유학의 바탕으로 인간 교육을 하고 그 사람됨을 바탕으로 서양이 앞섰던 과학기술, 경영 등 신학문을 받아들여 새로운 덕기(德技)를 갖춘 인간교육의 학문 풍토를 만들 기회가 바로 지금이다.

유교는 공자에 의하여 대성하고, 맹자에 의하여 체계와 이론이 서고, 주자에 의하여 성리학으로 발전하였다. 그 후에 과학이 날로 발달하는 데에 비하면, 유학은 그다지 발전이 없었다. 그래서 어떤 면에서 소외되었다고 해도 과언이 아니다. 그러나 유학은 변화가 적은 것이 당연한 것이다. 인간 본성을 닦는 것이 목적이니 인간 본성이 변하지 않아야 하는 것처럼 유학의 가르침은 변화보다 본성을 지키고 본성에 어긋난 것을 바로 찾는 노력이 유학이며 인격 수양이다. 사람은 항상 변하기 쉬우니 변화보다 지키기에 힘쓰는 보수성이 유학의 바탕일 수밖에 없다.

앞으로 유학은 인간의 윤리와 도덕을 지키고 새로운 생활 기술을 배워나가는 신유학이 되어 온고이지신의 학문으로 계속 이어져야 한다.

유학과 한문

한자(漢字) 없는 유학(儒學)은 있을 수 없다. 한자는 소리와 뜻을 함께 나타내는 글자이면서도 뜻글자이다. 그 이유는 소리보다 뜻을 나타내는 역할이 더 많기 때문인 것이다. 한자는 말을 만드는 도구로 쓰이는 표음문자보다 어떤 고유의 뜻을 나타내는 것이 더 기본적인 역할이다. 따라서 한자를 씀으로써 유학의 무한한 의미를 나타내고 그것을 쉽게 배울 수 있다.

다음 한자의 의미를 알아보자

- 학(學) : 책상과 아이를 뜻하며, 책상 앞에 앉아서 음양의 조화와 사물의 뜻을 이루는 지식을 배우는 것을 나타내는 글자이다.
- 경(經) : 기본 원리와 원칙, 도리와 같은 인생의 철학이 담겨 있다. 시경, 서경, 역경, 예기, 춘추가 있으며 경(經)은 지구의 경선(經線)이나 베 짤 때의 세로줄처럼 변하지 않는 진리의 가르침이다. 성인 공자가 옛 성인들의 가르침을 집대성한 것이다. 여기에 오경(五經)이 있다.
- 서(書) : 사서(四書)로서 논어, 대학, 맹자, 중용이 있으며 오경(五經)과 공자의 가르침을 배우기 편리하게 꾸민 기본 교재이다.

한자는 표의문자로서 글자 자체가 생물과 모든 사물을 나타내는 곧 살아 있는 유기체 같고 생물의 세포와 같다. 한자 속에 모든 우주 생명이 담겨 있다.

한문의 '人(사람 인)' 자 하나가 사람을 가르키지만, 영어 알파벳은 글자 하나로 무엇을 나타내지 못한다. 그리고 한자에서 사물을 나타낼 때 왜 두 자 이상으로 나타낼까? 한자는 글로는 한 자로서 뜻을 알 수 있지만, 그것을 말할 때에는 같은 음을 나타내는 사물이 많기에 구별하기가 어렵다. 서로 뜻이 통하는 글자는 짝을 지워서 뜻이 확실히 들어서 알 수 있다. 그뿐만 아니라 두 글자가 합쳐 그 뜻은 오묘한 변화도 생기니 참으로 신기한 글자이다.

'人' 자 하나는 사람을 나타내지만, '間(간)'이 합쳐지면 인간을 나타냄으로 사람이면 그 사이에 도리까지 어떻게 할까 암시하는 것이다. 사람에게 생각을 저절로 깨닫게 하는 인간문자라고 말할 수 있다.

한자를 배워야 뜻을 생각하며 사고력이 늘고 우주와 인생의 진리를 터득하며 더욱 높은 세계에 들어갈 수 있다. 동양의 정신문화가 모두 한문 속에 담겨 있다. 한문은 사람을 사람답게 만드는 인간학인 유학을 이룩했다.

그리하여 죽간(竹簡)에 인간을 가르치는 성현의 말씀을 한자로 만들었다.

공자는 학이편(學而篇)에서 배움의 즐거움에 대해 다음과 같이 말했다. "학이시습지 불역열호(學而時習之, 不亦說乎), 즉 배우고 때때로 익히니 즐겁지 아니한가?" 공자의 학문은 삶이요 바로 기쁨이었다. 그러면 도대체 무엇을 배우라고 가르쳤는가. 논어의 마지막 편 요왈(堯曰)에서 앎이란 "평생 사업으로 끝나며 남을 알고(知人), 지킬 예절을 알고(知禮), 남의 말을 듣고 옳고 그름을 분별하여 알라(知言)"는 것이다.

배워야 산다. 배움이 즐거우면 인생은 즐겁다.

유학의 바탕 : 역(易), 중용(中庸), 도(道)

학(學)은 역효(易爻), 즉 음양의 조화를 배운다는 의미를 나타내는 글자라고 말한다. 효(爻)는 변하고 바뀌는 것을 나타내는 역(易)의 기호이다. 즉 효는 주역에서 역의 괘를 나타내는 가로로 그은 획이다. 유학에서 배우는 것은 '易'을 바탕으로 하고 있음을 알 수 있다. 역(易), 곧 변화는 자연의 도와 사람의 도리에 맞아야 하며 이를 중용(中庸)이라고 말한다.

중용은 최선의 도리이며 이 도리에 따르면, 남과 자신에게 덕(德)이 되는 바 이를 도덕이라고 말하게 되는 것이다. 유학은 인간학으로서 윤리, 도덕을 배우고 실천하려는 가르침이기에 '역(易), 중용(中庸), 도(道)와 도덕(道德)'을 기본으로 하고 있다.

  이 책을 쓴 목적이 옛 선비들이 했던 학문하는 자세와 수양하는 마음가짐을 새롭게 인식하는 데에 있으니, 깊이 있게 다루지 않고 기본 개념을 생각해 보는 정도로 그치려고 한다. 사람의 생활은 생각, 즉 사고에 의하여 이루어지고 모든 사고를 종합하여 사상을 이룬다. 문화가 시대와 지역에 따라 다른 것은 사상이 다르기 때문이다. 유교문화권에서 사상을 지배하는 것은 '역, 중용, 도'의 인간 중심 사상이기에 인격 수양은 이를 기본적으로 이해해야 함을 먼저 인식해야 한다.

01. 역(易, change)

역(易)자로 쓰이는 말은 무역(貿易), 역지사지(易地思之), 변역(變易) 등으로 "변한다, 바뀐다, 바꾸다"의 의미를 나타내는 데 쓰인다.

그러면 주역(周易)이란 말은 무엇인가? 주역은 사람이 늘 따라야 도리인 3경(三經 : 서경, 시경, 주역)의 하나로 동양에서 가장 오래된 유교 경전이다. 고대 중국의 주나라 때에 만들어진 역(易) 사상을 담은 것을 말한다. 변역(變易)은 변하고 바뀐다는 의미이다. 인간사나 자연의 현상은 항상 변하고 바뀌고 새로워진다는 사상이 동양 사상의 바탕이다. 인위적으로 힘을 드리지 않고 저절로 바뀐다. 그래서 쉽게 바뀌는 것이기에 역(易)자는 쉽다는 의미도 있다. 세상살이 자체가 항상 변하고 있으니, 삶이 곧 역(易)인 것이다.

괘	괘명	자연	뜻	방위	가족	동물
☰	건(乾)	하늘(天)	강건	북서	부친	말
☱	태(兌)	연못(澤)	기쁨	정서	소녀	양
☲	리(離)	불(火)	이별	정남	중녀	꿩
☳	진(震)	번개(雷)	변동	정동	장남	용
☴	손(巽)	바람(風)	따름	남동	장녀	닭
☵	감(坎)	물(水)	험난	정북	중남	돼지
☶	간(艮)	산(山)	충지	북동	소남	개
☷	곤(坤)	땅(地)	순응	남서	모친	소

[그림 3-2] 주역의 8괘(八卦)

인간의 삶을 대상으로 한 유학은 그 바탕이 역(易)에서 나온 것이다. 변역(變易) 속에서 살고 있으면 장차 다가올 변역을 알고 대처하기 위해서도 주역(周易)에 관심을 두고 공부해야 한다.

역학에 대해 놀란 것은 공자와 퇴계 선생 같은 학자가 주역을 가장 많이 연구했다는 사실이다. 공자는 주역을 즐겨 읽어 책의 가죽끈이 세 번이나 끊어졌을 정도로 공부를 열심히 함을 뜻하는 위편삼절(韋編三絶)의 고사를 남겼으며, 퇴계 선생은 주역을 접하고 19세 나이에 얼마나 심취했는지 병을 얻을 정도로 열심히 공부했다는 일화를 남겼다.

역(易)으로서 자연관, 인생관을 세우며 처세의 방도를 배우고, 중용으로 삶의 목표를 세워 수양하고, 윤리와 도덕으로 사람의 도리를 실천하는 의지를 세운다. 유학의 바탕인 동양철학은 역(易)에서 시작되는 것이며 철학은 높은 곳에 올라 세상을 넓게 전체적으로 조망해보는 것과 같이 인간학인 유학은 그 근본을 역(易)에 두고 있다.

따라서 역(易)의 공부는 동양 사상의 근본을 아는 것이며 생활의 지혜를 곧 얻을 수 있으니, 역(易)에 대한 인식을 바꾸어 누구나 공부하기를 권한다. 주역에 대한 부정적인 이미지를 버리고 주역을 한 번이라도 접해보면 주역이 왜 인간사상의 근본인지 금세 알게 될 것이다.

역(易) 사상

역서(易書)는 고대 중국의 하(夏)나라, 은(殷)나라, 주(周)나라의 역서 셋이 있었는데 전해져 내려오는 것은 주나라의 역서만 남아 있다. 그래서 주역

(周易)은 곧 역(易)을 말한다.

　역(易)이란 글자는 일(日)과 월(月)이 합쳐서 이루어진 글자로서 해(日)와 달(月)이 밤낮(음양)으로 바뀌고 날짜와 계절이 변하는 현상을 보고, 우주 자연의 변하는 이치를 나타내는 것을 말한다. 사람도 자연의 일부로서 시간의 흐름, 자연의 변화에 따라 성장과 노쇠에서 벗어날 수 없다. 인간학인 유학은 어느 학문보다 인간 변화에 대처해야 하기에 역(易)을 바탕으로 삼았다. 역(易) 사상은 한자 문화권에서 심오한 진리로 믿게 되었으며 사서(四書)의 가르침에서 역(易)의 가르침이 수없이 나온다. 또한 노장사상에도 영향을 미친 바가 크다고 말한다.

　주역의 난해한 궤의 내용을 상세하게 해석한 계사전(繫辭傳)에 "역(易)은 생(生)이다. 생물을 낳는 것을 역(易)이라고 말한다. 만물을 낳고 사물을 이루기에 힘쓰는 것이다"라고 기록하였다. 만물은 생(生)하여 성하고, 성한 후에 쇠하고 멸하는 생사성쇠(生死盛衰)의 변화하는 것이 곧 역(易)이다.
　모든 것이 항상 변화가 진행되는 상황에서 장차 오게 될 변화를 미리 알게 되면, 사람은 지혜롭게 처신할 수 있다. 인생살이 어려움이 많이 닥치지만, 역(易)을 공부하면 쉽게 학문을 익힐 수 있다.

　주역은 변화에 대처하는 지혜를 64가지로 보고 64괘에서 설명하고 있다. 이를 괘사(卦辭)라고 말한다. 괘를 보고 장차 오게 될 변화가 어떤 것인지 알게 되면, 운명의 길흉을 알고 대처함으로써 지혜롭게 처신할 수 있다. 우주 만물 그리고 인간도 사철의 변화, 주야의 변화가 한시도 쉬지 않는 것처럼 인생도 변화의 연속이다. 그러므로 모든 것이 역(易)의 이치에 의한 것이다.

역(易)에서 삶의 지혜를 터득하자

하늘이 하는 일은 자연을 쉬지 않고 변화시키는 것이다. 사람도 자연의 일부이며 모르는 중에도 밤낮없이 변하고 있다. 변하는 것은 곧 역(易)에 따라야 존재할 수 있고 거스르면 망한다(順天者存 逆天者亡).

공자는 흘러가는 강물을 내려다보며 "가는 것이 이런가 보다"라는 감탄의 말로서 변화의 깊은 깨달음을 나타내었다. 물이 잠시도 쉬지 않고 흘러가듯 인생도 끊임없이 변하며 제 자리에 머무르지 않는다. 인생유전(人生流轉)이요 인생무상(人生無常)이다.

"물은 지혜롭다"라고 말한다. 사람도 인생의 흐름에서 물과 같이 지혜롭게 흐를 때 흐르고, 머무를 때 머무르고, 피해 갈 때 피해 가는 지혜가 있어야 생존할 수 있다. 역(易)에서 이와 같은 이치와 지혜를 가르치고 있다. 물이 한 곳에 고여있지 않고 흘러감으로써 썩지 않고 깨끗하듯 사람도 쉬지 않고 활동하고 인격을 갈고 닦음으로써 인격을 완성해 나갈 수 있다.

봄에 씨를 뿌리고 여름에 가꾸고 가을에 결실하고 겨울에 거두듯이 인생도 청소년 때 뜻을 정하고 장년 때 일하고 노년이 오면 사업과 인격이 완성되고 후기에는 인생을 즐길 수 있으면 하늘의 도리와 합치는 것이며 복된 것이다.

인생에 있어서 큰 변화는 대학 입학, 결혼, 취직 때이니 이런 때 선택을 잘해야 더욱 좋은 방향으로 변할 수 있으며, 이 때 길흉, 즉 행복과 불행이 결정되는 것이다.

역(易)은 곧 길흉(吉凶)의 변화이다. 그 변화에 대처하는 지혜를 역(易)에서 가르치고 있다. 역(易), 즉 변화를 예견하고 대처하면 편하고 안전하게 살 수 있다. 차를 타고 갈 때 운전자는 앞자리에서 앞길을 보고 길의 굴곡, 경사, 폭, 장애물 등을 보고 운전하기에 어렵지 않게 갈 수 있지만, 뒷자리에 탄 사람은 앞을 보지 못하니 차의 흔들림을 예견하지 못하고 이리저리 흔들리면서 불안하고 고통스러워한다.

　인생을 살아가는 데에 어려움을 당하지 않으려면 누구나 다가올 변화에 대처할 지혜로서 역(易)을 알면 도움이 될 것이다. 2,600여년 이전의 생활의 변화가 그리 많지 않았던 상황에서 만든 주역은 변화무상한 현대인에게 오히려 더 절실한 지혜라고 생각한다. 인생을 밝게 깨닫고 지혜롭고 안전한 행복한 삶을 누리는 데에 많은 도움이 될 것이다.

　또한 역(易)은 곧 변역(變易)으로 변하고 바뀌는 것이며 역서, 곧 주역은 변역하는 인생살이에 예견과 대처방안을 가르치고 있다. 역(易)을 알려면 그 원리를 먼저 알아야 하기에 기본을 간단히 정리해 보자. 만물의 변화는 음(陰)과 양(陽)의 만남에서 생긴다. 성(性) 즉 바탕과 성질이 반대되는 것과 만나서 생(生)과 멸(滅)의 변화가 생긴다. 변화는 상생(相生)과 상극(相克)이 있다. 차가운 공기가 구름을 만나면 비가 온다. 이는 상생이요. 불이 물을 만나면 불이 꺼진다. 이는 상극이다. 인생사는 선악이 만나 선이 이기기도 하고, 악이 이기기도 한다. 선은 생에 이르고 악은 사(死, 죽음)에 이른다. 생하면 길이요, 사하면 흉이다.

　자연의 본성은 변화 자체, 즉 역(易)이다. 사람도 자연의 일부로서 자연의 섭리에 순응하면 흉함이 없고 길하다. 그러나 사람은 선택의 의지를 갖고 있기에 마음먹기에 따라 닥쳐올 운명을 바꿀 수 있다. 만고의 진리인 '순천자존, 역천자망'의 가르침은 곧 역(易)의 가르침을 한마디로 설명한 것이다.
　자신의 미래를 예견하려면 역(易)의 64괘(卦)에서 자신의 처지와 같은 괘를 찾아 처신의 가르침으로 삼으면 도움이 될 것이다.

주역은 점(占)인가?

점술가들이 주역으로 미래의 운수를 보기에 주역이 곧 점에 통하고 있다. 점(占)은 미신의 측면이 있기에 주역은 점이고 미신이라고 생각하는 경향이 있으나 잘못된 생각이다. 점술가처럼 64괘 중 어디에 해당하는가를 가지고 고객을 상대하는 점이 아니라 인생사 모든 유형이 64괘 안에 있으니, 거기에 해당하는 자신의 괘를 찾아보면 합리적인 처세의 지혜를 얻게 되는 것이다.

64가지 상황이 어디에 해당되는 지를 찾은 다음에 자신의 위치가 그 상황 속의 어디에 있는지 효(爻)를 찾아 괘사(卦辭)와 효사(爻辭)를 공부하면 된다. 효는 역(易)의 괘(卦)를 나타내는 획, ― 을 양(陽)으로 표시하고 -- 을 음(陰)으로 표시한다. 괘사는 점괘를 쉽게 풀어서 쓴 글로 역(易)의 괘(卦)와 효(爻)의 아래에 써놓은 설명의 말이다. 밑에서부터 초효(初爻), 이효(二爻)라고 부르고, 맨 위 것을 상효(上爻)라고 부른다. 효사는 역(易)의 괘를 이룬 여섯 개의 획 또는 이에 대한 설명이다.

각 괘마다 밑에서 위에까지 이르는 6가지가 효가 있다. 결국 역(易) 전체를 볼 때 64가지 괘, 6가지 효(爻) 하면 384가지 처세의 가르침이 있는 것이 된다.

누구나 할 수 있는 역(易) 공부

역(易)을 누구나 공부할 수 있는 것은 학문으로 이론을 공부하는 것이 아니고 처세술로서 주역의 가르침을 설명한 괘사(卦辭)를 공부하면 족하기 때문이다. 식물학자가 사과나무를 연구하는 것과 일반 사람이 사과를 사려고 하는 목적이 다른 것처럼 소비자는 사과나무에 대하여 알 필요가 없고 맛있는 과일로서 사과를 고를 줄 알면 족하다. 이처럼 처세의 주역을 알려고 하는 일반 사람은 괘사 64가지만 공부하면 족하다. 이 때문에 주역의 가르침이 사서(四書)나 다른 유학서에도 수없이 인용되고 있다.

곤(坤):地	간(艮):山	감(坎):水	손(巽):風	진(震):雷	이(離):火	태(兌):澤	건(乾):天	←상괘 ↓하괘
11.地天泰	26.山天大畜	5.水天需	9.風天小畜	34.雷天大壯	14.火天大有	43.澤天夬	1.乾爲天	건(乾):天
19.地澤臨	41.山澤損	60.水澤節	61.風澤中孚	54.雷澤歸妹	38.火澤睽	58.兌爲澤	10.天澤履	태(兌):澤
36.地火明夷	22.山火賁	63.水火旣濟	37.風火家人	55.雷火豊	30.離爲火	49.澤火革	13.天火同人	이(離):火
24.地雷復	27.山雷頤	3.水雷屯	42.風雷益	51.震爲雷	21.火雷噬嗑	17.澤雷隨	25.天雷無妄	진(震):雷
46.地風升	18.山風蠱	48.水風井	57.巽爲風	32.雷風恒	50.火風鼎	28.澤風大過	44.天風姤	손(巽):風
7.地水師	4.山水蒙	29.坎爲水	59.風水渙	40.雷水解	64.火水未濟	47.澤水困	6.天水訟	감(坎):水
15.地山謙	52.艮爲山	39.水山蹇	53.風山漸	62.雷山小過	56.火山旅	31.澤山咸	33.天山遯	간(艮):山
2.坤爲地	23.山地剝	8.水地比	20.風地觀	16.雷地豫	35.火地晉	45.澤地萃	12.天地否	곤(坤):地

[그림 3-3] 주역의 64괘
* 출처 : https://ko.wikipedia.org/

한가지 보기를 들어보자. 주역의 첫번째 괘인 중천건괘의 상구(上九)에 '항룡유회(亢龍有悔) 영불가구(盈不可久)'이라는 괘사가 있다. 이는 "가장 높은 자리에 오른 용은 후회할 일이 있다. 가득 차면 오래가지 못한다"라는 뜻이다. 이 괘사에서 배울 점은 최상의 높고 좋은 자리에 있으면 언젠가는 내려가기 마련이니, 그에 대비하여 겸손해야 한다. 또 지나치게 가진 것에 욕심이 매달려도 가진 것을 언젠가 잃게 되는 것이니 교만, 탐욕과 높은 자리, 부유한 살림에 매달려 평생의 공덕이 허사가 되지 않게 처신해야 한다. 최고 경영자는 경영일선에서 뒤로 물러서야 할 처지이니 더 경영에 욕심 부리지 말고 겸손하게 은퇴를 준비해야 쫓겨나는 일이 없다.

또 한가지 보기를 들어보자. 중천건괘 초구(初九)에 '잠용물용(潛龍勿用)'라는 괘사가 있다. 이는 "물속에 잠겨 힘을 기르고 있는 용은 사용하지 말라"라는 뜻이다. 이 괘사에서 배울 점은 완전한 힘을 갖추고 하늘을 날아 본 경험이 없는 어린 용이 하늘에 오르려 하면 다른 힘센 용의 방해를 받는다. 여기에서 용은 사람을 상징적으로 나타낸 것이니 회사를 처음 설립하여 사원이 모두 의욕적으로 일하며 활기차게 번창할 때 신입사원은 잠용에 해당하니 자기를 과신하지 말고 겸손하게 상사를 받들고 배워야 적응할 수 있다는 가르침이라고 풀이할 수 있다. "자벌레가 몸을 움츠리고 기다리는 것은 다음에 몸을 펴기 위해 준비하는 것이다." 물 속에 잠겨있는 것은 하늘을 오르기 위해 힘을 기름이다. 신입 사원이 상사의 명령에 따르고 자기를 내세우지 않아야 하는 것은 회사 일을 더 배워 실력 있는 사원, 중견 간부, 경영자가 되기 위한 준비요, 처신으로 삼으면 흉한 일이 없을 것이다. 회사 이외에 어떠한 다른 조직에도 이 가르침은 두루 통한다. 인생사를 64가지 유형에 대입시켜 자신의 처신의 지혜를 찾아보자.

성인 공자는 생활의 지혜로 주역을 가르치려는 지극한 마음으로 주역을 해석하여 후세에 전한 것이다. 역을 배우고자 하는 자는 부지런히 배워 인(仁)에 힘쓰라는 가르침을 남겼다.
자연의 변역(變易)은 자연의 법칙대로 저절로 변하지만, 사람은 욕심에 의해 악으로 변할 수 있다. 이에 사람의 본성인 인의예지에서 벗어나지 않게 선으로 중심을 잡는 것이 중용이다. 역(易)은 삶이고 변화이며 변화에 대처하는 처방이다. 중용은 변화의 도달점이 목표이면 선에 맞는 것이다.

따라서 역은 중용과 함께 공부해야 하는 것이다.

이 밖에도 주역의 계사전 하(下) 편에 '역의 도(道)'를 다음과 같이 정의하고 있다. 구이시종(懼以始終) 기요무구(其要无咎), 이의 뜻은 "두려워하는 마음으로 시종일관한다면 허물이 없을 것"이다. 주역의 가르침인 괘사는 닥쳐올 변화를 암시하는 가르침이니 잠언으로 듣고 새로운 마음가짐으로 삶을 바꾸면 흉한 일을 피하고 좋은 일을 찾아 편안하게 살게 될 것이다.

동양사상을 대표하는 것은 유교이다. 유교는 생활 경험이고 규범이며 그 속에 불교, 도교, 민간신앙, 풍속 등이 종합되어 있으며 그 큰 뿌리는 역 사상이기에 역은 누구나 공부해야 한다. 생활은 곧 역이기에 역을 잊고는 처신을 바르게 할 수 없음을 누구나 염두에 두고 살아야 탈이 없다.

02. 중용(中庸, golden mean)

중용(中庸)의 바른 이해

중용은 중간이나 적당히 좋은 게 좋다는 식으로 모나지 않게 처신하는 것으로 생각하기 쉽다. 상하의 중간, 강약·완급의 중간, 선악·과부족의 중간 등 시간이나 장소, 양과 질의 양극단적인 것을 피하여 그저 좋은 것이 무난하여 좋은 것으로 생각하고 중간을 취하려는 일이 중용일 수는 있지만, 이것이 곧 중용일 수는 없다.

중용이 좋다고 말할 수 있으려면 중립이 되어야 한다. 그리고 최선이 되어야 하며 누구나 좋아하고 지킬 수 있어야 한다. 그러나 중립이나 중간이 곧 중용이 되는 것은 아니다. 일찍이 공자의 손자 자사(子思, BC483~BC402)가 중용을 지은 목적에서 "옛 성현의 가르침이 후대에 미치지 않을까 걱정하여 그 가르침 중에서 최선을 모아 저술했다"라고 밝히고 있다. 결코 중립이나 중간을 적당히 따르라는 가르침이 아님이 분명하다. 중용의 서문에 그 학문의 목적이 학문과 수양을 지극한 정성으로 하려 함에 있음을 분명히 나타내고 있다. 중용장구서(中庸章句序)[18]에 보면 "자사가 도학의 전통이 없어질 것을 걱정하여 지은 것이다"라고 나와 있다. 도학의 전통은 요(堯)[19]

---

[18] 중용장구서는 춘추전국시대(BC770~BC221) 공자의 손자인 자사가 중용을 지은 뜻에 대하여 주자(1130~1200)가 스스로 질문을 던지며 답해 나가는 글이다.
[19] 고대 중국의 삼황오제 전설에서 오제에 해당하는 신화적 인물. 순 임금과 함께 명군(名君) 또는 성군(聖君)의 대명사이다.

임금이 순에게 자리를 양위하면서 "그 중도를 잡아라"라는 가르침을 전하고 순 임금은 우[20]에게 양위하면서 "인심은 위태하고 도심은 미묘하니 오직 정밀하게 하고 변함이 없어야 그 중도를 잡을 수 있다"라는 가르침을 내렸다. 제왕의 자리를 지키는 통치자가 지켜야 할 처신으로 중용이 가장 중요함을 가르친 것이다. "인심을 항상 도심의 명령에 따르게 함으로써 언행이 지나치거나 미치지 못함이 없게 될 것이다"라는 뜻을 전한 것이다.

유교는 인격수양의 가르침이며 사서(四書)가 기본 교재이고 사서 중에서 중용은 인격 수양을 중점적으로 다루고 있다. 인격 수양은 경(敬 : 공경하다)으로써 인간 본성을 지키고 성(誠 : 참되게하다, 삼가다)으로써 마음을 닦으려고 하니 중용의 도는 바로 경(敬)과 성(誠)의 노력에 의해 지켜지는 것이다.

중용(中庸) 풀이

중(中)이란 한쪽에 치우치거나 의지하지 않고 지나침이나 변함이 없는 것이다(中者不偏不倚 無過不及之名 庸平常也). 치우치지 않는 것을 중(中)이라 말하고 바뀌지 않는 것을 용(庸)이라고 말한다(不篇之謂中 不易謂庸). 또한 중(中)이란 천하의 정도(正道)요, 용(庸)이란 천하의 변하지 않는 정해진 이치이다(中者天下之正道 庸者天下之定理).

앞서 언급했듯이 역(易)에서 사람이 산다는 것은 항상 변하는 것이라고 했다. 그러니 중용(Doctrine of the Mean, Middle Way)에서는 '최선인 중(中)을 지켜 변하지 말라(庸)'고 한다. 세상사 변하기 때문에 잘못 변하지 못하도록 중용으로서 역(易)에 적응해야 함을 가르치고 있다. 그러므로 역(易)

---
[20] 기원전 2,100년 경 중국 고대의 전설상의 국가인 하나리를 건국한 임금.

과 중용(中庸)은 떼어 놓을 수 없는 관계이다.

주역의 64괘 중 60번째 결괘(決卦)에 다음과 같은 가르침이 있다. "중용의 도를 지켜야 허물이 없다(中行無咎)." 다시 말하면 중(中)이란 중간이란 의미와 함께 더 깊은 뜻은 천하의 근본에 맞는(中) 최선의 도(道)이며, 변하지 않는 것(庸)은 누구나 행할 수 있는 보편적이고 쉬워야 하는 것이다. 천하의 근본인 도(道)에 맞는 것이 중(中)이며 누구나 함께 하여 화합을 이루는 것이 중화(中和)이다.

사실 희로애락의 감정이 나타나기 이전의 본성이 중이며 중(中)은 천하의 근본이다. 본성이 밖으로 나타날 때 중(中)에 맞아야 화(和)하며 도(道)가 그대로 실현되는 것이다. 본성은 인의예지의 선이며 중화는 곧 선의 이루어짐이다. 중화(中和)는 천지자연의 본성에 맞아 하늘과 땅이 제자리를 지켜 일함으로써 만물이 나고 자란다. 중화(中和)의 기운은 온화하면서도 엄격하고 위엄이 있어도 사납지 않고 자신이 있어 태연하면서도 교만하지 않은 안정된 모습으로 보인다. 지나치게 마음을 가두면 지나친 악이 따른다.
노자의 도(道)는 최고의 균형이다. 저울질이나 재판은 중용을 가장 쉽게 이해하게 한다.

중용을 지키는 자세

감추어진 것은 보이게 되고 미미한 것도 나타나게 된다. 군자는 혼자 있을 때 더욱 삼가야 한다. 이를 신독(愼獨)이라고 말한다.
본성은 감정으로 나타날 때 항상 중도에서 끊어 버리거나 그만두는 중절(中節)에 맞도록 반응하는 센서(sense)를 지녀야 한다. 중용의 도를 지키려면 아는 자는 지나치게 아는 척하지 말고, 어리석다고 생각하는 자는 능력이 모자란다고 포기하지 말라. 누구나 지킬 수 있는 것이 도(道)인 것이다. 다만 끊임없이 마음을 가다듬고 벗어날 때 바로 잡아야 할 뿐이다. 중용 지키기를 자전거 타기에 비유하여 생각해 보자. 손으로는 핸들을 잡고 발로는 끊임없이 페달을 밟아야 넘어지지 않고 길을 벗어나지 않는다. 핸들은 중용의 목표를 지키는 것과 같고 페달을 밟는 것은 중용을 지키는 노력과 같은 것이다. 핸들을 잡는 것은 본성을 지키는 경(敬)과 같은 것이요, 페달을 밟는 것은 잠시도 쉬지 않는 것으로 성(誠)과 같은 것이다.

그러므로 유교의 사서오경의 가르침이 곧 중용의 가르침에 통하고 불교의 불경, 기독교의 성경의 가르침도 중용과 일맥상통하는 것이다.

[그림 3-4] 히말라야 랑탕(Langtang)

중용은 경(敬)과 성(誠)으로 지킨다.

성실함은 하늘의 도이고 성실해지려고 하는 것은 사람의 도리이다(誠者天

之道也 誠之者人之道也). 하늘이 하는 일이 무성하지만, 소리도 없고 냄새도 없이 조용히 자랑하지 않고 이룬다. 군자는 덕성을 높이고 도를 묻고 배운다. 옛것을 익히고 새것을 배우며 후덕한 성품으로 예를 숭상한다.

이처럼 하늘의 성실함을 중용의 가르침으로 삼아 돈독하고 겸손한 경의 마음과 성의 노력으로 수양에 힘써 신독(愼獨)과 지성(至誠)을 다할 때 인간 본성인 중용에 이르게 되는 것이다.

최고의 완벽한 인격자는 성인(聖人)이며 성인은 곧 중용의 삶에 이른 자이다. 공자는 중용을 지키는 마음가짐을 다음과 같이 말했다. "중용을 지키기란 칼날 위를 걷기와 같다." 이는 곧 경과 성으로 노력하라는 가르침이다.

중용의 가르침과 현실 생활

중용이라면 표나지 않고 좋은 게 좋다고 누구나 미덕으로 생각한다. 중용은 사람 사이의 문제에 있어서 가장 알맞은 도리요 예의이다. 생활 경험을 중시하는 영국 사람의 속담에 "중간쯤에서 행복이 있다"는 말과 통하는 것 같다. 중용은 동서양에 공통적으로 통하는 생활 철학이다.

"물이 지나치게 맑으면 고기가 없고, 사람이 남의 잘잘못을 지나치게 가리면 벗이 없다(水至淸無漁 人至察無友)"라는 말은 사람이 성인이 아닌 이상 누구나 단점이 있기 마련인데 벗을 사귀려는 데에 지나치게 남의 단점을 살펴서는 안 된다. 약자의 허물을 이해하고 중화(中和)를 도모할 수밖에 없다. 최선의 노력으로 바르게 하여 어느 한쪽으로 지나치거나 모자람이 없는 중정(中正)에 맞도록 하되, 장점이라고 지나치게 고집하면 거기에 숨겨져 있는 단점이 반작용을 일으켜 오히려 덕을 해친다.

다음 중국 남북조시대 제왕의 인사지침서인 유소(劉邵)의 『인물지(人物志)』에 기록된 가르침을 음미해 보자. "재질이 한쪽에 치우치면 중용에 이르지 못하고 오히려 중용을 해친다"는 것을 가르치고 있다. 아래의 보기와 같이 좋은 품성도 지나치게 한곳에 매이면 또 다른 단점을 일으키게 된다.

- 유순하다 --- 법에 잘 따르나 시비를 못 가린다.
- 용감하다 --- 난을 극복하나 곤경을 못 견딘다.
- 신중하다 --- 몸을 보존하나 절도가 부족하다.
- 시원하다 --- 앞서지만, 뒷감당을 못 한다.
- 다변하다 --- 말은 잘하나 약속은 못 지킨다.
- 조용하다 --- 깊이 생각하나 시작이 늦다.
- 깐깐하다 --- 권위를 지키나 융통성이 없다.
- 베푼다 --- 두루 좋아하나 교화를 못 시킨다.

이와 같이 사람의 성품만이 아니라 모든 사물은 동전과 같이 양면이 있으니, 사물을 대할 때 중용의 가르침에서 바른 것을 택하면 잘못이 없을 것이다.

공자는 제자 교육에 중용의 방법을 그 대상에 알맞게 썼다. 제자 자공(子貢, BC520~BC456)이 자로(子路, BC543-BC480)와 자장(子張, BC503~?)에 관해 물었을 때 "자로는 결단성이 빠르나 과격하니 일을 시작할 때에 부모님에게 먼저 물어보고 하라고 말하고, 자장에게는 신중하나 소극적이라 일을 대하면 바로 시작하라고 해야 한다"라고 답했다. 자공이 그러면 자로가 나은 것이 아니겠느냐고 다시 물으니, 공자는 과유불급, 즉 지나침이니 미치지 못힘은 같은 것이라고 했나. 곧 시나심노 미시시 못함도 중용에 맞지 않음을 가르친 만고에 남을 중용의 핵심을 지적한 명언 중의 명언이며 진리인 것이다.

사람이 선악 속에서 살면서 지나침이나 허물에서 벗어날 수 있겠는가? 이 기심에 의해 자기 쪽에 기울어지기 마련이다. 이때 사심을 버리고 생각에 그릇됨이 없는 "사무사(思無邪)"의 자세로 풀어가야 중정(中正)을 지킬 수 있다. 사물을 처리할 때 저울의 추와 같이 평형을 잡는 노력이 수양이요, 수양으로 쌓은 인품이요, 그 사람의 권위요, 명분이 되는 것이다.

나아가서 중용에 이르면 성인이 될 수 있으니, 중용은 수양의 제1의 소중한 교재가 되는 것이다. 중용의 도는 사람이 살아가는 바른길을 벗어나지 않게 인생 지침이 되어 항상 사람의 본성인 선을 지키라고 가르치고 있다. 중용은 독선이 되어서는 안된다. 인생은 선과 악이 섞여 있으니, 악도 배척하지 않고 선에 이르도록 하여 화합을 이루어야 중화(中和)가 되고 중용에 이르는 것이다.

이와 같이 어려운 일이 또 어디에 있겠는가? 또 사람의 마음은 언제 어떻게 변할지 예측하기 어렵다. 임기응변의 Sense(Good Sense), 곧 중용과 통하는 것이며 Good Sense는 역(易)의 가르침으로 크게 수양할 수 있는 것이다.

서양의 사상을 이끌어 온 아리스토텔레스(Aristoteles, BC384~BC322)와 토인비(Toynbee Arnold J, 1889~1975)는 다음과 같이 각각 중용사상을 평가하고 극찬하였다.

- 중용은 우리에게 덕을 성립시키는 최선의 행위다.
- 음양의 변화가 중용의 이치에 의하여 이루어진다.

이는 서구의 이론과 정의까지 포함한 사상이다. 또한 중용사상이 이성과 감성과 의지까지 포함한 최고의 사상이라고 평가한 것이다. 중용의 목적이 바로 지선(至善)의 덕을 수양하고 처신하려고 하는 데에 있는 것이다. 중(中)은 천하의 대본이고 화(和)는 천하에 통용되는 도이다(中也者 天下之大本也 和也者 天下之達道也).

서로 화합하려면 지나치지 말고 자중함으로써 과부족에 치우치지 않고 진리에 서로 맞아 중정이 되고 중정을 함께 할 때 남과 나의 관계가 평화롭고 쉽게 된다. 중용은 사랑으로 시작되며 중용은 사랑을 이룬다. 가정에서 중용은 가족으로서 가화(家和)를, 세계는 인류애로써 평화를 이루는 위대한 사상이요, 덕목이다.

  현재 우리나라에서 가장 잘못된 병은 이념갈등, 대결정치, 노사분규, 지역 감정, 불신풍조 등으로 그 뿌리는 모두 중용을 잃은 데에 있다고 진단할 수 밖에 없으니 안타까운 일이다.

사서(四書)와 중용의 학문과제

  『대학(大學)』을 읽어서 그 규모 즉 자신의 학문하는 뜻과 목표를 세우고, 『논어』를 읽어서 그 근본 즉 자기 인격을 세우고, 『맹자』를 읽어서 그 수기치인의 이론과 분발하는 마음(인의 : 仁義)을 알고, 『중용』을 읽어서 옛사람의 마음가짐을 구한다. 중용의 도가 최선이며 과격한 것은 모두가 분쟁을 일으키는 원인이 된다. 가장 안전한 길을 가려면 한가운데 길을 택하라, 어떤 일이라도 중간쯤에서 행복이 있다(영국 속담). 중용의 길은 자기의 분수(分守)에 맞추어 살아가는 길이다.

  중용은 공자의 최고의 도덕표준이다. 중(中)은 절충하고 지나침이 없으며 또 미치지 못하는 바가 없이 조화로운 것이다. 인생은 항상 변하는 역(易)의 세상사 변화 속에 변화하지 않아야 할 도덕표준을 지키기가 얼마나 어려운가? 마음을 보존하고 하늘이 준 본성, 성품을 바르게 키워나가야 한다. 바로 이 존심양성(存心養性)의 노력은 잠시도 게을리할 수 없다.

03. 도(道, Tao)

　도(道)란 중국 사상을 대표하는 개념으로 서양에까지 'Tao'로 알려져 있다. 도는 너무나 큰 무한한 것이기에 설명하기란 극히 어렵다. 간단히 풀이하면 알기 어렵고 상세히 설명하면 듣는 자에게는 혼란만 가져온다. 불교 경전인 열반경(涅槃經)에 나오는 말로 '장님 여럿이 코끼리를 만진다'는 뜻으로 좁은 소견과 주관으로 사물을 잘못 판단한다는 군맹평상(群盲評象)이라는 말이 있듯이 여러 가지로 설명한 것을 듣고 각자 나름대로 뜻을 상상할 수밖에 없을 것 같다.

　한자 도(道)의 글자 뜻을 그 구성에서 찾아보면 머리 수(首)와 갈 착(辶)을 합쳐 이루어짐을 알 수 있다. 따라서 道는 '앞을 향하여 간다'는 의미를 나타내는 것이 된다. 곧 도(道)는 목표를 정하여, 그 목표를 향하여 앞으로 나가는 도리를 뜻하게 되는 것이다. 가는 데에는 길을 따라야 목표에 안전하게 갈 수 있기에 사람이 살아가는데 도리(道理)에 따라야 한다.
　천체는 수많은 별이 일정한 궤도를 따라 질서를 지켜 운행되고 있다. 사람도 자연의 일부로서 어떤 원리에 따라 살아가는 것이 도이다. 천도(天道), 즉 자연의 도리에 따라 사람의 도를 따르는 것이 인도(人道)이다.

　노자와 장자의 도가사상(道家思想)에서 도를 만물의 근원이라고 보고, 공자와 맹자의 도는 사람이 지켜야 할 규범으로 생각한다. 이 두 사상이 융합된 동양의 도사상은 자연의 본성에 따라 사람이 지켜야 할 인도(人道)를 생각하게 하는 것이다.

공자와 맹자 시대의 원시 유학은 유학의 시작으로 아직 철학적 연구가 없었으나, 송나라 때에 와서 신유학으로 발전하여 성(性), 리(理), 도(道)에 대한 철학적 연구가 활발하게 일어났다. 우리나라에는 고려말 경에 주자학이 들어왔고 조선조에 와서는 중국의 청나라보다 더 깊이 연구하게 되었고 유학이 도학(道學)으로 자리 잡게 되었다. 결국 조선은 유학에 전념한 동방오현(東方五賢)의 나라, 군자의 나라, 도(道)의 나라를 이룩했다.

도(道)를 따르는 사상

유학의 오경(五經)인 시경, 서경, 역경, 예기, 춘추에서는 도(道)를 다음과 같이 풀이하고 있다.

- 하늘이 본래 준 것을 성(性)이라 말하고 성에 따르는 것을 도(道)라 말하며, 도를 닦는 것을 교(敎) 또는 학(學)이라고 말한다(天命之謂性 率性之謂道 修道之謂敎).
- 도는 천지자연의 본바탕이며 자연의 이치와 같다(道 天地自然之本體一理).
- 억지로 하지 않고 자연의 이치대로 이루어지는 것이 도이다(無爲而物成 是天道也).
- 하늘의 명에 순응하면 살고, 하늘에 거슬리면 망한다(順天者存 逆天者亡).

도(道)와 도덕(道德)

도덕(道德)은 사람이면 누구나 살면서 지켜야 할 도리이며 삶 전체가 해당되므로 쉽게 설명하기란 곤란하다.

사전에서 풀이하기를 도덕(morality)은 인류의 대도(大道), 인간으로서 마땅히 해야 할 도리, 그에 준하는 행위이다. 이는 곧 자기의 행위 또는 품성을 자기의 양심 내지 사회적 규범으로써 자제하며 선한 일과 바른 일을 행하고 악한 일과 부정한 일을 하지 않는 것이다. 관습과 풍습에 연관하여 정사(正邪)와 선악(善惡)의 표준이 된다. 도(道)는 마땅히 지켜야 할 도리와 도덕, 종교의 본 깨우침, 처방술이다. 덕(德)은 마음이 바르고 인도(人道)에 합당한 일 그리고 그로 말미암아 생기는 힘, 인격이 낮추어져서 남을 경복(敬服) 시키는 힘이다. 또한 은혜, 덕택, 공덕, 적선을 베풀어 얻어지는 공덕이다. 주자는 도덕의 이치에 대해 "도덕이 무너지면 세상이 망한다"라고 설파하였다.

사람이 함께 사는 사회는 예의와 예절을 차려 질서가 서서 유지되는 것인데 화(和)의 바탕은 도덕이 기반이 되는 것이다. 사회는 권력이나 법령이나 경제력 등 어떤 힘보다도 도덕관이 바로 선 국민의 도덕심이 사회를 지킨다. 가정이나 직장이나 국가나 모든 사회조직은 도의가 그 원기가 되어 살아가는 것이다. 조선조가 500년간 장수한 것은 도의(道義)를 생명보다 더 중시한 선비의 의리와 도의 정신 덕이었다. 이리하여 후세는 조선을 도의 국가, 군자의 나라로 칭송했다.

도덕심이 사람의 근본 바탕인 선한 인의예지를 지키고 행하게 함으로써 선행이 습관이 되고 인성이 변하고 인격이 변하여 도덕군자의 인품이 이루어짐이 곧 인덕(人德)이 되는 것이다. 도덕이 무너지면 그 사회는 무너진다.

현대사회 즉 비인간화 사회에서 개인은 인격을 상실하고, 도덕을 잃게 되며, 도덕 불감증에 빠지고 있다. 도덕이 살아야 사회도 개인도 살 수 있다. 도덕을 어디에서부터 바로 세울 것인가를 걱정해야 한다.

[그림 3-5] 이이(李珥)

* 우리나라 오천원 지폐의 모델이다. 그의 어머니 신사임당은 오만원권 지폐의 모델이다. (출처 : 한국민족문화대백과사전)

도덕군자(道德君子)

인이란 사람 사이에 서로 좋아해서 사랑함으로써 근본적인 사람의 도리가 되는 것이다(仁也者道也).

인자(仁者)가 곧 성인(聖人)이며 도덕군자이다. 성인(聖人)의 성(聖) 자는

耳(이, 귀로 듣다)와 呈(정, 드러내 보이다)이 합친 글자로 이루어졌다. 곧 성인은 남의 바라는 바를 들어서 이루어 주는 사람이 되는 것이다. 이처럼 하는 것이 사람의 도이며 인의 실천이 되는 것이다. 인도(人道)는 인이며 공자의 핵심 사상이고 유교의 근본이니 유교는 도덕의 가르침이다.

현대인은 인덕(人德)을 버린 지 오래다. 가장 가까이 지내야 할 직장 동료끼리도 인의(人義)보다 경쟁과 투쟁의 대상으로 여긴다. 인간성을 상실하고 사람을 존중할 줄 모른다. 공생이 아니라 공멸의 위기에 처해 있다고 해도 과언이 아니다. 더 늦기 전에 사람의 본질을 회복해야 한다. 즉 도덕을 찾아야 한다. 그 길을 유교에서 인간 본성을 지키라는 가르침이 수없이 제시되어 있다. 이기심을 줄이고 이타심으로 나가는 도덕심을 지키기란 쉬운 일이 아니라 끊임없는 노력으로 수양해야 한다. "성(誠)은 하늘의 도이고, 성하고자 생각하는 것은 사람의 도이다. 지극히 성하고도 남을 감동시키지 못하자는 없었고, 성하지 않고 남을 감동시킨 자도 없었다(誠者 天之道也 誠之者 人之道也, 至誠而不動者 未之有也 不誠 未有能動者也)."

도(道)를 행하는 기본 자세

도를 행함이 덕에 있으니, 덕을 중심으로 도덕 실천의 기본자세를 생각해보자. 먼저 덕(德)의 글자 구성을 풀이해 본다. 直(직, 바르다)과 心(심, 마음)"과 行(행, 행하다)이 합쳐서 이루어진 것이니 덕(德)은 "바른 마음으로 행하다"가 된다. 따라서 도덕(道德)은 인도(人道)를 정직한 마음으로 행하여 얻어지는 것이다. 덕은 자기가 재물이나 능력을 남에게 베푸는 행위를 실천하여 남에게 이롭게 하는 것이다. 그리고 도덕의 실천은 예(禮)에 따라야 상대를 존중하게 되어 인화(人和)를 이룬다.

다른 사람에게 쓰여서 서로 화합하게 만드는 것을 덕(德)이라고 한다(用而和曰德). 덕이 있는 인물을 군자라고 말한다. 군자는 인격자로서 지(智), 인(仁), 용(勇)의 세 가지 덕을 갖춘 인격자를 말한다. 또한 군자는 지도자로서 사람들의 존경을 받는다. 그러므로 지도자는 군자다운 인격을 갖추고 덕을 베풀어야 한다. 덕은 선행의 결과로 얻어지며 그 덕의 경사로움은 자기에게만 끝나지 않고 후손에게도 전해진다.

"선행을 쌓은 집안에는 필히 경사가 따르나, 악행을 쌓은 집안에는 반드시 재앙이 생긴다(積善之家 必有餘慶, 不積善之家 必有餘殃)." 덕행(德行)은 큰 것보다 일상생활에서 작은 것부터 실천하면 습관이 되어 날마다 수고롭지 않고 기쁨을 줄 수 있다. 덕행은 베푸는 행위이며 의무임을 인식해야 한다. 그래야 예를 벗어나지 않고 겸손의 덕이 또한 쌓인다. 남을 도울 수 있는 사람은 남으로부터 덕을 많이 받은 사람이 아니겠는가? 자기가 사회로부터 덕을 많이 받은 만큼 사회에 보답하는 것은 스스로 행해야 하며 그 결과는 덕이 되어 돌아온다.

"덕이 있으면 외롭지 않아 반드시 이웃이 있다(德不孤 必有隣)." 역, 중용, 도덕은 동양의 한자 문화권에 깊이 뿌린 내린 사상의 근본으로서 우리의 심층적 사상을 지배하고 있다. 항상 변하는 역에 대처하고 변역이 최선의 도에서 벗어나지 않고 중심에 맞아 중용을 지키며, 이와 같은 이치를 천도(天道)를 따라 인도(人道)로서 도덕을 행하려는 마음은 인생관, 처세관, 유교문화의 바탕이 되어 있는 것이다.

우리나라는 불교와 기독교 신앙인이 많다. 종교인은 자기 신앙 방식에만 매이기보다 고유문화도 수용하는 마음가짐을 가지고 전통사상을 다시 생각해야 좋을 것이다. 물질 위주의 현대인의 삶이 과연 바람직한지 걱정이 된다. 가치관에 물질이 사람보다 우위에 주어진다면 본말이 전도된 것이 아닌가? 『대학(大學)』에 나오는 "덕은 본체이며 재물은 마지막이다(德者本也 財者末也)"라는 말은 만고의 진리이다. 이와 관련하여 소크라테스(Socrates, BC470~399)도 "도덕적 힘만이 인간을 현세와 내세에 행복을 이끈다"라는 명언을 남겼다.

윤리 도덕은 사람의 본성인 인의예지의 선한 마음을 지키며, 이 본성이 외부의 자극을 받아 희노애락(喜怒哀樂)의 감정으로 나타날 때 선이 되고 악이 될 수 있다. 본성을 지키고 감정과 행동을 잘 다스리기 위해서는 사람의 마음을 이루는 성(性)과 정(情)을 알아야 한다.

Chapter 04.
본성을 익히다

[性(성)과 情(정)]

01. 사성(四性)
    1) 인(仁, benevolence)
    2) 의(義, justice)
    3) 예(禮, manners, courtesy)
    4) 지(知/智, knowlege)
    5) 신(信, belief)
    6) 용(勇, courage)

02. 칠정(七情)
    1) 희(喜, pleasure, joy)
    2) 노(怒, anger)
    3) 애(哀, sorrow)
    4) 구(懼, fear)
    5) 애(愛, love)
    6) 오(惡, hate)
    7) 욕(欲, greed)

사람이 태어날 때 타고난 마음의 본바탕을 성(性)이라고 말하고, 성(性) 즉 본성(本性, nature)은 인의예지(仁義禮智)이며 선하다고 본다. 선한 4가지 성(四性)이 외부의 자극을 받으며 감정으로 변하면서 악해지기도 한다. 흔히 말하는 기분은 감정이며 기쁨, 분노, 슬픔, 두려움, 사랑, 미움, 욕망 등 희노애구애오욕(喜怒哀懼愛惡欲) 7가지 정이 있다고 하여 7정(七情)이라고 말한다.

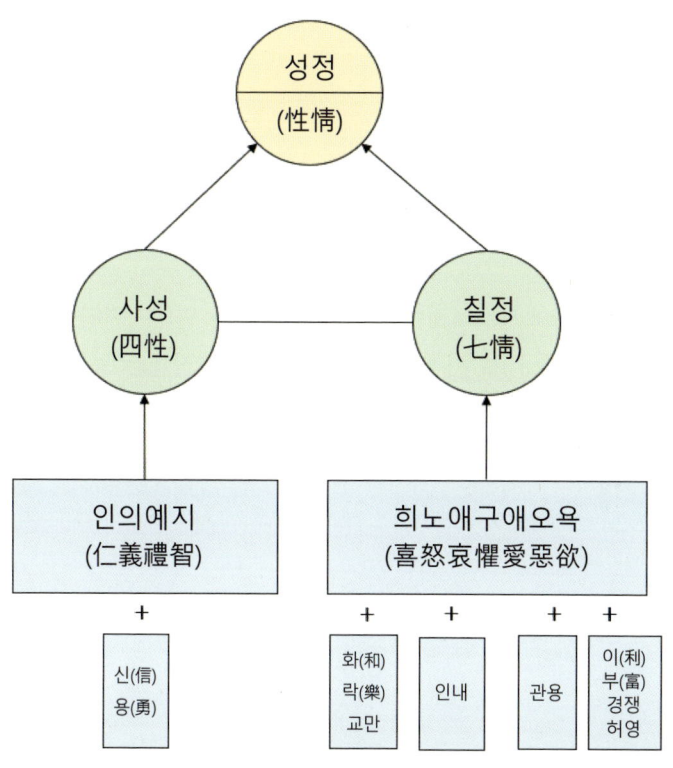

[그림 4-1] 본성(本性)의 관계망

　사람은 마음에 의하여 생각이나 행동을 하게 된다. 마음은 4성과 7정에 의하여 성정(性情, 성품과 감정, nature) 곧 품성이 이루어지고 품성은 인격 형성에 미치는 바가 크다.

　본성은 처음 타고날 때는 순수한 선이지만, 유혹 등 외부의 자극을 받으면 본성은 선을 잃고 악에 빠지기도 한다. 악을 막고 선을 지키려면, 성과 정을 다스리는 노력이 있어야 하며 성정을 바르게 다스리는 노력이 곧 인격 수양의 바탕이 되는 것이다. 악을 막으려면 마음의 수양으로 욕심을 극복하고, 욕심을 극복하려면 본성인 인(仁)을 지켜서 이기에서 벗어나 이타(利他)에 이르게 된다.

　인자(仁者)는 성정(性情)의 수양에서 인격을 성인답게 갖추게 되는 것이며, 본성이 유혹에 흔들리지 않고서 평안케 되는 것이다.

　이번 chapter에서는 4성에 포함되지 않지만 인의예지와 밀접한 관련이 있는 신(信)과 용(勇)도 다루고자 한다. 그리고 7정에는 들지 않지만 희(喜)에서 화(和)·락(樂)·교만을, 애(哀)에서 인내를, 오(惡)에서 관용을, 욕에서 이(利)·부(富)·경쟁·허영심을 함께 논의해 본다.

01. 사성(四性)

4단(四端)이란 유학에서 인간의 본성에서 우러나는 네가지 마음씨를 가리키는 말로 맹자가 실천도덕의 근간으로 삼은 측은지심, 수오지심, 사양지심, 시비지심을 뜻하며, 조선 시대 퇴계 이황 선생이 인생관의 논리적 학설로 주장하였다. 맹자는 인간이 본래 선한 마음을 가지고 있다는 성선설을 주장하며 선(善)을 싹틔우는 다음 4개의 단(端, 실마리)으로 설명하였다. 4단은 각각 인의예지 4성(四性)으로 발전한다

- 인(仁) – 측은지심(惻隱之心) : 측은히 여기는 마음
- 의(義) – 수오지심(羞惡之心) : 죄악을 부끄러워하고 죄를 미워하는 마음
- 예(禮) – 사양지심(辭讓之心) : 사양하고 양보하는 마음
- 지(智) – 시비지심(是非之心) : 옳고 그름을 따지는 마음

위의 사단(四端) 8자의 뜻을 비유적으로 풀이하면 다음과 같다.

- 측(惻) : 바야흐로 안되었구나 하는 생각
- 은(隱) : 슬퍼하는 마음이 마음속으로 파고 듬
- 수(羞) : 자기의 죄악을 부끄러워함
- 오(惡) : 다른 사람의 죄를 미워함
- 사(辭) : 자기의 물건을 사양함
- 양(讓) : 미루어 남에게 주는 것

- 시(是) : 옳다 맞다 라고 판단하는 것
- 비(非) : 그르다 맞지 않다고 판단하는 것

중용의 첫머리에 "하늘로부터 받은 것은 성이고, 성을 따르는 것이 도이며 도를 수양하는 것이 교이다(天命之謂性 率性之謂道 修道之謂教)"라고 했다. 무엇을 받았는가? 천지만물이 존재하는 것, 사는 것을 받았다. 즉 성(性)이란 하늘로부터 받은 것으로 "生(생)과 心(심)", 모든 행동의 근원이 되는 것으로 곧 살려고 하는 마음이다. 만물이나 모든 사람은 천명에 따라 함께 살아야 한다. 그래서 인의예지의 착한 본심을 지키고 닦아야 한다.

1) 인(仁, benevolence)

인(仁)은 인간학인 유학을 대성한 공자(孔子, BC551~BC479) 사상의 핵심이다. 공자 이전의 경전에서 찾아볼 수 없는 것으로 공자에 의하여 태어난 사상이라고 말한다. 공자는 사람을 사랑하는 것이 인이라고 했다. 성인이란 인에 이른 인격자로서 인, 의, 예, 지의 본성이 오염되지 않는 마음을 가졌다. 보통 사람도 착한 본성 그대로 사는 사람을 어질다고 말한다.

어진 사람은 남을 사랑하고 해치지 않기에 인자(仁慈)하다고 말하며 욕심이 없기에 인자무적(仁者無敵)으로 평안하게 살 수 있다. 인은 최고의 선의 덕목이다.

사서(四書)의 하나인 대학(大學)에서 학문의 목표를 "배움의 길은 덕을 밝히는 데 있고 백성을 가까이하는 데 있으며 지극한 선에 머무는 데 있다(大學之道 在明明德 在親民 在止於至善)"라고 하였다. 학문으로 인격을 수양하여 최고의 선에 이르면 인자가 되고, 인자는 완전한 인격자로서 성인의 경지에 이르게 된다.

다양한 인(仁)의 의미 풀이

인을 한마디로 말하기는 어렵다. 장님이 코끼리를 평가하는 정도로 인에 관한 부분적인 설명을 명구를 들어서 생각해 보자.

- 인은 마음의 덕이 온전하여 사람의 도리가 갖추어진 것이다(仁心德之全物 人道之備也).
- 측은하고 불쌍하게 여기는 마음은 인의 실마리이다(惻隱之心 仁之端也).
- 인은 사람이 편안히 쉴 수 있는 집이요, 의는 사람이 가야할 길이다(仁之心安路也 義 人之路).
- 어진 것은 천하의 공평한 것이고 아름다움의 근본이다(仁者天下之公 美之本也).

주자는 그의 저서 『근사록(近思錄)』에서 인지도(仁之道)는 공(公)자 한 글자로 설명할 수 있다고 말했다. 즉 사(私)를 공(公) 속에 포함시켜 더불어 사는 나를 생각하면 인간관계는 화(和)를 함께 할 수 있다. 이처럼 선공후사(先公後私)의 처신은 곧 인의 실천이 되는 것이다.

인(仁)은 人(사람 인) + 二(두 이) 로 구성된 글자로 二(이)는 음이 尼(니)와 같아 인(仁)은 人(인) + 尼(니) 와 같은 것이며 니(尼)는 "서로 가까이하려 한다" 라는 뜻이 있어 인은 '사람 사이에 서로 가까이하고자 한다'는 뜻이 되며 두 사람 이상이 모여서 사회가 이루어진다.

사람의 인한 마음은 사랑으로 실현되기에 인은 곧 사랑이라고 말하며 사람 사랑 곧 애인(愛人)이며 인자(仁慈)한 사람은 인에 바탕을 둔 어짐이의 사랑이니 완전한 사랑의 실천자로서 사랑과 존경을 받는다. 그러나 유교에서의 인은 사랑만을 의미하는 개념이 아니다. 인의(仁義)한 인격자의 사랑이며 상대가 바라는 바를 아는 지혜와 올바른 의리와 절차에 맞는 예에 따라 사랑을 베풀 때 인이 실천되는 것이다.

세상에는 악인도 사랑을 한다. 인의 사랑은 단순한 사랑이 아니고 선한 본성, 즉 인의예지에 따르는 사랑이다. 인은 성인의 인품을 갖춘 훌륭한 사람만이 할 수 있다. 즉 인간관계의 완전한 덕을 해치는 악덕은 이기심이며, 이기심은 욕심 때문에 사양의 덕을 버리게 되는 것이니, 사욕인 이기심을 억제하고 사양하는 덕을 지키게 되면 인덕(仁德)을 베풀 수 있다.
극기복례(克己復禮), 즉 자신의 사사로운 욕심을 버리고 예로 돌아가는 것은 인에 가깝다.

인(仁)의 여러 가지 덕(德)

첫째, 정(情) : 측은하게 여기는 마음, 가까이하고 사랑하려는 정, 우리끼리의 정, 모정, 우정, 다정, 애정.

둘째, 배려심 : 천하의 걱정은 내가 먼저 하고, 자기가 하고자 하지 않는 바를 남에게 베풀지 않는다(己所不欲 勿施於人). 자기가 서고자 하는 바를 남에게 서게 하고 자기가 이루고자 하는 바를 남에게 이루게 한다(己所立而立人 己所達而達人).

샛째, 이타심 : 나의 이익에만 메이지 않고 남의 이익도 생각한다. 자기만의 애정을 채우려는 것은 이기(利己)로 참사랑이 아니며 인을 해치는 것이다. 인심은 애민이물(愛民利物)이다. 애민은 남을 사랑하는 것이다. 사랑 애(愛) 자의 구성을 보면 심(心, 마음) + 수(受, 받다)로 남이 바라는 것을 들어주는 것이 된다.

넷째, 경애심 : 인자(仁者)의 사랑은 공경의 예절에 따라 행한다. 부부간의 기본 도리이다. 인(仁)한 사람은 사랑하고 예(禮)가 있는 사람은 공경으로 사랑을 나타낸다. 어진 사람은 남을 사랑하고 예의바른 사람은 남을 존경한다(仁者愛人 有禮者敬人). 사성(四性)을 포함한 인은 속된 차원의 사랑과 달리 결함이 없는 완전한 사랑이다.

다섯째, 평상심 : 어진 사람은 적이 없고 집이 평안하며, 고요한 마음가짐으로 평탄한 삶을 영위하며 천수를 다한다(仁者無敵 人之安宅 仁者靜 知者平 仁者壽).

여섯째, 인격자 : 본성대로 꾸미거나 속이지 않고 강직하고 의연하게 소박하며 말없이 늠름하게 대인답게 산다. 군자는 인자(仁者)이다.

공자의 인(仁)

성인 공자는 평생 동안 인(仁)을 닦는 것을 학문과 수양의 과제로 삼았다. 공자는 증자에게 말했다. "나의 도는 한 가지로 일관했다." 이 뜻을 다른 제자들이 증삼(曾三)에게 묻자, 증자는 "스승님의 도는 충심으로 대하고 용서하는 것이다(夫子之道 忠恕而已矣)" 라고 설명해 주었다. 충(忠)은 본성을 경건한 마음으로 지키는 것이요, 서(恕)는 자기의 마음과 같이 남에게 이루어 주려는 성실한 마음이다. 이는 충심으로 인격을 닦아 훌륭한 인품을 갖추면서 남이 바라는 바를 성실하게 이루어 주는 것이다.

공자는 나아가서 개개인에 대한 인(仁)의 실천, 즉 소인(小仁)보다 나라 전체를 생각하는 대인(大仁)을 위해 난세의 춘추시대 때 각국의 제후를 찾아 인정(仁政)을 호소했으나 성공치 못하고 만년에는 제자 교육에 전념하였다.

춘추전국시대에는 약육강식으로 생사 흥망을 두고 싸워 이겨야 살아남을 수 있기에 인(仁)이 통할 수 없었으나 서로 경쟁하면서도 도와야 살 수 있는 현대사회에서 인(仁)의 가르침이 꼭 쓰일 때가 된 것이라 생각한다. 비인간화의 가치 혼란에서 사람의 가치를 찾아 인간을 소중히 하며 서로 도우면서 살려면 인의 가르침인 유학의 공부가 필수적이라고 생각된다.

따라서 지금이 곧 유학 부흥의 최적기라고 본다. 교육의 대중화가 이루어져 있으니, 시작만 하면 많은 사람의 호응을 쉽게 얻을 것이다.

경쟁사회에서 인(仁)을 행할 수 있는가?

무한경쟁 시대에 상대가 모두 적일 수 있는데 어찌 남을 좋아하고 사랑하고 도우며 살 수 있는가? 인자(仁者)는 곧 망하는 것이 당연하다. 허나 공자의 인은 무조건적 사랑이나 사양이 아니다. 모든 것을 사랑하라는 겸애사상이 아니다. 부모에 대한 사랑과 어른에 대한 사랑이 다르고 형제간의 사랑과 벗과의 사랑이 다르다. 인은 사람에 따라 사랑이 다르다. 인하다는 것은 무차별적 사랑이 아니라 차별적 사랑이다. 착한 사람은 사랑하고, 악한 사람은 미워하는 것이 참된 인의 참사랑이다.

인은 인류애이지만 전쟁에서는 적을 사랑하기 위해 내가 죽는 것은 인이 안 된다. 사업상 상대는 때에 따라 다투어 이익을 차지할 수 있지만, 서로 도와 이익을 함께 하는 공존의 원리가 인이다.

인은 곧 공존의 이상적 원리를 말한다. 오늘날 노사분규를 예방하는 길은 노사의 대립 투쟁이 아니라 공존 공생하려면 모두가 인간의 착한 본성인 인으로 돌아가야 한다. 사랑할 수 없는 사람은 결코 사랑받을 수 없다. 동정이란 강자나 약자나 모두 베풀 수 있다.

사랑의 실천은 천지자연과 인간의 존재 원리인 생(生)으로 돌아가는 것, 살려고 하는 본성으로 돌아가는 것이다. 본성은 모두 살려는 마음이다(性則生).

2) 의(義, justice)

의(義)는 사람 사이에 지켜야 할 도리로서 의리, 정의, 의무 등의 의미를 지니고 있다. 의는 바른길이다. 옛날부터 의가 아니면 가지 말라고 말했다. 의를 벗어난 부정 불의를 부끄럽게 생각하는 수치심은 사람이면 누구나 갖고 있다. 곧 양심이 있기에 사람은 사람답게 살 수 있는 것이다.

의란 함께 사는 도리로서 개인의 이익 못지않게 공익을 위해 양보하는 것이며 나라를 위해서는 자기도 희생하는 용기도 의에서 생긴다. 의사(義士), 열사(烈士)의 자기희생은 의로움의 최고이다.

우리나라를 도의의 나라, 군자의 나라라고 말하는 것은 선비의 의리와 충성에 의하여 나라가 유지되었음을 뜻하며, 조선은 500년간 장수하였다. 의(義)는 의(宜), 즉 마땅히 해야 할 의무로서 사람의 도리를 지키지 못하면 부끄러운 것임을 아는 양심에서 생기는 것이다.

현대 사회에서 부끄러움을 모르는 사람이 판을 치는 무치(無恥)의 병을 다시 양심을 찾아 의로운 세상을 만들어야 나라와 사회가 유지될 것이 아니겠는가? 먼저 국민 된 도리로서 준법의 의무부터 지켜 정의로운 사회부터 이루려는 노력을 의무로 생각해야 할 것이다.

의(義)의 의미

의(義)는 사람답게 사는 인으로 가는 도리이다(義 人之正路也). 어버이를 사랑함은 인이요, 어른을 공경함은 의(義)이다(親親仁也 敬長義也). 오륜(五倫)은 인류의 가장 기본적인 다섯 가지의 인간관계인 부자유친, 군신유의, 부부유별, 장유유서, 붕우유신을 말한다. 이 오륜중에 부자유친(父子有親)의 효는 저절로 되는 인이며 그 외는 의무로서 의도적인 생각이 있어야 이루어질 수 있기에 의무, 즉 의(義)와 양심의 문제인 것이다. 오륜은 사회질서를 유지하는 도리로 이기심을 억제하고 투쟁, 질서, 파괴를 막아 평화를 지킬 수 있다.

고대 그리스의 철학자인 아리스토텔레스(Aristoteles, BC384~BC322)는 다음과 같이 말했다. "정의는 사회의 질서이다." 부정이 판을 치면 사회는 불신으로 무너진다. 부정을 막는 힘은 의에서 나온다. 의는 사회를 지탱하는 버팀목이다. 인(仁)이 집의 기초라면, 의의 역할은 기둥과 같은 것이다.

[그림 4-2] 아리스토텔레스(Aristoteles)
* 출처 : https://namu.wiki/w/

의는 사회를 바로 세우는 덕목이다. 의는 사회를 바르게 하기에 정의이다. 바른 마음, 곧은 마음이 의이다. 바르고 곧은 마음으로 행하면 모두에게 득이 된다. 먼저 풀이한 덕(德) 자에 바로 그 의미를 포함하고 있다. 인덕(人德)이 있는 사람은 '군자답다'라고 말한다. 우리나라는 군자의 나라로 도의와 예의를 중시하여 인간관계에 믿음이 섰다. 신의는 사회에서 지켜야 할 기본 덕목이다.

선비의 의(義)

우리나라의 모범적인 인간상은 선비라고 할 수 있다. 공자는 "선비는 뜻을 세우면 그 뜻을 버리지 않는다"고 말했다. 선비는 불의에 빠지기보다 목숨까지 버려서 의(義)를 지켰다. 사육신(死六臣)21), 의사(義士), 의병(義兵)은 충의로서 목숨을 버려 그 의로움이 만고에 전해진다. 군자는 의(義)에 생각을 두고 소인은 이익을 생각한다(君子 喩於義 小人 喩於利). 이익됨을 보면 가져도 의로운지 생각하고 위험한 일을 당하면 목숨을 바친다(見利思義 見危授命).

의(義)의 실천은 가정을 다스림, 즉 제가(齊家)에서부터 시작된다. 부부유별(夫婦有別)은 부부간의 도리로서 음양의 이치에 따라 남자의 도리와 여자의 도리가 분별이 있을 때 가정이 바로 되는 것이다(男女正 天地之大義也).22) 부부간의 바른 관계는 가정과 사회를 바르게 한다.

선비가 정치에 참여하는 뜻은 도의 실천에 있었다. 조선 500년은 도의

---

21) 조선 세조 2년(1456) 단종의 복위를 모의하다가 잡혀 처형되거나 자결한 성삼문(成三問), 박팽년(朴彭年), 하위지(河緯地), 이개(李塏), 유성원(柳誠源), 유응부(兪應孚) 6명의 충신을 말한다.
22) 주역의 64괘 중의 풍화가인괘(風火家人卦).

정치, 왕도 정치를 추구하는 선비에 의하여 유지되었다. 선비를 말하면 당쟁을 생각하는데 분당 정치의 시작은 선진국이라 말하는 서구의 정당 정치와 의도는 같다. 수용이 잘못된 점도 있지만, 선비들이 왕도 정치를 실현하려다 희생이 많이 따르는 수난의 역사였을 뿐이다. 선비가 삶을 버리고 의로운 정치를 이루려고 자기희생을 감수한 사생취의(捨生取義)의 정신은 오늘날의 부끄러움을 모르는 정치인들에게 많은 교훈을 주고 있다. 소의(小義)에 매여 대의(大義)를 외면하는 소인들을 정치에서 사라지게 하는 것이 국민의 도리가 아니겠는가? 공을 위해 사를 버렸던 선비적 지도자가 아쉬운 시대이다.

국가의 장래를 걱정하며 젊은이들에게 의(義)를 가르쳐야 한다. 조선 후기의 유학자 이항로(1792~1868) 선생은 다음과 같이 말했다. "무엇이 의(義)인지 아는 것이 학문의 첫걸음이다." 의를 생각하는 마음은 어떤 생각에서 생기는가? 수치를 알고 그것을 미워하는 마음이 곧 의(義)의 시작이다(羞惡之心 義之端也).

우리나라의 선비 중의 선비인 남명 조식(1648~1714) 선생은 "경의(敬義)"의 수양을 제자 교육에서 가장 강조했다. 그리고 홍의(紅衣)장군 곽재우(郭再祐, 1552~1617)와 같은 의병장은 조선시대 임진왜란을 극복하는 데 공헌한 장수로 경의(敬義)의 교육으로 충의를 다해 나라를 지켰다. 곽재우 장군은 임진왜란 당시 진주성 전투, 화왕산성 전투에 참전한 의병장으로 아버지는 황해도 관찰사를 지낸 곽월(郭越)이었다.
군자는 경으로서 마음을 바르게 수양하고 의로운 방도로써 남을 대하며 경외로써 남을 공경하고 예의가 서서 서로에게 덕이 되고, 덕을 베풀면 남도 또한 가까이 하여 외롭지 않다(君子 敬以直內 義以方外 敬義立而德不孤).[23]

---

23) 주역의 중천건괘(重天乾卦).

그러나 의(義)로운 일도 실천은 마음대로 해서는 남에게 받아들여지지 않는다. 예절에 맞아야 받아들여진다. 남이 편하고 좋아하게 할 수 있으려면 예절교육으로 인품을 닦아야 한다. 예절교육은 인간 교육의 기초이다. 의(義)로운 사람은 존경받고 예절바른 사람은 환영을 받는다.

의(義)란 글자는 "나의(我) 행동이 양(羊)과 같이 아름답게 보인다"라는 뜻이다. 의와 예를 갖춘 예의(禮義)는 인격자로서 선비의 기본 덕목이다. 도의(道義) 교육은 의를 가르치는 유교의 핵심이다. 바로 인륜의 가르침이요, 곧 오륜의 가르침이다. 선비는 의를 실천하는 지도자였다. 오늘날의 지도자들이 부끄러움을 알고 올바름을 찾으려면 양심을 찾아 의를 지켜 신의로서 국민을 대해야 한다. 국민을 속이는 사람은 지도자가 아니다. 그런 사람을 국민은 볼 줄 알고 멀리해야 사회 정의가 실현될 수 있는 것이다.

공자와 맹자의 인의(仁義)

공자의 인은 서로 사랑하고 도우며 공존하려는 삶, 즉 인간본성의 성이 핵심이며 선(善)으로 누구나 자기 이름에 맞게(正名) 명분을 찾아 그 이름에 맞게 행동할 때 인은 이루어지는 것이다. 그 방법은 부정 불의가 아닌 떳떳한 방법이라야 한다. 인애(仁愛)는 의로서 실천해야 함을 강조했다. 맹자에 의하면, 의(義)는 사욕을 부르는 이(利)가 해친다고 보며, 이(利)를 만악의 근원으로 생각하고 의(義)로서 이(利)를 멀리할 것을 강조했다.
양(梁) 나라의 혜왕(惠王)이 맹자의 방문을 받고 "선생께서 천리를 멀다 않고 오셨는데 장차 어떤 이로움을 우리나라에 줄 수 있느가?"라고 묻자, 맹자는 "전하께서는 어찌 이로움을 말씀하십니까? 오직 인(仁)과 의(義)가 있을 뿐입니다"라고 답하고 양나라를 떠났다.

의(義)는 사회를 지탱하는 원기이다. 의(義)가 무너지면 가정, 직장, 사회, 국가 모두 무너진다. 또 의(義)를 지키기에 그 이름이 남는다. "범은 죽어서 가죽을 남기고 사람은 죽어서 이름을 남긴다(虎死留皮 人死留名)" 는 명구는 의를 말하고 있다.

3) 예(禮, manners, courtesy)

잘난 사람보다 후덕한 사람을 존경하고 후덕한 사람보다 예절 바른 사람을 좋아한다. 사람의 본성인 인의예지 중에서 사람을 대할 때 예가 가장 중요하다. 예는 사람을 공경하며 사양하는 마음에서 생긴다. 예를 지키면 다투지 않기에 혼란하지 않고 질서가 안정된다. 흔히 질서를 법으로 다스리려고 하지만, 예를 모르면 스스로 질서를 지키지 못하고 법을 피하려고 하니 사회질서는 오래 지탱하지 못한다.

예는 남을 배려하고 양보하니 인화가 이루어져 더불어 사는 데에 기본 덕목이 되는 것이다.

예(禮)와 질서(秩序)

사람이 지키는 가장 큰 예는 경천애인(敬天愛人)이다. 하늘을 공경하고 사람을 사랑하는 경과 애, 경애의 정신을 사람은 자연과 사회 속에서 자연과 사람의 은혜로 살고 있기에 감사하며 자연과 사람이 지켜야 할 질서에 따르는 것이 예이다. 사람은 본능적으로 이기심에 의해 행동하려는 충동 속에 살아가고 있다. 그대로 두면 서로 다투게 되고 다툼이 계속되면 사회는 유지될 수 없다.

조선 500년의 질서는 법치가 아닌 예치(禮治)라고 말한다. 조선시대 주자학의 대가이며 예학자인 우암 송시열(宋時烈, 1607~1689) 선생은 다음과 같이 말했다. "예가 다스려지면 정치가 다스려지고 예가 무너지면 정치가 무너진다. 사회가 혼란하면 법을 강화하고 법이 엄해지면 탈법하는 범죄는 더욱 늘게 된다."

[그림 4-3] 우암 송시열(宋時烈)
* 출처 : https://ko.wikipedia.org/wiki/

국가기관에서 법이나 행정력으로 주민의 모든 생활 질서를 다스릴 수 없기에 주민 자치 제도를 활성화하고 있지 않는가? 이 때 예치(禮治) 정신을 되살려 보면 더욱 효과가 있을 것이다. 예는 생활의 도의(道義) 규정이며 사회 질서의 준칙이다.

윤리도덕은 예(禮)로써 실천된다

사양하는 마음이 예의 시작이다(辭讓之心 禮之端也). 모든 사람은 남을 배려하고 양보하는 인간 본성의 마음을 가지고 있다. 이기심을 억제하기에 남에게 해를 주지 않으려 한다. 또 인의의 덕을 베푼다. 이와 같이 악을 억제하고 선을 행할 때에는 상대를 존경하고 배려하며 사람에 대한 방식과 태도가 예(禮)에 맞아야 한다. 이에 인간관계에서 예절과 예법이 있으니 배워야 한다. 예절교육은 생활교육의 기본이다.

공자는 예(禮)에 벗어난 어떤 행동도 하지 말라고 다음과 같이 말했다. "예가 아니면 듣지도 말고 보지도 베풀지도 말하지도 말라(非禮勿聽 非禮勿視 非禮勿動 非禮勿言)." 사람을 대하면서 아무리 좋은 일이라도 예에 벗어난 행동을 하면 안 한 것만 못하며 무례한 행동은 모든 것을 망칠 수 있다. 무례가 무례인 줄 모르는 현대인에게 공자는 이미 2,500여년 전에 경고하였다. 무례한 사회는 무질서와 공포 분위기로 사람을 불안하게 만든다. 평안하게 사는 도리는 예가 지켜질 때 이루어지는 것이다.

사람을 지도하는 자리에 있는 정치인, 기관장, 경영인 등 모든 조직에서 지도자 역할을 하는 사람은 아랫사람을 사람답게 존중하며 예로 대하는 유교의 가르침에서 배워, 예로서 남을 대하면 사람들이 잘 따를 것이다. 예는 인간 도리의 시작이며 끝이다. 문화인의 인격은 그의 예절됨이 우선한다.

예(禮)의 4대 정신

남을 대할 때에 상대를 존중하며 받들고 나를 앞세우지 않고 사양하면, 다툼이 없어 질서가 서고, 서로 화합하게 된다. 흔히 예가 봉건사회의 잔재로서 상하 차별을 강요하는 것으로 오해하기 쉬우나, 상하 차별이 아니고 각자 해야 할 도리가 다르니 서로 남의 처지를 존중함으로써 다른 사람끼리 서로 화목하는 화동(和同)의 관계가 이루어지는 것이다.

예의 4대 정신으로 다음의 경(敬), 양(讓), 서(序), 화(和)가 있다.

- 경(敬) : 인은 사랑으로, 예는 공경으로 실천된다. 곧 인은 사랑이고 예는 공경이다. 예의 근본정신은 사람을 공경하는 것이다.
- 양(讓) : 사양함은 예의 실천 행위이다. 자기의 욕심을 억제하고 이익을 남에게 양보하는 것이다. 겸손은 겸손을, 양보는 양보를 낳는다.
- 서(序) : 상하 선후의 구별은 충돌을 막고 안전을 유지하게 한다.
- 화(和) : 예의 쓰임은 그 목적이 화동(和同)에 있다. 화동은 화이부동(和而不同)의 줄임말로 논어의 자로 편에서 나오는 말이다. 군자는 화이부동하고 소인은 동이불화(同而不和)한다. 군자의 자세를 나타내는 표현으로, 주위 사람들과 화목하게 지내기는 하나 부화뇌동(附和雷同)하거나 무턱대고 남의 의견에 동의해 무리를 만드는 등 편향된 행동은 하지 않는다는 뜻이다. 서로 개인을 예로서 존중함으로 화(和)가 이루어진다. 서로 화하되 작은 무리로서 서로 편을 가르면 대동(大同)을 이루지 못한다.

삼가함이 예(禮)의 기본자세

경천애인(敬天愛人)의 예(禮)가 가장 큰 예(禮)이다. 하늘을 공경하는 예로서 천제(天祭), 기우제, 산천제 등이 있다. 반면 사람 사이의 예, 즉 인사(人事)로서 큰 예는 관혼상제(冠婚喪祭)로 관례(성인식), 혼례(결혼식), 상례(장례식), 제례(제사)의 4례가 있다. 이와 같은 예를 행사할 때 마음가짐은 경건하고 삼감이다. 신에 바치는 제물에는 조금도 잡된 것이 섞이지 않게 신중하게 장만한다. 제례 때의 마음가짐에 조금도 잡념이 섞이지 않는다. 오직

기도하는 마음, 의지하는 마음뿐이다. 배려하는 마음이 앞서야 한다.

예는 인의 실천이니 남을 좋아하고 사랑하여 도와주려면 상대의 입장이 되어 그가 바라는 바를 먼저 알아야 한다. 역지사지(易地思之)하며 상대의 마음을 헤아리는 마음가짐이 있어야 실례를 저지르지 않는다. 자기가 하기 싫은 바를 남에게 하게 해서는 안된다(己所不欲 勿施於人).

예는 분수에 맞게 해야 한다. 자기 분수에 넘치거나 지나치게 비열하면 공손함이 아니며 아첨이 될 수 있다(過恭非禮). 허례허식은 예가 아니며 겸손을 해친다.

예는 사치하기보다 검소함이 낫다. 예는 행동으로 나타남으로 얼굴 모습, 몸가짐, 말씨가 단정해야 한다. 선행도 삼가는 자세로 공손하게 하지 않으면 예를 해치고 받아들여지지 않는다.

예는 절차를 어기지 않고 남을 모욕하지 않으며 칭찬이 지나쳐 버릇없게 하지 않아야 한다. 부족하면 서운해지고, 넘치면 부담감을 주어 오래 지속하지 못한다. 보편성이 있어야 쉽게 한다. 정이 우러나야 하며 재물의 가치보다 거기에 담긴 인정이 더 중요하다(物薄情厚). 정성을 다한 인사나 선물은 그 사람의 인품이기도 하다. 옛 선비의 수양은 예절을 닦는 것이 기본이었으며 예절을 익히는 교육은 어린이 때 시작하여 습관이 되도록 함으로 평소 생활에서 행동을 삼가는 것이 습관이 되었고, 예에 벗어나는 일이 없도록 삼가는 자세로 살았다. 예절은 버릇이며 버릇은 가정에서 어릴 때부터 배운다.

가정예절

가정은 남녀 간의 부부로부터 시작되며 부부간의 예는 혼례로 시작되고 혼례는 세계 어느 민족이나 성대하게 치른다. 조선 중기의 유학자로 우리나라 성리학 발달의 기초를 형성한 퇴계 이황(李滉, 1501~1570) 선생은 "부부는 인륜의 시작이요, 만족의 근원이다. 비록 지극히 친밀하더라도 지극히 바르고 삼가해야 하거늘 세상 사람이 모두 예를 잃었으니 한탄스럽다"라고 예의의 나라 조선에서 450여 년 전에 걱정한 말씀인데 지금 우리에게 하는 것 같다.

부부의 예는 사랑만으로 다 되는 것처럼 생각하고 무례도 용서하는 것처럼 서로 대하니 공경이란 예의 본질이 없어지고 상대를 무시하는 사소한 언행이 쌓여 서로 불신하게 된다. 부부 사이는 한 가족 관계를 이루지만 몸이나 생각이나 습관은 같지 않은 남남이다. 그러니 부부간의 사랑은 상대를 존중해야 한다. 손님을 대하듯 평생 공경하며 배려하는 마음으로 예를 지켜 대해야 한다. 부부간의 예는 자녀에게 예절교육의 실습장과 같은 것이다. 자녀가 커서 사회생활을 하는 데 예가 없으면 공존할 수 없으니, 사회에 나가기 전인 어릴 때 예절을 바로 가르쳐야 한다. 가정은 예절 바른 사람을 기르는 자리이다.

세 살 버릇이 여든까지 간다. 버릇은 예절이며 어릴 때 이미 형성되니 부모의 책임이며 우리나라에서는 어린이들에게 서당 공부에서 예절부터 가르쳤다. 소학(小學)에서 사람의 부름에 응하고 남에게 나가고 물러서는 예절을 먼저 가르쳤다. 어린이는 서당 공부 몇 년에 남다르게 의젓하게 예절을 지킨다. 가정 예절로서 일생 지켜야 할 사례(四禮), 즉 관례, 혼례, 상례, 제례는 선비의 가정에서 가문의 명예로서 지켜왔다. 그 형식은 현대 사회에 맞지 않는 것이 많지만 정신마저 버려서는 안 된다. 잘못하면 가정 문화가 무너지게 되기 때문이다. 예는 한번 버리면 복구하기 어려우니 간소화하더라도 신중히 해야 후회가 없을 것이다. 문화인이란 예절이 없는 야만인에게 대비한 말이라 생각된다. 사람이 인간관계를 예로써 다듬어 질서와 화목이 유지되어 평안하게 살 수 있다. 가족이 서로 화목하면 만사를 다 이룰 수 있다. 가족 간의 화목은 가족 간의 예가 지켜질 때 서로 존경하고 믿고 위하고 질서가 서고 가정에서 하는 일이 뜻대로 이루어지게 한다.

4) 지(知/智, knowlege)

알면 좋아하고 좋아하면 구하고 구하면 얻는다(知之者好之 好之者求之 求之者必得). 아는 것이 힘이며 앎이 곧 삶이다. 아는 것이 곧 살아가는 데에 원동력이 된다.

영국이 낳은 세계적인 극작가 셰익스피어(William Shakespeare, 1564~1616)는 "지식은 우리가 하늘을 나는 날개와 같다"는 재미있는 표현을 했다. 셰익스피어는 영국의 극작가로 시인, 배우를 꿈꾸다가 극작가가 되었다. 영국인들이 인도와도 바꾸지 않겠다 할 정도로 위대한 극작가이며 대표적 작품으로 〈로미오와 줄리엣〉 〈베니스의 상인〉 〈햄릿〉 〈맥베스〉 등이 있다.

사람은 지식의 수준에 따라 수입의 차가 있으며, 재산은 언제 잃을지 모르지만 지식은 없어지지 않으니, 지식은 최선의 재산이라고 말할 수 있다. 지(知)는 인간 존재의 기초 덕목이다.

[그림 4-4] 셰익스피어(Shakespeare)
* 출처 : doopedia.co.kr.

지덕(知德)

기　술 : 인류의 삶은 기술의 발달 과정이며 새로운 기술은 생활을 새롭게 한다. 물질생활의 정도는 기술이 좌우한다.
인간관 : 인간의 가치관, 윤리와 같은 도리, 인간의 존재 의의 등을 깨닫는 일이다.
활동력 : 지식의 힘은 인간의 정신 활동의 기초가 되어 생활을 향상시킨다.
판단력 : 시비지심(是非之心)이 지혜를 판단케 한다. 판단력에 의해 사물의 성공이 결정된다. 기억력보다 판단력에 더 높은 가치를 두라.
즐거움 : 알면 좋아하게 되고 좋아하면 즐기게 된다. 즐겁게 사는 것이 최선의 지혜이다. 매일 삶에서 한 가지 즐거움을 찾자.
철　학 : 삶의 지혜를 연구하는 학문은 철학이 바탕이 된다. '철(哲)' 자는 선택 판단을 밝게 한다는 뜻을 나타낸다. 철학의 과제로서 인간을 아는 것이 가장 중요한 것이다.

인력(人力), 즉 사람의 활동력은 지력(知力)이다. 지력이 없으면 아무것도 할 수 없다. 지력의 바탕을 갖추고 인덕(人德)과 용덕(勇德)을 더한 삼덕자(三德者)가 사람 구실을 제대로 할 수 있다.

지혜로운 처신

사람이 살아가는 데에 가장 중요한 지혜는 기억력이나 추리력이 아니라 판단력이다. 위대한 인물은 올바른 판단력의 소유자이다. 지식은 머리에 있고 지혜는 손발에 있다. 지혜는 실천하는 능력이다. 지혜로운 자는 실익을 택한다. 손자병법에는 다음과 같은 처세법이 있다. "적을 알고 자기를 알면 백번 싸워도 위태롭지 않다(知彼知己 白戰不殆)." 그리고 공자의 논어 끝맺음에 지언(知言)이란 말이 있는데 이는 남을 알아야만 말을 할 수 있다고 결론짓고 있다.

삶의 지혜를 어찌 다 말할 수 있겠는가마는 해서는 안 될 것과 꼭 힘써야 할 지혜로운 처신 몇 가지 예를 들어본다.

- 불욕(不欲) : 욕심이 없으면 남을 해치지 않아 적이 없고 겸손해져 다투지 아니하니 흉한 일이 없다(주역의 지산겸괘).
- 겸　손 : 겸손하면 사람을 공평하게 판단하여 공명정대한 처사를 할 수 있다.
- 성　실 : 모든 일을 당하여 긍정적 생각을 한다. 긍정적 사고는 성실히 노력하게 만든다. 성실보다 나은 지혜는 없다.
- 자연의 이치 : 자연의 이치를 따르면 가장 지혜롭고, 자연의 이치를 거슬리면 위태롭다.
- 공존공생 : 따라서 모두가 함께 살려는 공존 공생의 지혜가 최고의 선이요, 최고의 지혜이다.

지(知)는 만능인가

사람은 지적 활동으로 살아가니 사람은 오로지 지식에 의존하게 된다. 지식 습득과 지혜로운 삶의 슬기는 하루도 쉬지 않고 닦아야 한다. 지혜는 물과 같은 것이니, 흐르지 않으면 썩는다(智猶水也 不流則腐).24)

지(智)는 사성(四性) 중에서 인, 의, 예를 행할 수 있는 능력이기에 무엇보다 앞서 닦아야 한다. 선한 본성도 항상 변하려는 유혹에 흔들리기 쉽다. 그러한 변화 즉 감정의 변화, 인심의 변화, 상황의 변화에 대응하는 지혜서가 바로 주역이며 논어라 말할 수 있다. 유학의 가르침에서, 불경의 가르침에서, 성경의 가르침에서도 최고 지선의 지혜를 배울 수 있다. 아는 것이 힘이며 알려는 노력이 지혜로움의 시작이다.

진정으로 알면 행하지 않을 수 없다

인성 교육이 참으로 요구되는 21세기이다. 위대한 스승 공자의 삶은 곧 학문이요, 인생에 대한 해답으로 논어는 인생지침서와 같은 것이다. 논어의 학이편에서 학문을 시작하여 끝편인 요왈(堯曰)에서 지(知)로 끝난다.

공자의 학문과 교육은 배워서 앎을 구하고 배운 그대로 실천하라는 가르침이며, 앎은 사람을 알라는 것이고 그것은 인성을 바로 아는 데에서 시작해야 한다. 공자의 논어에서 나를 알고 남을 알고 사는 지혜를 배우자!

21세기가 지식 폭발의 시대, 과학 기술 만능의 풍조에서 지식 추구에도 경쟁이 치열하고 그러한 지식을 가진 자가 물질생활에서 앞서지만, 행복하게 사는 것인지 자문자답해 보라. 고대 그리스의 철학자 소크라테스

---

24) 중국 송나라 주희(주자)가 명신의 문집과 전기를 발췌하여 엮은 책인 송명신언행록에 나오는 말이다.

(Socrates, BC470~BC399)가 말한 "너 자신을 알라"는 과제는 철학, 즉 가장 근본적인 것을 알라는 것이며, 공자는 논어에서 지인(知人)의 가르침을 남겼다.

5) 신(信, belief)

모든 인간관계는 믿음으로써 맺어지고 유지되기에 신(信)은 큰 덕이 되어 신덕(信德)으로 중시된다. 신은 사성(四性) 인의예지와 함께 인간이 항상 갖추어야 할 오상(五常) 또는 오덕(五德)에 속한다. 오상은 인의예지신으로 항상 해야 한다는 의미로 상(常)이라고 하며 또한 오덕이라고도 한다. 즉 항상 행하여 덕을 이루기 때문에 오덕이라고도 부른다. 또한 한양도성(漢陽都城)은 오상(五常)에 기초하여 건립하였던 것으로 동대문은 인(仁)을 일으키는 문이라 해서 흥인지문(興仁之門), 서대문은 의(義)를 두텁게 갈고 닦는 문이라고 돈의문(敦義門), 남대문은 예(禮)를 숭상하는 문이라 해서 숭례문(崇禮門), 북대문은 지(智)를 넓히는 문으로 홍지문(弘智門)이라고 불렀다. 또한 4대문의 중심에는 오행에서 가운데를 뜻하는 신(信)을 넣어 보신각(普信閣)으로 명명하였다. 믿음은 사람 사이를 자석처럼 서로 떨어지지 않고 끌어주는 힘이 된다. 인간관계는 믿음의 바탕 위에 이루어지는 것이다. 사람 사이의 의사소통, 약속 등은 말로서 표현되며 믿음이 있으려면 말한 대로 실천해야 한다.

신(信) 자의 구성은 人(인, 사람) + 言(언, 말씀)으로서 사람의 말에서 믿음이 생김을 알 수 있다. 일언중천금(一言重千金)이란 '말한 것을 천금처럼 무게 있게 또 귀하게 해야' 믿음이 흔들리지 않게 된다.

신(信)이란 말한 것을 실천한 결실이다(信者 言之實也). 믿음은 덕이 된다. 참된 믿음, 진실, 신의, 신앙, 상거래의 신용, 자기에 대한 자신, 남으로부터 신임 등 믿음으로써 인간관계가 유지된다.

믿음의 힘

신(信)은 공동체의 기본 덕목이다. 즉 믿음은 사람 사이에 약속을 믿게 함으로써 공동생활을 맺어주는 끈과 같은 것이다. 믿음이 있으려면 정직해야 하고 정직하면 악을 저지르지 않으니 믿음은 큰 덕이 된다.

식량이 풍족하고 군사가 많으며 백성이 정치를 믿으면 나라는 잘 다스려진다. 이 명언은 공자가 제자 자공의 물음에 답한 것이며 세 가지 중에서 믿음이 가장 중요하다고 말했다. 믿음이 있으려면 먼저 자기 자신이 충실해야 한다. 충신의 인품을 닦아야 한다.

자기를 믿으면 남이 믿는다(自信者 人信). 남이 믿게 되면 남의 도움을 받을 수 있다. 이 세상에 자기 혼자의 힘으로 이룰 수 있는 사업은 단 하나도 없다. 남의 힘을 모으면 사람이 많은 일을 할 수 있다.

믿음은 성공에의 기본 덕목이 된다. 믿음이 노력을 하게 한다. 믿음은 승리를 가져온다. 다음은 제2차 세계대전에서 영국을 승리로 이끈 정치 지도자 처칠(Winston Churchill, 1874~1965) 총리의 말이다. "나의 성공의 비결은 단 세 가지이다. 믿음이 있으며 첫째 포기하지 말라. 둘째 절대 포기하지 말라. 셋째 절대 절대 포기하지 말라."

[그림 4-5] 윈스턴 처칠(Winston Churchill)
* 출처: https://winstonchurchill.org/

　믿음은 지혜와 용기를 준다. 먼저 이기고 싸운다는 말이 있다. 자신감이 먼저 서야 용기가 생기고 용기가 생기면 싸울 힘이 넘친다. 그러나 용기는 지혜를 먼저 생각해야 만용에 빠지지 않는다. 믿음이 서려면 싸우는 상대를 알아야 한다. 지피지기(知彼知己), 상대를 알고 나를 아는 지혜가 있어야 한다. 그러면 자신이 생겨 승리를 찾을 수 있다.

　믿음이 힘을 발휘하는 원동력이 된다. 불과 한 푼의 신앙심이 산더미 같은 학문에 필적한다. 믿음은 바른길을 갈 때 신의를 지키게 한다. 정의와 신의가 있는 사람이 인격의 기초가 된 사람이다. 공동사회의 한몫을 할 수 있다.
　신(信)은 사람으로서 기본 덕목이며 사회를 유지하게 하는 선(善)의 바탕이며 사람으로서 당연히 지켜야 할 요건이니, 신(信)의 반대인 불신(不信)의 해독을 걱정해 보아야 신(信)의 소중함을 절실히 깨닫게 될 것이다.

불신(不信)

다음의 잠언(箴言, the proverbs)으로 불신(不信)의 해악을 생각해 보자.

- 믿음이 없는 자는 무엇을 할 수 있을지 알 수 없다(공자).
- 신용을 잃는 것은 큰 손실이다. 신용이 큰 재산임을 잊지 말라(J. 클라크)
- 계획에 믿음이 없으면 성공하지 못한다(疑謀不成).

속이는 말을 믿지 말라. 속임은 양자를 결국 다 망하게 만든다. 스스로 자신을 믿어야 남도 믿는다. 믿음이 있는 말은 공존을 가져오고, 속이는 말은 유혹에 빠지게 한다. 불신은 허언, 위증, 거짓말, 감언, 이언, 교언, 도청도설, 소문, 간언 등의 말로 나타난다. 신(信)은 덕이요, 선의 바탕이나 불신은 부덕이요, 악의 실마리이다. 불신은 파괴, 무시, 갈등 등을 낳는다.

신(信)은 성(誠)으로 이루어진다

말은 믿음이 있어야 하고 믿음이 있으려면 말한 것이 이루어져야(誠은 言 + 成) 한다. 말한 대로 이루려면 성실, 근면해야 한다. 성실과 근면은 평생 사업이다. 일생의 계획은 부지런함에 있다(一生之計 在於勤).

성실한 마음이 신(信)의 실마리이다(誠實之心 信之端也). 성실하면 신뢰가 따르고 신뢰를 받으려면 성실해야 하니, 성(誠)과 신(信)은 함께 하는 성신(誠信)의 덕이 된다. 신념은 목표에 대한 자신감을 주어 어려운 일도 성취하게 된다.

신념이 굳으면 자신(自信)이 서고 성취할 수 있다는 사람은 용기와 노력을 다하니 남도 믿고 도와준다. 신용을 얻으면 서로 믿고 사업을 성취하도록 도와준다. 남의 도움이 있으면 큰일을 이루어낸다. 사람에게 있어 믿음이 최대의 보물이다(信者 人之大寶也). 한번 신뢰를 얻으면 진로는 절로 열린다.

오륜(五倫)중에는 신(信)을 으뜸으로 삼은 붕우유신(朋友有信), 즉 벗 사이의 관계는 믿음을 지키려는 노력이 가장 중요함을 뜻하는 것이다. 믿음은 나와 남을 맺어주는 역할을 하는 것이며 남과 가장 가까이 자주 만나는 관계는 벗이기에 붕우(朋友) 사이에 믿음이 강조되며 믿음이 없어지면 남으로 돌아가고 만다. 믿음을 해치는 것은 남의 탓과 나의 탓이 있다. 나의 탓으로 남을 오해하는 일이다. 쉽게 오해한 것이 무서운 결과를 낳기도 한다. 나는 어리석게 남을 오해하지 않는다는 교만심은 자기에게도 덕을 해친다.

한번은 공자가 가장 믿는 제자 안회(顔回, BC521~BC481)를 오해한 적이 있다. 안회는 공자의 제자로 공자가 가장 총애했던 제자였으나 젊은 나이에 요절했다. 공자가 세상을 두루 다닐 때 식량이 떨어져 며칠 동안 굶주리다 식량을 구하여 안회가 밥을 지으면서 솥에 밥을 떠먹는 것을 보고 공자는 안회를 의심하여 말했다. "밥이 되면 그 밥으로 제사를 올리겠다." 안회가 듣고 "선생님, 안됩니다. 밥에 재가 떨어져 제가 그것을 먼저 먹었습니다." 공자는 "사람을 믿지 못하는 것이 이렇구나!" 라며 탄식했다.

아무리 친한 벗이라도 고난을 당하면 감추어졌던 사실이 드러난다고 한다. 그리하여 고난을 함께 하면서 오래 사귄 벗을 믿을 수 있기에 불염고우(不厭故友)라고 말한다.

믿음은 한 번 잃으면 회복이 안 된다. 오직 신중하고 성실하게 처신하여 인지대보(人之大寶)인 신덕(信德)을 잃지 않도록 처신해야 한다. 믿음이 있으면 고독하지 않다.

신(信)은 성실성과 아울러 실천하는 힘, 즉 용기가 있어야 한다. 용기가 있으면 자신 있게 일하여 성공하고, 용기가 있어야 신의를 지킬 수 있기에 신(信)은 용(勇)과 함께하는 덕이다.

6) 용(勇, courage)

지(智), 인(仁), 용(勇)은 성공인이 갖추어야 할 삼덕(三德)이다. 지(智)는 지식과 지혜이고 인(仁)은 서로 사랑하고 도우는 사람된 도리이며 용(勇)은 지(智)와 인(仁)을 실천하는 힘이 되는 것이다.

용기는 대망을 가진 개척자, 창업자의 운명을 결정한다. 용기는 역경에서 고난을 극복하는 지혜와 힘을 준다. 용기에서 결단력과 추진력이 솟아난다. 용(勇)이란 글자는 甬(용, 솟아난다) + 力(력, 힘)으로 구성되어 "힘이 솟아난다"는 의미가 있다. 기(氣)는 움직임, 나타남을 가리키는 기운이다. 즉 용(勇)은 사람을 움직이게 하는 힘이다.

[그림 4-6] 롯데 타워 꼭대기(555m)

용(勇)은 힘의 원천이다

용기는 결단과 함께 추진력이며 어려움을 극복하는 인내력의 원천으로 운명을 개척하고 성공하는 데 필수적이다.

용(勇)이란 강직한 기상에서 생기며 사람을 강인하게 만든다. 용이란 두려워하지 않음이다(勇者不懼). 또한 용기는 인내심을 주고 곤경에도 해결하는 지혜를 발견하게 한다. 용기가 있으면 포기하지 않고 때를 기다릴 수 있다. 용기는 역경에 있어서 빛과 같다. 자기 운명을 개척할 수 있는 용기를 가진 자만이 영웅이 될 수 있다.

용(勇)은 의(義)를 지킨다. 양심을 지키는 의로운 마음은 용기를 불러일으키고 용기는 의를 지키는 힘이 된다. 윈스톤 처칠(Winston Churchill, 1874~1965)은 다음과 같은 명언을 남겼다. "돈을 잃는 것은 적게 잃는 것이고 명예를 잃는 것은 크게 잃는 것이며 용기를 잃는 것은 전부를 잃는 것이다."

고대 로마 시대의 철학자인 세네카(Seneca, BC4~AD65)는 용기가 얼마나 중요한가를 다음과 같이 말했다. "운명은 나에게서 빼앗을 수 있지만, 용기는 나에게서 빼앗을 수 없다." 곧 용기가 없으면 무용지물(無用之物)이 되는 까닭을 깨닫게 하는 것이다.

용기가 이처럼 중요하며 전쟁에서 싸울 수 있는 제1의 덕목이지만, 중국 삼국시대 촉한의 용감한 장수 조자룡(趙子龍, 미상~229)이 칼 쓰듯 함부로 해서는 안 된다. 용(勇)을 부릴 때에 유의할 점을 생각해 보자.

- 용기는 결단이 앞서야 한다.
- 남보다 먼저 시작하면 남을 제압할 수 있고 뒤에 움직이면 남에게 제압 당한다(先發制人 後發制於人).
- 의로운 일은 곧 실천이다.
- 의로움을 보고 행하지 않으면 곧 용기가 없는 것이다(見義不爲 是無勇也).

- 결단할 때 결단을 못하면 오히려 반란을 당한다(斷不斷 反受其亂).

용기는 어려움을 이기게 한다

고난을 맞이하여 구차하게 피하려 하지 말라. 용기로써 어려움을 극복하고 지혜로써 어지러움을 다스려야 한다(服難以勇 治亂以智). 조선시대 영의정을 지낸 류성룡(柳成龍, 1542~1607)은 임진왜란을 승리로 이끈 명재상으로서 다음과 같이 말했다. "세상에서 환난이 닥쳤을 때 남자로서 당연히 해야 할 일을 하고 세상의 난을 막지 못하면 자신을 버리는 것이다." 후한 시대의 명장 반초(班超, 33~102)는 사신으로 서역에 가서 위험한 상황을 당하여 오랑캐의 사신을 선제공격할 때 다음과 같이 부하를 격려했다. "호랑이 굴에 들어가야 호랑이 새끼를 잡는다."

용기는 기회를 잡는 결단력이다. 기회를 살리면 성공의 길이 열리고 기회를 놓치면 할 일이 없어진다. 기회는 자기에게 이익을 주지만, 남에게 손해도 줄 수 있으니 의로운 일을 선택해야 한다. 무조건 용기만 부려서 패덕이 되니 옳은 일을 택하는 데에는 희생도 감수하는 용기가 있어야 한다(見利思義 見危授命).

인의예지와 용(勇)

용(勇)은 사람의 본성인 인의예지를 이루는 기운, 즉 힘이다. 따라서 용(勇) 자체가 목적이 아니라 목적인 본성을 이루고 지키는 데에 쓰이는 동력과 같은 것이다. 기관차의 바퀴를 움직이게 하는 증기, 가스와 같은 역할을 하는 것이니 사람이 아무리 선한 일을 하고자 해도 용기가 없으면 실천하지 못한다. 용기는 본성을 지키고 실천하는 역할을 하는 것이니, 쓰임에 함부로 해서는 만용이 되고 덕을 해치게 된다. 용기는 지혜롭게 착한 일에 예에 맞게 발휘해야 진정한 용기가 되는 것이다. 인의예지에 맞지 않는 용기는 사람을 해친다.

- 인이 없으면 남을 해친다(仁).
- 의가 없으면 악행을 저지른다(義).
- 예가 없으면 남을 적으로 만든다(禮).
- 아무리 용기가 있어도 무모해서는 실패한다(智).

심신단련과 도전

군인의 첫째 덕목은 용기이다. 용맹한 군인은 고된 훈련을 받고서 만들어진다. 훈련은 신체적 고통과 함께 심적 인내력을 기르는 심신 단련으로 이루어진다. 임전무퇴의 정신으로 삼국 통일을 이룩한 화랑은 산천을 두루 돌며 호연지기를 키워 용기를 닦은 용사였다. 해적 바이킹은 사나운 폭풍이 만든 것이다. 자연이 인간의 도전정신을 기르고 인간이 자연에 도전하여 정복자가 되기도 한다.

세계 정상을 정복한 산악인은 초인적 힘과 용기가 어디에서 나왔을까? 고된 훈련의 결과이다. 심신을 단련하면 자신과 희망이 생기며 희망이 있으면 새로운 일에 도전하게 된다. 도전하여 성공하면 더욱 큰 용기가 생긴다. 심신 단련의 결과 용기가 생기면 자신감을 가지게 되고 자신감이 생기면 용감해진다. 용기는 10를 10 그대로 지키고 1을 10으로 만드는 긍정적이고 낙관적인 인생의 기본 덕이다.

02. 칠정(七情)

사람의 감정을 흔히 희(喜), 노(怒), 애(哀), 락(樂)으로 표현한다. 노(怒)와 애(哀)는 고통을, 희(喜)와 락(樂)은 기쁨의 감정이다. 인생은 고락을 함께 하며 살 수 밖에 없다.

고통을 주는 감정은 노여움(怒), 슬픔(哀), 미워함(惡), 두려움(懼), 욕심(欲)이 있고 기쁨을 주는 감정은 기쁨(喜), 사랑(愛)이 있다. 이 7가지 정(情)을 칠정(七情)이라고 말한다.
사람의 복잡 미묘한 감정은 외부의 자극이나 마음먹기에 따라 수시로 변한다. 기쁨 속에도 슬픔이 있고 슬픔 속에도 즐거움이 있다. 감정이 마음을 움직이고 마음이 감정을 움직인다. 마음은 이성과 감성이 있어 서로 작용하며 사람이 마음먹기에 따라 생각과 행동이 결정된다. 그러므로 마음의 이와 같은 변화가 삶을 결정하기에 마음을 다스리는 공부와 수양을 해야 한다.
마음의 변화는 역(易)의 가르침에서 배우고, 마음의 다스림은 중용에서 공부하며, 마음을 수양하는 학문은 유학이 으뜸일 것이다. 그래서 유학을 마음의 학문, 즉 심학(心學)이라고 한다.

인간의 본성은 선이지만 감정은 선도 있고 악도 있다. 같은 감정이라도 선과 악이 갈등을 일으킬 때는 선한 쪽으로 마음을 이끌이 음과 양이 조화하여 상생하듯이 감정을 조절하는 수양이 필요하다.
정(情)을 다스림이 수양의 기본자세이다. 군자는 수양의 결과로 인격을 갖춘 것이다. 『예기(禮記)』25)에 "군자는 올바른 감정(情)을 회복하여 그 뜻(志)을 바르게(和) 한다(君子反情 以和其志)" 라고 하여 군자는 감정을 잘 다스리는 인격자임을 말하고 있다. 인격 수양은 인간의 본성을 지키고 감성, 즉 정을 다스리는 노력으로 이성과 감성의 조화를 도모한다.

앞으로 주제로 다룰 7가지 정(情)을 간단히 풀이하면 다음과 같다.

- 희(喜) : 소리나 색깔 등을 듣고 보며 기뻐함.
- 노(怒) : 어기거나 거슬리는 것 때문에 성냄.
- 애(哀) : 죽음을 슬퍼함.
- 구(懼) : 폭력을 두려워함.
- 애(愛) : 탐하거나 좋을 것을 사랑함.
- 오(惡) : 나쁜 냄새를 싫어함.
- 욕(欲) : 옷과 음식을 바람

1) 희(喜, pleasure, joy)

사람은 일상생활에서 고락을 함께하면서 살아간다. 즐거움보다 괴로움을 더 느끼기에 인생고해(人生苦海)라는 말이 생기지 않았겠는가? 아이가 세상에 태어날 때 소리 내어 운다. 새 소리는 운다고도 하고 새가 노래한다고도 말한다. 아이가 태어나면서 고통을 알고 우는 것일까?

---

25) 중국 고대 유가의 경전인데 49편으로 이루어져 있다. 오경(五經)의 하나로, 주례(周禮), 의례(儀禮)와 함께 삼례(三禮)라고 한다. 예경(禮經)이라 하지 않고 예기라고 하는 것은 예(禮)에 관한 경전을 보완하여 풀이하였다는 뜻이다.

한편 석가모니(釋迦牟尼, BC563~BC483)는 태어나서 곧 '하늘 위와 하늘 아래에서 오직 내가 홀로 존귀하다며 천상천하 유아독존(天上天下 唯我獨尊)'이라고 세상을 향해 외쳤다. 갓 태어난 아이도 이 세상에 태어난 것이 기뻐서 소리 지른 것이라 생각해 보면 인생살이도 모두 기쁜 것으로 생각할 수 있는 것이 아닌가?

어떤 사물이라도 태어나고 만들어지는 것은 기쁜 일이다. 구약성서(the Old Testament) 창세기(Genesis)에서 하나님은 6일간의 창조사업을 하면서 날마다 "보기에 좋았다"라고 기뻐했다. "항상 기뻐하라"는 하늘이 사람에게 내린 최고의 복음이다. 이에 사람은 늘 감사하고 기쁘게 사는 진리에 따르는 것이다. 유교는 하늘과 땅에 사람이 들어간 천지인의 삼재사상(三才思想)이다. 사람이 하늘만큼, 땅만큼 귀한 존재임을 생각게 하는 사상이다. 사람처럼 세상에 태어나 살고 있는 것만큼 기뻐할 수 있는 것은 아무것도 없다. 석가모니의 유아독존에 대한 가르침은 사람마다 귀한 존재임을 말한 것이다. 어찌 세상살이를 기뻐하지 못하겠는가? 세상을 보는 것은 마음에 달려 있다. 우주관, 인생관을 낙천적으로 보면 사람은 즐겁게 살 수 있다. 항해할 때 험난한 파도는 잠시요, 평시는 평안하게 바다를 항해할 수 있다. 인생도 불행과 고통은 잠시이고 평소에는 고통이 없다. 그것 자체가 행복이요, 기쁨이다.

사람의 단점은 기쁜 일에는 둔하고 고통은 민감하게 싫어한다는 것이다. 기쁨이나 슬픔은 보이지도 만질 수도 없다. 다만 마음으로 느낄 뿐이다. 인생은 마음먹기에 달려 있다. 주역의 가르침이 바로 기쁨을 지키는 지혜이다. 길(吉) 속에 흉(凶)이 있고 흉(凶) 속에 길(吉)이 있다. 이 명언을 늘 마음에 간직하고 살자.

기쁨은 일상생활 속에 있다

일하는 기쁨 : 일한다는 것은 무엇을 이루겠다는 목표를 향한 노력이다. 노동은 힘들지만, 목표를 이루게 된다는 기대감이 함께 하기에 일하는 중에도 기쁨이 있으며 이룬 후에 기쁨이 있고 자기의 도리를 하고 있다는 자긍심도 기쁘게 한다. 사람의 진정한 행복은 일을 하는 것이다. 해야 할 일을 하는 것이 도덕의 근본이다. 공자의 일생은 학문이며 학문하는 것을 가장 기뻐했다(學而時習之 不亦說乎).

우리나라 현대건설의 창설자이자 경제 건설의 주역이었던 정주영(1915~2001) 회장은 "나는 해가 갈수록 일한 보람이 있어 발전하는 삶이었다. 시련은 있어도 실패는 없다"고 하며 일을 하여 성취하는 기쁨을 노래하였다.

[그림 4-7] 정주영(鄭周永) 도서

*출처: https://www.aladin.co.kr/m/mproduct.aspx?ItemId=267585

쉬는 기쁨 : 일하는 중간 휴식의 기쁨, 일과를 끝내고 가정에 돌아와 심신이 해방된 기분, 하루 종일 노니는 기쁨보다 일할 때 고통을 겪을수록 쉬는 기쁨은 더 크다. 쉬는 곳은 가정이 최적이다. 삶의 보금자리인 가정에서 쉬는 것을 연거(燕居)라고 말한다. 편안하고 한가하게 집에서 거처한다는 의미인 것이다.

취미활동 : 사람은 무엇인가 표현하는 것을 좋아한다. 예술, 오락, 운동, 기호 등 마음을 기쁘게 하는 취미가 있어야 삶이 재미가 있다.

만남의 기쁨 : 벗과의 만남도 큰 기쁨이다. 먼 곳으로부터 벗이 찾아오니 또한 즐겁지 아니한가(有朋自遠方來 不亦樂乎)? 그리고 책을 통한 만남, 즉 옛 책을 읽어 옛사람과 만나는 것(尙友千古書) 또한 큰 기쁨이다. 독서 삼매의 경지에 이를 때의 기쁨은 누구나 쉽게 누릴 수 있다.

자연과의 기쁨 : 산천에 들어가 그 아름다움과 자연의 경탄스러운 조화에 도취할 때의 기쁨은 사람과 자연의 일치를 느끼게 한다.

주고받는 기쁨 : 사람은 이기적이면서 이타(利他)의 선심도 있기에 받아서 기쁘고, 줌으로써 또한 기쁨을 느낀다. 받는 기쁨은 부담감이 따르지만 주는 기쁨은 자유롭다. 자선하고 봉사하는 가운데 기쁨이 있다. 감사하는 마음은 기쁨으로 돌아온다.

가정에서부터 즐거운 삶을

가정은 육친과 함께하는 안식처이기에 이 세상에서 가장 행복한 보금자리이다. 인간은 하루의 반 이상을 가정에서 생활한다. 행복은 가정에서 동고동락의 기본이며 가족의 의무이기도 하다. 가정에서 가족과 함께 만나는 시간은 식사 시간, 대화 시간, 오락 시간 등 무진장 많으며 이 중에서도 식사 시간이 즐거움을 함께 하기에 가장 좋은 시간이다. 즐겁게 식사하려 음식을 맛있게 또 감사하는 마음으로 먹는 것이 도리이며 서로 슬겁게 해주는 내화가 오가야 한다. 식사는 가급적 가족과 함께하면 즐거운 가정생활을 누리기에 좋다. 식사 시간 이외에 휴식 시간에 오락, 취미로 즐길 수 있다. 저절로 되는 것이 아니라 가정마다 서로 취미가 비슷한 여가 문화를 만들면 좋을 것이다.

　아쉬운 것은 기쁜 행사로써 때때로 함께 맞는 길사가 사라지고 혼례, 수연(壽宴), 생일 등 길사도 간소화되어 친척이 함께하는 미풍양속의 즐거움도 점점 맛볼 수 없게 되었다. 현실에 맞는 가족문화를 만들어 적어도 가정을 달리하고 사는 형제만이라도 즐거움을 함께하는 방안을 생각해 보자. 고독한 생활이 즐거움을 해친다. 가족 간의 윤리, 부자유친, 부부유별, 형제의 우애 등 과거의 차별적 인식을 벗어 버리고 모든 가족이 화락(和樂)할 수 있는 분위기를 만들어야 한다.

기쁨은 생활 속에서 찾는다

　사람이 사는 곳은 어디에나 기쁨이 널려 있다. 그러나 자신의 생활에서 기쁨을 모르고 지내고 있지 않는가? 러시아 속담에 "주의가 산만한 사람은 숲속에 가도 땔감을 찾지 못한다"라는 말이 있듯이 기쁘게 살려는 목적의식이 없이 살고 있으니, 기쁨을 찾을 수도, 느낄 수도 없는 것이다.

　삶의 목적을 즐거움에 두고 매일 한 가지 이상 기쁨을 찾아야 할 것이다. 모든 사람에게 좋은 날은 오지만, 노력하지 않으면 누릴 수 없다. 기쁨은 각자 노력으로 만들고 누릴 수 있는 것이다.
　행복은 기쁨을 찾는 마음에서 오는 것이다. 만나는 일마다 낙관적으로 대하면 나쁜 일은 사라지고 좋은 일이 생기게 된다. 난관에 부닥쳐도 해결하려는 노력이 있으면 해결된다. 비관적인 생각을 가지면, 고난을 더 하게 되고 그것을 극복하지 못하니 더욱 슬픈 처지가 되고 만다. 이기주의와 회의주의는 인생을 슬프게 한다. 무엇보다 나쁜 것은 불평이다. 자기 탐욕에 매여 그것이 이루어지지 못함을 남의 탓으로 불평에만 그치는 것은 실패감과 불평하는 마음으로 이중의 고통을 느끼게 된다.

　행복이란 글자에서 행(幸)자는 집(執, 매이다)에서 환(丸, 고리)이 떨어져 나가서 이루어졌다고 한다. 풀이하면 탐욕에 매여 있다가 떨어져 나와 욕심이 없는 자유로운 상태가 된다는 것이다. 복(福) 자는 하늘에서 복을 내려 준다는 뜻이 있다. 곧 행복은 욕심을 버리고 천명에 따라 최선을 다하는 진인사대천명(盡人事待天命)에서 누릴 수 있다.

　사람마다 성품이 다르며 성품에 따라 기쁨을 누리는 것도 다르다. 넓고 밝고 관용으로 기쁘게 살고 호탕, 긍정, 명랑, 용기, 희망, 인내, 낙천성을 가지고 살면 슬픔을 멀리하면서 기쁘고 즐겁게 살 수 있다.

생활의 기쁨

　목표를 세워서 : 하고자 하는 목표가 있으면 일하는 중에 희망을 품기에 고통보다 기쁨이 크고 일을 이룬 후에 성취한 기쁨이 있다.

　믿음으로 : 신앙은 최고 지선의 기쁨을 찾는 믿음이 아닌가. 천국 극락은 최고의 기쁨이 있는 곳이라 생각할 수 있다. 기도와 염불 중에 기쁨이 있다.

　정(情)으로 : 정(情)은 순수한 사랑의 나눔이며 사랑을 주고받는 것이 더불어 사는 기쁨이다. 어머니의 모정은 기쁨으로 가득 채워져 있다. 좋은 일을 할 수 있는 사람은 행복하나. 세상에서 참다운 행복은 무엇을 받는 데에 있는 것이 아니라 주는 데에 있다.

함께 살면서 : 평범한 생활 속에서 주위 사람과 모든 사물이 내 삶의 순간에 없어서는 안될 것이다. 가족, 이웃, 친지, 집, 나무, 공기, 물, 해와 달의 혜택으로 살면서 그 고마움을 감사하면 기쁨은 어디서나 언제나 누릴 수 있다. 서로 만날 때에 웃음으로 대하면 기쁨은 기쁨을 낳아 기쁜 세상이 되지 않을까?

인덕을 쌓으면 : 남을 배려하면 덕이 되어 돌아온다. 이를 두고 인덕이 있다고 말한다. 인덕(人德)은 곧 인덕(仁德)이니, 어진 인격자로 존경받는다면 마음이 얼마나 기쁠까.

불행 중에도 : 슬픔은 혼자 오지 않는다. 역(易)의 가르침에 따르면, 곧 고난도 극복하면 행운이 온다. 또 신앙은 고난 속에서 더욱 내세에 대한 믿음으로 현세의 고통을 기쁨으로 맞게 한다. 전쟁과 평화, 안나카레니나, 부활 등 주요 작품을 남긴 러시아 문학을 대표하는 세계적 문호 톨스토이(Lev Tolstoy, 1828~1910)는 "괴로움은 생리적으로나 정신적으로 인간이 발전하는 데에 없어서는 안 될 조건이다"라고 말했다. 자연에 순응하면서 살아가는 러시아인들의 성격적 특징을 잘 나타낸 말이다. 어릴 때 유복한 집에서 태어나 고난을 겪지 않고 자란 사람 중에 불행해진 사람이 많다. 고난은 겪은 사람은 뒤에 성공하여 인생을 기쁘게 보낸다.

4지주(四支柱) : 행복하려면 자유로워야 하고 자유로워지려면 독립해야 한다. 서양 철학자이자 수필가인 안병욱(安秉煜, 1920~2013)은 독립된 사람을 지탱하는 기둥으로 4지주(四支柱)를 들었다. 건강, 직업, 가정, 가치관, 이 4가지를 고루 잘 갖춘 사람이라야 즐겁게 살 수 있다는 가르침이다.

[그림 4-8] 톨스토이의 영지 야스냐야 폴랴나(Jasnaya Poljana)
* 출처 : https://www.bing.com/images/search?view

이어서 칠정(七情)에는 포함되지 않지만, 인생에 있어서 기쁨과 관련되는 화(和)와 낙(樂), 그리고 교만(驕慢)에 관해 명언을 중심으로 다루어 보기로 한다.

(1) 화(和, harmony)

인간이란 글자 그대로 새기면 사람 사이가 된다. 사람은 혼자 살 수 있는 것이 아니고 사람끼리 함께 살기에 사람 사이의 관계를 맺고 사는 것이다. 함께 더불어 살려면 서로 좋아하여 화목해야 한다. 화목하여 기쁨과 즐거움을 함께하게 된다. 화(和)의 글자 구성은 '성문(口) 앞에 군기를 세워 전쟁을 끝낸다'라는 것을 나타내는 글자라고 한다. 전쟁의 **죽음**에서 살아나게 되는 것이니, 화(和)의 의미는 상생과 통한다. 사람의 최고 최선의 바람은 평화이다. 평화는 곧 기쁨이다. 모든 생명은 음양의 화합에서 상생한다. 그러나 사람의 삶에는 선악이 함께 있기에 선한 사람이 악한 사람으로부터 해를 입게 되면 화합할 수 없다. 악을 선으로 만들려면 먼저 화합의 가치부터 깊이 인식해야 할 것이다. 서로 만나 기뻐서 좋아하면 화락(和樂)해진다. 즐거운 분위기를 화기애애(和氣靄靄)라고 말한다. 화(和)는 즐거움의 근본이다. 가정이 화목하면 만사가 이루어진다. 하늘이 주는 좋은 때는 땅의 이로움만 못하고 땅의 이로움도 사람의 화합만 못하다(天時不如地利 地利不如人和).26)

전쟁에서 승패는 외부의 적이나 군사력의 강약보다 내부의 인화(人和)에 달려 있다. 서로 화목하면 상대를 긍정적으로 대하여 불가능도 가능케 하는 묘한 결과도 만든다. 그러나 상대를 부정하면 불화(不和)를 맞게 된다. 불화는 파괴를 가져온다.

화(和)를 해치는 현실

세계는 제2차 대전이 끝난 뒤에 민주주의 사상에 의하여 개인의 자유를 누리면서 이기주의와 자타(自他)를 함께 존중하는 개인주의와 혼돈하여 상대의 권익을 무시하고 자기만의 이욕(利欲)에 빠지게 되었다. 근본적으로 이기심, 아집, 우월감, 원한은 화(和)를 깨뜨리는 실마리가 되는 것이다.

이기심 : 이기심은 공생의 적이다. 불화의 뿌리는 남을 배려하지 않는 이기심에서 생긴다. 이기심은 아집에 빠지게 한다.
아　집 : 아집은 화(和)의 적이다. 모래와 자갈만으로 콘크리트를 만들지 못한다. 아집은 상대를 포용하지 못한다. 아집은 화의(和議)의 적이다.
우월감 : 이기심은 우월감에 빠지게 한다. 우월감은 비교하는 마음을 갖고

---

26) 맹자의 공손추 하편에 나오는 말이다.

남에게 뒤지지 않으려고 경쟁하며 화(和)를 해친다. 또한 상대를 경멸하여 원한을 산다. 우월감은 공생을 해친다.

원 한 : 원한은 피해자가 가해자에 대한 증오심, 복수심을 갖게 한다. 또한 남을 기피하면 원한을 사게 된다. 기즉다원(忌則多怨), 즉 남의 잘못이 있어도 사람끼리 기피해서는 원한을 산다.

숲속에는 약초와 식용 식물만이 있는 것이 아니다. 독초나 독충도 함께 있다. 순수한 자연도 이러한데 선악을 함께 하는 인간 사회는 선과 악이 항상 다투고 있으니, 화합은 항상 깨질 수 있다. 이를 막는 도리와 절차는 예(禮)로 지킬 수 있다. 극기복례(克己復禮)면 인(仁)에 가깝고 인은 곧 화(和)가 아닌가. 옛날에는 지나치게 예를 강조하고 예(禮)에 매여 부자유롭게 살았지만, 지금은 예(禮)가 사라지고 화(和)가 깨뜨려져 살아가는 것이 불안하다.

화합(和合)하는 처신

화합하는 기본적인 처신은 삼감에 있다. 삼가면 남을 배려하고 자기를 낮추게 되니 다툼이 없어진다. 다음과 같은 화합하는 처신의 방도가 있다.

노(怒)함 : 분노를 삼킨다. 분노는 화(和)를 해치는 신호탄이다. 노하기는 더디게 하는 것이 슬기요, 허물은 용서하는 것이 덕이다.

책(責)함 : 책함을 삼가라. 한번 큰 원한을 맺게 되면 크게 화해해도 원한은 남는다.

원한(怨恨) : 원한은 갚으려 하지 말고 풀어라. 원한을 품고 살면 자기만 고통스럽다. 원한이 쌓이면 증오심이 되어 마음이 악에 빠진다. 자기를 해칠 시한폭탄이 된다. 화(和)를 해치는 마음을 버리는 노력을 해야 한다.

용서(容恕) : 악행을 당해 잊는 것이다. 잊지 않고는 화합할 수 없다. 가해자가 회개하여 용서를 청할 때 화합이 회복된다.

역지사지(易地思之) : 서로 입장을 바꾸어 생각하는 배려심은 남을 나와 같이 생각하는 마음이다.

자책(自責) : 잘못이 생기면 서로 내 탓으로 생각하면 화(和)를 깨뜨리지 않게 된다. 내게 잘못이 없다고 생각하는 것이 곧 잘못이다.

포용력(包容力) : 사람이 지나치게 살피면 사귈 수 없고, 물이 지나치게 맑으면 고기가 없다. 친한 사이에도 충고는 삼가야 벗이 떨어지지 않는다.

겸양(謙讓) : 양보하는 미덕이 화(和)를 이끈다. 사기종인(舍己從人)으로 자기주장을 버리고 남을 대하면 예(禮)로서 사람을 존중하게 된다. 양보는 예(禮)를 주도한다.

사람은 인간관계에서 남으로부터 인정받고 존경받기를 가장 원한다. 경천애인(敬天愛人) 즉, 하늘을 공경하듯 사람을 사랑함이 최선의 화(和)가 될 수 있을 것이다. 이는 예(禮)로서 실천함이 화(和)를 실천하는 것이다.

화(和)는 대도(大道)요, 대덕(大德)이요, 인류의 이상이다

화(和)는 중용 : 진정 화(和)는 인간 본성인 선에 맞아야 한다. 또 선이면서 독선적이지 않고 누구나 따르고 실천하기 어렵지 않아야 한다. 화(和)에 맞는 중화(中和)가 이루어지려면 때에 맞고 상황에 맞아야 한다. 군자는 기회에 맞게 처신함으로써 중용에 이른다(君子以時中). 공평한 관계라야 화(和)는 유지된다. 국가 간, 형제간에 특히 공평이 중요하다.

대동(大同) : 무편무당(無偏無黨)하면서 화이부동(和而不同)으로 개인 간의 차이점을 인정해야 화(和)가 유지된다.

상생(相生) : 천지 자연의 음양의 조화는 인간 사회에서도 그대로 상생을 이룬다. 남녀음양은 상대적이지만 다투지 않고 조화해서 가정을 유지하고 지도자와 일반인은 여민동락(與民同樂)으로 즐거움을 함께하려면 먼저 화합해야 한다.

지도자 : 올바른 덕을 쌓고 생산을 늘리며 살림을 여유 있게 하는 것이 화(和)를 이루는 지름길이다.

오늘날 우리나라의 정치 지도자는 반성하지 않고, 덕도 쌓지 않고, 국민의 이익 경제 활동보다 자기의 이해만 생각하고 편을 만들어 분쟁에 앞장서고 있지 않은가? 국민의 화(和)를 깨뜨리는 자는 화합의 적이다.

(2) 락(樂, enjoyment)

인생은 고락을 함께하며 사는 것이며 누구나 고통보다 즐거움을 바란다. 즐거움은 누리면서도 그것을 모르고 고통을 당하면 민감하게 반응한다.

고통과 즐거움은 마음의 문제이다. 마음먹기에 따라 달라진다. 비 오는 날을 귀찮게 여기는 사람도 있고 비를 맞으며 걷기를 즐기는 사람도 있다. 세상만사 낙천적으로 자연스럽게 살면 고통보다 즐거움을 많이 누릴 수 있다. 만족할 줄 알면 즐길 수 있고 탐욕에 빠지면 걱정이 쌓인다.

군자의 즐거운 삶

즐기지 못하면 군자라 말하기에 부족하다. 이는 공자의 말씀이다. 공자의 학문은 군자가 되기 위한 학문이다. 유학(儒學)하는 목적은 군자가 되는 데에 있고 군자의 삶은 즐겁게 사는데 있다. 안빈낙도(安貧樂道)란 어려운 가난 속에도 도를 지킴으로써 즐거움을 잃지 않는 인격자가 군자이다.

학문하는 것이 가장 즐겁다. 학문에 빠지면 근심 걱정을 잊고 분발하여 먹는 것까지도 잊는다. 아침에 도를 들으면 저녁에 죽어도 괜찮다(朝聞道 夕死可矣).27) 즐겁게 사는 것을 최선으로 하라. 아는 것은 좋아하는 것만 못하고 좋아하는 것은 즐기는 것만 못하다(知之者不如好之者, 好之者不如樂之者).28) 인생의 목표는 갖는 것과 즐기는 것 두 가지가 있다. 위의 명언에서 아는 것은 갖는 것이며, 즐기는 것은 쓰는 것이다. 어떻게 쓰느냐? 즐겁게 쓸 때 가치가 있다. 학문은 도에 이르러 도에 따라 사는 것을 최고의 목표요, 즐거움으로 삼는다.

인격을 닦아 자연의 도에 이르면 근심 걱정이 없이 성인처럼 살 수 있다. 성인의 마음은 사악함이 없는 사무사(思無邪)요, 맑은 마음인 청심(淸心)이다. 이는 곧 인격자의 즐거움이다.

---

27) 논어 이인편에 나오는 구절.
28) 논어 위정편.

선비의 여가 문화

외형적인 서구의 여가 문화가 우리의 전통문화를 쫓아버리는 현실에서 우리의 의식 깊은 곳에 남아 있는, 우리 정서에 뿌리가 박혀 있는 옛 선비의 여가 문화를 알아보자.

유학하는 선비, 곧 유생은 고된 학문에 지친 심신을 자연과 벗 삼아 즐거운 여가를 보냈다. 공자가 몇몇 제자와 이야기를 나누던 중 제자에게 "학문이 이루어지면 무엇을 하고 싶은가?"라고 물었다. 몇몇 제자는 나라 다스림에 참여하겠다고 답했다. 잠자코 있는 증점(曾點)에게 말해 보라고 하니 증점은 저는 생각이 다르다고 말했다. "늦은 봄에 새 옷을 입고 벗 몇몇과 아이들 5~6명을 데리고 기수(沂水)에 나가 목욕한 다음 무우산(無雩山)에 올라 바람을 쐬며 노래를 흥얼대고 돌아오겠습니다"라고 말하자 공자도 "나도 그렇게 하고 싶다"라고 말하며 흐뭇해했다. 이와 같이 군자는 학문과 손님 접대와 제자 교육 등에 맡은 도리를 다하며 피로함을 벗과 자연과 함께 풍류를 즐겼다.

선비의 풍류 : 풍류는 자연과 사람이 함께 하는 놀이의 극치가 아닌가. 우리나라는 산이 아름답고 물이 맑기에 산천의 경치를 보고 즐겼다(觀山觀水 樂山樂水). 등산이 아닌 입산으로 산의 품 안에 안겨 자연과 사람이 함께 하는 즐거움이 있었다. 또한 자연으로부터 쉬면서도 배웠다. 자연의 도리와 사람의 도리가 하나인 것으로 사람은 자연으로부터 배우면서 즐겼다.

푸른 산은 만고의 책이며 흐르는 물은 천년의 거문고이다(靑山萬古書 流水千年琴). 물소리는 무위(無爲)[29]의 음악이요, 소리의 모체이다. 산은 조물주가 조각하고 색칠한 그림이요, 세워 놓은 병풍이다. 자연을 멀리하고

---
29) 중국 철학에서 주로 도가가 제창한 인간의 이상적인 행위로 유위(有爲), 인위(人爲)의 반대 개념이다.

인성도 상실해 가는 현대인들은 옛 선비가 자연을 어머니 품처럼 생각하고 안겨 평안한 여가를 즐긴 지혜, 풍류도(風流道)를 배우고 즐겨보자. 우리 민족의 혼이 다시 살아날 것이다. 현대인의 정서의 뿌리는 역시 옛날과 지금이 다를 바 없는 고금불이(古今不二)가 아닐까? 산의 정기는 가슴을 푼다. 호연지기를 산에서 기른다.

산은 도의 경지이며 정신의 세계이다. 사람이 산에 있으면 글자로 선(仙), 선인(仙人)이 된다. 신선처럼 극치의 즐거움을 누릴 수 있다. 산림유서(山林幽棲) 즉 그윽한 산에 묻혀 사는 것은 즐거움 이상의 편안함이 있다. 이퇴계 선생의 호 퇴계(退溪)는 번잡한 세상에서 산골 시냇가로 물러나 자연을 즐기며 자연 속에서 도를 즐기려는 것이며, 2,000편의 시가 이와 뜻을 같이하고 있다.

[그림 4-9] 경남 거창 구연서원 계곡 거북바위

선비의 예술 : 공자는 다음과 같이 말했다. "도에 뜻을 두고, 덕에 근거하고,

인에 의지하고 예에 노닐어라(志於道 據於德 依於仁 游於藝)." 학문의 뜻은 도(道)에 두고 예(禮)를 지키며 인(仁)을 실천하는 힘든 삶을 하면서 여가 시간은 예술로서 심신을 풀고 즐겁게 시간을 보냈다. 예(藝)는 6예(六藝)로서 예(禮, 예절)·악(樂, 음악)·사(射, 활쏘기)·어(御, 말타기)·서(書, 글쓰기)·수(數, 셈하기) 6종류의 기술이다. 이를 통해 전인적 인격을 닦으며 그 자체를 즐겼다.

예술은 감정의 표현으로 마음을 흔들고 아름답게 한다. 예술은 문화의 꽃이다. 예술 중에서도 음악은 신과도 통한다. 유교, 기독교, 불교 세계 3대 종교가 한결같이 민심을 즐거움의 극에 이르게 한다. 우리나라 선비들에게는 사랑방이 곧 예술 활동 장소였다. 벗과 친지, 사제가 함께 만나 담소와 장난과 놀이와 학문도 사랑방에서 이루어졌다. 마을에도 사랑방이 있어야 사람이 모이고 사람이 모여야 함께 즐겁게 사는 마을이 된다.

취미로 즐긴다 : 여가 시간에 무엇인가 할 수 있는 일을 발견할 수 있는 사람은 행복하다. 세상에 한가한 만큼 즐거운 것은 없다. 중국의 소설가이자 문명비평가인 근대 석학 임어당(林語堂, 1895~1976)은 "인간의 교양은 한가함의 선물이다"라고 말했다. 시간이 한가해서 곧 즐거운 것은 아니다. 하고 싶고 즐길 수 있는 일이든 놀이든 무엇이나 생업과 관계없이 자유롭게 시간을 보내면 된다. 하나는 활동하는 것이요, 다른 하나는 쉬는 것이다. 취미에는 자신의 교양을 높이고 활동 자체가 즐겁다. 놀이의 취미 또한 삶을 재미있고 여유 있게 해 준다.

놀이는 인간 문화보다 오래된 것이다 : 놀이가 없는 삶은 맛이 없는 음식만 먹는 것과 같다. 재미있게 놀 수 있는 순간이 행복하다. 여가 시간을 아무 일에도 메이지 않고 지내면 즐거움과 다른 차원의 기쁨이 있다. 한가한 시간에 아무것에도 구애됨이 없이(무애 : 無碍), 걱정 없이(무우 : 無憂), 고요한 곳에서(한적 : 閑適), 여유 있게 한적함을 누린다. 유유자적(悠悠自適)

할 수 있으면 즐거움을 초월한 신선 같은 삶을 살 수 있는 것이다. 왕성하게 활동하는 청장년기에 목표를 세우면 노년기의 삶을 이렇게 누릴 수 있을 것이다.

여행 : 일찍이 중국의 식자들은 말하기를 "인생을 즐겁게 살려면 10년은 독서에, 또한 10년은 여행에서 찾아라"고 말했다. 인도에서는 늙어서 임주기(林住期, vanaprashta)라고 하여 산을 찾아 여행해가며 평안하게 살기를 바랬다. 임주기는 인생의 4주기(범행기, 가주기, 임주기, 유행기) 중의 하나로 아이들이 성장하여 스스로 책임질 수 있게 되고 가정의 안정이 보장되었을 때 은거하는 시기다. 이 시기에는 흔히 가정이나 숲속에 머무르면서 명상이나 영적 문제에 몰두한다. 여행은 미지의 세계를 발견하고 호기심을 채우는 기쁨이 있다. 새로 만나는 것마다 스승이 되어 교양을 높여 준다. 여행에서 접하는 풍물은 지식의 원천이다.

세계는 한 권의 책이다. 여행하지 않고는 책을 반 권밖에 읽지 않는 것이다. 여행은 정신의 젊음을 다시 찾는 일이다. 여행은 교양을 넓게 하며 인생을 새롭게 하니 얼마나 뜻있고 즐거운 일인가. 젊어서 여행은 인생을 바꾼다. 많은 외국을 여행하는 것은 유행처럼 되고 있으나 나라 안에서 국토순례의 여행 또한 의의가 있다. 우리의 전통문화를 배우며 즐기는 좋은 기회가 될 것이다. 이런 기회에 명가의 전통가옥, 서원을 찾아보면 좋을 것이다.

여가와 즐거움은 인생살이 모든 곳에 널려 있다. 동고동락, 즉 고락을 가족끼리 함께하면 그 가정은 행복하다. 즐거움으로 행복했던 가정도 고난을 당하는 수가 있다. 즐거움이 넘치면 교만에 빠지기 쉽다. 그리고 색(色)은 지나치게 즐기면 음탕해지고 패가망신한다. 즐기되 넘치지 말라(樂而不淫). 여가와 즐거움을 누릴 때에는 항상 교만해질까 걱정해야 한다.

(3) 교만(驕慢, arrogance)

행복을 오래 누리게 되면 즐기는 데에 빠져 닥쳐올 불행을 걱정하지 못하고 교만에 빠지기 쉽다. 교만하면 남을 무시하게 되어 원한을 사고 또 자기 일에도 게으르게 된다.

교만심 자체는 죄악이 아니지만 모든 죄악은 교만심에서 싹이 트는 것이다. 원죄란 에덴동산에서 죄 없이 지내던 하와(Eve)가 뱀이 유혹에 빠져 자기도 하느님과 같이 될 수 있다는 교만심이 생겨 하나님의 금지된 명령을 어긴 것이며 이것이 모든 죄의 시작, 원죄가 된 것이다.

인성은 원래 선한 것으로 인의예지의 사성(四性)을 타고났지만, 본성이 나빠지는 원인은 무엇보다도 교만심이 싹터서 생기는 것이다. 교만하면 남을 낮추어 보아 협동과 사랑의 인(仁)을 깨트리고, 사리사욕에 빠져 의(義)를 버리고, 남에게 겸손하지 못하니 예(禮)에 따르지 못하고, 자기 자신을 모르니 지혜롭지 못하다. 이처럼 교만은 사람의 착한 품성을 해치고 죄의 씨가 되는 것이다.

교만심은 덕을 잃게 한다

인생의 큰 병폐는 단지 오(傲, 거만하다) 한 자로 다 말할 수 있다(人生大病 只足一傲字). 오만한 마음을 기르지 말고 욕심을 좇지 말라(傲不可長 欲不可從). 교만하여 망하지 않는 자는 있을 수 없다.

21세기의 경쟁 사회에서 부지기 많지민, 가난에 고통받는 사람도 많다. 빈부의 차는 사회 갈등으로 이루어진다. 이와 같은 현상을 해소하는 데에 앞장서야 할 사람은 부자가 아닌가?

키가 큰 말이 잘 났다고 뽐내는 것을 나타낸 글자가 교(驕)이다. 마(馬, 말) + 교(喬, 키가 크다)이다. "부자는 교만하기 쉬우나 삼가기도 쉽다. 가난한 사람이 원망하지 않기는 어렵다. 옛날에 남긴 이 말은 현대 사회에 절실한 느낌을 주는 교훈이라 생각된다. 교만심은 남에게 주는 해가 커지면 자기에게 더 큰 해가 된다.

교만은 자기를 해치는 병

교만하면 손해 보고 겸손하면 이익이 따른다. 척추가 뻣뻣한 사람은 영광의 자리에 앉지 못한다. 명예를 가까이 하면 자기를 잃는다. 교만심은 남과 비교하여 자기가 우월하다는 생각을 낳고, 우월감은 남을 무시하여 원망과 적대감을 일으켜 결국 고립된다. 남에게는 상처를 주고 자기에게도 원망이 돌아온다.

오나라의 태조 손권(孫權, 182~252)의 청혼을 무시한 관운장(關羽, ?~219)은 손권의 원한을 사서 복수를 당하여 결국 패망했다. 남보다 잘난 체하면 경쟁에서 실패하기 쉽다. 사람이 걸리기 쉬운 것은 잘난 체하여 남을 가르치려는 병폐이다(傲不可長 欲不可從).

또한 교만심은 방심하여 노력을 게을리하게 한다. 따라서 나태와 낭비, 사치 등 나쁜 폐단이 자기를 해친다. 개인이나 국가의 흥망이 교만하느냐, 신중하느냐에 달려 있다. 교만하면 하늘 높은 줄 모른다. 앞서 언급했듯이 순천자존 역천자망(順天者存 逆天者亡)이다. 높은 자리에 오르면 항룡유회(亢龍有悔)라 후회할 일이 올 것이니 삼가야 한다.

인생은 역(易)이다. 항시 변하고 바뀐다. 윗자리에서 교만하지 말고 아랫

자리에서 배반하지 말라. 좋을 때 자만하지 말고 겸손하고 조심하면 후회가 없다. 겸양하는 마음으로 남을 존중하고 예를 지키면 모든 일이 잘 풀린다. 예는 교만을 견제하는 장치이다. 극기복례(克己復禮)는 교만심을 이겨 자기의 욕심을 억제하고 남을 배려하는 예로서 서로 다른 사람끼리도 함께 돕고 사랑하며 사는 인(仁)으로 돌아올 수 있다.

지도자는 교만하면 실패한다. 교만하면 다른 사람의 도움을 얻지 못하기 때문이다. 교만을 억제하고 자기의 욕심을 삼가기를 수양으로 가르치는 것이 유학이다. 유학은 수신 연후에 치국하라는 지도자학이다. 수신이 안 된 지도자는 오만한 자이다. 자기보다 나은 사람을 지도하겠다는 욕심을 부리는 것이다. 욕심을 부리기보다 버리면 교만심은 사라진다. 충고에 귀를 기울이고 너 자신을 알도록 노력하라. 교만하면 미움받고 겸손하면 사랑받는다. 교만은 불행의 근원으로 욕심을 유발한다. 교만은 죄의 앞잡이이고 욕심은 죄의 주범이다. 교만심을 버리면 죄도 함께 버리게 된다.

2) 노(怒, anger)

억울한 일을 당하여 노여움을 참으면 자신을 지킬 수 있지만, 노여운 감정을 참지 못하고 그대로 폭발해버리면 죄를 짓게 된다. 분노는 죄를 함께 하여 노한 뒤에는 후회만 남게 된다. 화난 사람에게 참으라고 타일러야 하며, 노한 감정이 폭발하여 남을 사상케 하는 죄를 안 짓게 해야 한다. 노하면 이성을 잃고 격한 감정이 마음을 지배하게 된다.

마음은 이성이 주인 역할을 해야 하는데 감정이 주인 역할을 하게 되는 것이 노(怒)이다. 노(怒)라는 글자는 노(奴, 종) + 심(心, 마음)으로 마음이 종과 같이 감정에 지배받는 것을 뜻한다. 마음이 노한 감정에 빠지면 이성으로 다스리기 어렵다. 오직 수양으로 미리 마음 다스림을 익혀야 한다. 유학은 심학(心學)이요, 마음 다스림이 수양의 핵심이다.

노나라 애공(哀公, ?~BC467)[30]이 공자에게 제자 중에서 누가 학문을 가장 좋아하느냐고 물었다. 이에 공자는 "안회가 있었는데 그는 화를 옮기지 않고 잘못을 두 번 되풀이하지 않는(不遷怒 不貳過) 사람이었습니다"라고 대답했다. 불천노(不遷怒)란 노함을 당해도 그 노여운 감정을 남에게 부리지 않는다는 의미이다. 분을 참는다는 의미이다. 안회는 불이과(不貳過)도 참는 수양으로 가능한 것임을 깨달았다. 중국의 불교 경전인 『잡보장경(雜寶藏經)』[31]의 「마음을 다스리는 시(修心賦)」에 "죄는 참지 못하는 데에서 생긴다(无忍生罪)" 라는 가르침이 있다.

노여움이 얼마나 잘못인지 다음의 경구(警句)에서 음미해 보자.

- 다른 모든 무기는 인간이 사용하지만, 노여움은 인간을 무기로 사용한다(Michel Montaigne, 1533~1592).[32]
- 노여움과 어리석음은 나란히 걷는다. 그리고 그 후회가 양자의 발목을 잡는다 (Benjamin Franklin, 1706~1790).
- 노하면 곧 바른 것을 얻지 못한다(有所忿則 不得其正).
- 분노는 타인에게 해(害)가 되지만, 당사자에게는 더욱 해(害가) 된다(Thomas Carlyle, 1795-1881).[33]

---

30) 애공은 노나라의 곡부 태생의 공자 때의 임금이며, 공자의 제자가 남긴 논어에는 대화 장면이 종종 등장하고 있다
31) 총 10권으로 구성된 인연과 비유로 이야기를 엮은 불교 경전.
32) 르네상스기의 프랑스 철학자. 그는 인생에 대한 고찰을 추상화한 저서 수상록(Essais, 1580)을 남겼다.
33) 영국의 역사학자이자 평론가.

- 분노는 일시적인 광기이다. 분노를 억누르지 못하면 분노가 당신을 억누를 것이다 (Quintus Horatius Flaccos, BC65-BC8).34)
- 잠시의 분노를 참으면 다가올 백날의 걱정을 면한다(忍一時之忿 免百日之憂).

노여움에 대처하는 지혜

분노는 감정이 일시적으로 폭발하고 곧 꺼져 버린다. 순간적으로 폭발하는 감정을 이성으로 억누르기는 어렵다. 분노의 감정이 밖으로 표출되는 것을 참고, 마음속으로 폭발하게 하는 것도 참는 힘이 있으면 가능한 것이다. 예를 들면 피해자가 화가 나서 가해자에게 욕을 퍼부을 때 때리고 싸우지는 않는다. 그러다 화가 곧 사그라지게 된다. 욕을 듣게 되면 가해는 피할 수 있으니, 상대를 피할 수 있다. 참는 것은 분한 감정을 밖으로 폭발하지 않고 감정의 폭발을 지연시키는 것이다.

- 회오리 바람은 아침을 넘기지 못하고 하루 종일 부는 일은 없다.
- 지연(遲延)이 제일 좋은 약이다.
- 화를 마음속으로 내고 몸 밖으로 내지 않는 것이 인(忍)이다.
- 무시는 상처를 없애고 복수는 상처를 크게 한다.

작은 일에 노하면 소인이요, 노함을 자주 하면 사람들이 멀리하게 된다. 무심코 하는 일이 자타에 화(禍)를 일으킬 수 있다. 노(怒)함을 주면 노(奴, 종 노)함이 돌아오고, 기쁨을 주면 기쁨이 돌아오는 것이 인간관계의 기본이다. 노할 일에 노하지 않으면, 인격의 폭이 넓어 많은 사람과 친할 수 있는 대인의 인품을 갖출 수 있다.

---

34) 호라티우스는 라틴어 시 구절 '카르페 디엠(carpe diem : seize the day)'이라는 경구로 유명하며 로마 시대 가장 명성이 높은 시인 중의 한명이다.

하루아침의 분노는 자기 자신을 망하게 한다(一朝之忿 忘其身). 중국 한나라 건국의 명장 한신(韓信, ?~BC196)은 젊었을 때 불량배들이 주는 모욕을 참고 살인의 범죄를 짓지 않았기 때문에 자기의 장례를 대성공으로 이끌었다.

분노(憤怒)의 긍정

노함이 부정적인 것만은 아니다. 자동차는 엔진에서 가스가 폭발하여 움직이듯이 분노의 힘은 사람이 놀랄 힘을 일으켜 행동하게 만든다. 외적의 침략에 분노한 충신열사는 목숨을 걸고 나라를 지킨다. 이를 의분(義憤), 공분(公憤)이라 말한다.

혈기에 찬 분노는 있어서는 안 되지만, 의리에 찬 분노는 없어서는 안 된다. 노여워할 때 노하지 않으면 간신이 된다. 분노는 역경에서 벗어나는 용기를 폭발케 한다. 운동선수는 패배에서 분노로서 분발하여 끝내는 제1인자가 된다. 실패에서 재기하여 1을 10으로 만드는 데에 가장 큰 힘이 된다. 그러나 상대를 적으로 삼아 다투어서는 공멸을 자초한다. 이런 노여움을 피하라.

- 노여움은 붉은 신호다. 즉시 언행을 중지하라.
- 상대의 붉은 얼굴을 보거든 먼저 피하라.
- 한 사람이 소리를 지르면 한 사람은 잠잠히 있어야 한다.
- 노여워하지 않는 것이 훨씬 더 아름다운 덕이다.

노여움을 참는 것은 화를 면할 수 있지만, 풀지 않고 쌓아두면 미움이 쌓여 끝내 증오심을 품게 된다.

3) 애(哀, sorrow)

사람이 아무리 미래를 두려워하고 걱정하여 대비한다 해도 길한 일만 있고 흉한 일을 막을 수 없는 것이다. 흉한 일을 당하여 슬퍼하는 비애, 애통의 감정은 사람의 마음을 아프게 한다.

슬플 애(哀) 자가 들어가는 감정도 여러 가지로 표현되고 있다. 슬픔으로 마음이 아픈 애고(哀苦), 죽음을 슬퍼하는 애도(哀悼), 쓸쓸함을 슬퍼하는 애수(哀愁), 슬픈 마음으로 아파하는 애통(哀痛) 등이 있다. 사람의 흉한 감정 중에 노(怒), 오(惡), 욕(欲) 등은 남을 해치지만, 애(哀)는 자기 자신의 마음을 내면적으로 해치게 하나 남에게 피해는 주지 않는 경향이 있다. 흉한 일을 당하여 비애에 젖고 애통해함이 오히려 감정을 식혀주는 치료제가 되기도 한다. 슬픈 일을 당하여 울고 싶을 때 우는 것은 하나(一)의 감정을 중화시켜 십(十)의 감정을 맞이할 수 있다.

인생은 희노애락을 함께 하며 산다. 슬픔이 있기에 뒤에 즐거운 일이 온다. 슬픈 일에 너무 고통으로 대하지 말고 즐거움이 올 것을 기대하면서 아픈 감정을 위로하고 살면 슬픔도 무익한 것만이 아니다.

사람은 크게 생로병사, 일의 실패, 이별의 3가지 필연적으로 겪어야 할 슬픔이 있다. 이러한 슬픔이 다가올 때 인내는 인생을 결정하는 기본적인 덕목이다. 인내에 대해서 알아보자.

(1) 인내(忍耐, patience)

사람이 당하는 고통과 슬픔은 질병 등 자기 내부에서 생기는 것과 남으로부터 당하는 외적인 것이 있다. 말하자면 내우외환(內憂外患)과 같은 것이다. 병은 인내심을 갖고 치료하며 남으로 당한 분한 일로 참으면, 죄를 피할 수 있다. 인내심이 있어야 자기 몸을 보존할 수 있다.

몸을 버린 죄인은 순간적인 괴로움이나 분노를 참아내지 못하고 자신을 망친 것이다. 인내심은 방패나 성곽과 같이 자기를 해치는 것을 막아내고 기회가 올 때까지 참고 견디는 힘과 용기와 지혜를 가져다준다.

인생은 누구나 불행한 일을 겪는다. 일(一)을 십(十)으로 바꾸는 데에 일(一)을 인내로 극복해야 한다. 고난과 좌절의 문턱에서 벗어나는데 요긴한 약은 오직 인내심이다. 인내는 희망을 품을 수 있으며, 운명을 좌우한다. 매화는 겨울의 추운 고통을 겪은 후에 맑은 향기를 발하며 그 빼어난 용모를 들어낸다(梅經寒苦 發淸香 梅花呈秀色).

[그림 4-10] 매화정수색(梅花呈秀色)
*출처 : 최종팔 작가

백 한 번째 정이 돌을 깨뜨린다. 백번을 쪼아도 돌이 깨지지 않으면 포기하기 쉽다. 그러면 차라리 시작하지 않는 것만 못하다. 자포자기하지 않고 끝내 성공하는 사람은 오직 인내력의 소유자이다. 미국의 발명가 토머스 에디슨(Thomas Edison, 1847~1931)은 필라멘트가 타지 않는 소재를 구하는 데에 1,000번 이상 실험의 실패에도 굴하지 않고 대나무를 그을려 만든 강력한 탄소섬유로 오래가는 필라멘트를 끝내 개발하였다. 그의 명언인 "천재는 1%의 영감과 99%의 땀이다(Genius is one percent inspiration and ninety-nine percent perspiration), 실패는 성공의 어머니이다(Failure is the mother of success)"라는 말이 입증되었다. 천재는 가장 강한 인내자이다. 가장 잘 참는 사람이 가장 잘 성취한다.

흔히 말하는 기적이란 무엇인가? 기적은 다름이 아니라 어려움, 불가능이란 상식적인 인식을 벗어나 고난을 인내로 극복한 결과, 맞게 되는 기회이다. 인내하면 그 이상의 힘을 얻어 생각 이상의 기적도 이루어진다.

인내로 고난을 극복

어려움에 대처하는 힘은 오직 인내력에 달려 있다. 인내는 온갖 고통에서의 최상의 치료이다. 인내심은 상비약과 같다. 인내심이 없으면 마음의 병은 고치지 못한다. 힘과 나이가 허락하는 한 견디어 내어야 한다. 순경(順境)에서의 미덕은 절제이고 역경(逆境)에서의 미덕은 인내이다(Francis Bacon, 1561~1626).

최선의 인내는 극기에 있다. 극기란 유혹에 끌리는 나쁜 마음을 막아내는 용기이다. 용기가 있는 한 좌절에도 굴하지 않고, 희망을 품고 기회를 기다릴 수 있다. 극기심은 고통을 겪은 후에 생긴다. 교육과 훈련으로 닥쳐올 고난에 미리 대비해야 한다.

극기를 교육함은 다른 최선의 교육보다 중요하다. 중국 송나라 유학자인 주자(朱子, 1130~1200)는 자기도야(自己陶冶)에 지극히 중요함을 다음과 같이 가르쳤다. "하늘의 큰 소임을 맡기려는 자에게 온갖 시련을 그에게 다 내려 몸의 고통과 정신적 강인성을 시험하고 단련케 하여 인내로서 강자가 되게 만든다." 높은 산을 오르거나 큰일을 이루려는 데에는 고난과 험난이 따른다. 이에 좌절하지 않고 견디어야 이루어 낼 수 있다.

다음은 유대인의 성경 주석서 미드라쉬(Midrash)에 나오는 '다윗왕의 반지'라는 이야기다. 전쟁에서 승리한 다윗은 보석세공인을 불러 "내가 승리의 기쁨을 억제하지 못할 때 또는 내가 슬픔이나 절망에 빠져 있을 때 내 마음을 조절할 수 있는 반지를 만들되, 그 글귀를 보고 용기를 낼 수 있는 글귀를 새겨 넣으라고 명령했다. 보석세공인은 여러 날을 고민하다가 솔로몬 왕자에게 찾아가 간곡히 부탁했다. 이에 솔로몬 왕자는 이렇게 적어라고 했다. "이 또한 지나가리라!(This, too, shall pass away)." 이는 인생의 힘든 시기에 인내심을 키워 극복하라는 성경의 교훈이다.

13세기 초 유목민족으로 태어나 인류 역사상 최대 규모의 몽골 제국을 건설한 칭기즈칸(Chingiz Khan, 1162~1227)은 일찍이 아버지를 여의고 부족에게 추방당했지만, 오랜 세월 인내하여 혼란스러운 몽골 부족을 통일하고 세계 대제국을 건설하였다. 그는 다음과 같이 말하였다.

> "집안이 나쁘다고 탓하지 말라. 나는 아홉 살 때 아버지를 잃고 마을에서 쫓겨났다. 가난하다고 불평하지 말라. 나는 들쥐를 잡아 먹으며 연명했고 목숨을 건 전쟁이 내 직업이고 내 일이었다. 작은 나라에서 태어났다고 부끄러워하지 말라. 그림자 이외는 친구도 없고 10만 명의 병사, 백성은 어린애, 노인까지 합쳐도 2백만이 채 되지 않았다. 배운 것이 없다고, 힘이 없다고 탓하지 말라. 나는 내 이름도 쓸 줄 몰랐으나 남의 말에 귀 기울이면서

현명해지는 법을 배웠다. 너무 막막하다고 하여 포기하겠다고 말하지 말라. 나는 목에 칼을 쓰고 탈출했고, 뺨에 화살을 맞고 죽었다 살아나기도 했다. 적은 밖에 있는 것이 아니라 내 안에 있었다. 나는 내게 거추장스러운 것은 깡그리 쓸어버렸다. 마침내 나를 극복하는 그 순간 나는 징기스칸이 되었다."

[그림 4-11] 징기스칸 기마 동상(몽골)

인내는 미덕(美德)

인내심은 희망을 지킨다. 절망하지 말라. 실패는 잃는 것만이 아니고 배우는 기회가 된다. 실패에도 견디는 힘이 쌓이면 강자가 된다. 강자만이 앞으로 나갈 수 있다. 포기하지 않아야 된다. 15세기 말 인도항로를 개척하여 대항해 시대를 개막한 포르투갈의 항해자 바스코 다 가마(Vasco da Gama, 1469~1524)는 천신만고의 항해를 계속하여 마침내 인도로 나가는 희망봉(喜望峰, Cape of Good Hope)을 발견하였다.

많은 일을 하기 쉽지만 한 가지 일을 계속하기는 어렵다. 살다 보면 자기가 가는 길보다 더 좋게 보이는 일에 유혹되어 하던 일을 포기하기 쉽다. 하지만 인내심이 유혹을 극복하고 끝까지 가던 일을 이루게 한다. 인내심은 성공으로 가는 원동력이다. 인내심은 고난을 극복하고 새로운 길을 개척하며 남으로부터 모욕을 당해도 견디어 위험한 일을 저지르지 않으니 욕되지 않는다. 부처님은 "참지 못할 것을 참는 것은 만복의 근원이다"라고 말씀하였다.

불행은 인내하는 자를 피해간다. 인내는 분쟁을 예방하는 주사약이다. 인내는 고난을 이겨낸다. 그리고 인내로써 화목을 지킨다. 중국 고사에 백인당(百忍堂)35)은 700여 명 가족을 인내의 미덕으로 서로 다툼을 참고 화목을 지킨 이야기이다. '참을 인(忍)' 자 셋이면 살인도 면한다는 속담이 있다. 참을 인(忍) 자 백번에 가정 화목을 얻을 수 있다. 참지 못할 정도의 억울함을 당해서 참는다면 자기 몸을 지킬 수 있다. 모든 범죄가 참지 못하는 데에서 저지르게 된다. 배고픔을 참지 못하여 절도하고 분한 일을 참지 못하여 살상하여 죄인이 되는 것이다.

4) 구(懼, fear)

인생무상(人生無常)

인생은 쉬지 않고 변한다. 곧 인생은 역(易)이다. 앞에서 설명한 바와 같이

---

35) 백번 참는 가운데 가정 화목이 있다(백인당중유태화 : 百忍堂中有泰和). 백인당(百忍堂)은 당나라 운주(州) 수장(壽張) 사람으로 장공예(張公藝)의 일화에서 유래한 말이다. 구당서(舊唐書) 효우열전(孝友列傳) 효우편(孝友篇)에 의하면, 무려 9대가 한 집에서 기거하며 화목을 잃지 않아 정려문(旌閭門: 충효열이 있는 집안에 나라에서 하사하는 문)을 하사받았다고 한다.

역(易)은 닥쳐올 변화를 점치고 대비하라는 가르침이다. 변화는 길흉 양쪽에 다 있다. 길한 상태에 흉한 일이 생길까 두려워하는 마음이 구(懼)이다. 공구심(恐懼心)이라고 말한다.

인생은 무한안식(無限安息)이다. 항상 편안하게만 살 수 없다. 평화가 언제 깨어질까 두려운 마음으로 대비함으로써 다가올 미래의 환란을 막을 수 있다.

- 화(禍)는 미미한 데에서 생긴다(禍自微生).
- 이루기는 하늘에 오르는 것과 같이 어렵지만, 떨어지기는 깃틀이 불에 타듯이 쉽다.
- 오래 동안 아끼면 저절로 헤퍼지기 쉽다(久約必濫).
- 흥이 다하면 슬픈 일이 온다(興盡悲來).

사람의 교만심은 하늘을 두려워 할 줄 모르고 순천(順天)의 도리를 거슬리면 가진 행복도 저절로 잃고 만다. 항상 겸손하고 신중하게 미래를 두려워하는 마음가짐이 있어야 환난에 빠지지 않게 된다. 환난이 닥칠까 우려하며 대비하는 의식이 필요하다.

우환의식(憂患意識)

우환의식이란 환난이 닥칠까 두려워하고 걱정하는 생각이다. 두려워함은 인지상정으로 7가지 정(情)의 하나이다. 사람은 우환의식이 있기에 유비무환의 대비를 한다. 닥쳐올 환난을 피할 수 없다. 오직 대비하는 것이 최선의 방책이다. 우환의식이 있으면 미래를 성찰할 수 있다.

길할 때 흉한 일을 미리 걱정해야 한다. 성찰은 시진에 해야 하며 문제가 보이기 전에 기미를 예견하고 그 근원을 막아야 한다. 잡초는 번지기 전에 뽑아야 하며 병은 번지기 전에 치료하여 미리 예방하는 것이 최선이다. 호미로 막을 것을 가래로도 못 막는다.

항상 좋은 상태에서 두려워하고 환난에 대비해야 한다. 바라는 전부가 손에 들어올 때 경계하라. 일을 성취하거나 덕이 높으면 비방을 받기 쉽고 큰 나무는 바람을 홀로 맞는다. 남보다 앞설 때 두려워하고 걱정하라. 이것이 자신을 다스리는 비결이다.

중국의 당 태종 이세민(李世民, 598~649)은 당나라 건설의 창업을 마치고 신하들에게 다음과 같이 경계했다. "평안할 때에 위험을 생각하라(居安思危)." 우리나라에서 북한이 남침한 6.25 사변은 대한민국이 건국하고 안정을 찾으려는 때를 맞아 도발한 것이며, 남쪽에서 전혀 생각도, 대비도 하지 않는 상태에서 참변을 당했다. 평안하기 시작할 때 불안도 함께 싹이 트기 시작하기 때문이다. 군자는 태평시기에 위태로움을 잊지 말아야 하며 치세에 난세를 잊지 말아야 한다(君子 安而不忘危 治而不忘亂). 즐기되 도리에 어긋나지 않아야 한다(樂而不淫).

앞서 언급했듯이 주역의 첫째 괘인 중천건괘(重天乾卦) 상효(上爻)에 나오는 다음의 명구는 주역의 가르침의 바탕인 두려워함을 한 마디로 잘 표현하고 있다. "하늘에 오른 용은 후회할 일이 있다(亢龍有悔)." 용은 사람을 빗댄 것이다. 사람은 각고의 노력 끝에 최고의 자리에 오르게 되고 그 공로를 생각하여 자리를 오래 지키려고 하게 된다. 물러나지 않고 있으면, 어떤 불행한 일이 생길지 모른다. 공을 이룬 뒤에는 그 자리에서 물러나야 후회가 없다.

기우(杞憂)

'기우'는 무지로 인해 걱정하는 것을 말하는 중국 고사에서 유래한 말이다. 춘추시대에 작은 나라인 기(杞)나라 사람으로 항상 하늘이 무너지고 땅이 무너질까 근심 걱정했다는 데서 나온 이야기이다. 쓸데없는 걱정과 두려워하는 마음을 뜻한다. 그러므로 이는 오히려 삶을 해친다.

- 사소한 일에 신경을 너무 써서 짧은 인생의 소중한 시간을 낭비해서는 안 된다.
- 내가 지금 걱정하고 있는 문제는 얼마나 가치가 있는가 되묻는다.
- 이치를 밝게 알면 두려움을 다스릴 수 있다.
- 공포에 당황하지 말고 성급하지 말라.
- 두려워 할 일은 공포감 그 자체이다(루즈벨트).
- 걱정은 스스로 만드는 경우가 많다. 그래서 시간과 힘을 낭비하게 된다(클루게).
- 걱정은 일체를 거부한다. 조심해도 일은 하여야 한다.
- 걱정이 병이다(러시아 속담).
- 야생동물의 생존은 언제나 적에 대비한다(클루게).

다음은 논어 위령공편에 나오는 명구로 안중근(1879~1910) 의사가 중국 하얼빈역에서 이토 히로부미(伊藤博文, 1841~1909)를 사살한 뒤, 여순형무소에서 그를 취조한 일본인 간수에게 써준 글 중의 하나이다. "사람이 미래를 생각하지 않으면 반드시 가까운 데에서 근심 걱정이 생긴다(人無遠慮 必有近憂)."

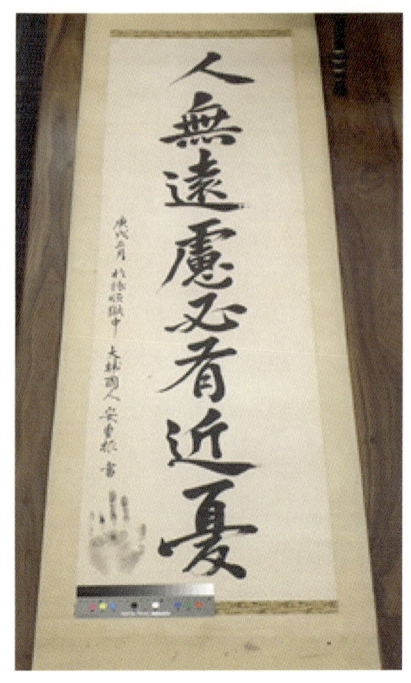

[그림 4-12] 안중근 의사 유묵
* 출처 : 문화재청(https://www.heritage.go.kr)

   인간은 병들어 고통을 겪고 늙어 감을 슬퍼하고 죽음을 두려워하며 일생을 산다. 하는 일이 잘될 때는 행복하지만, 실패하면 고통스럽다. 가족이나 가까운 친지와 헤어짐 또한 가슴을 아프게 한다. 이는 피할 수 없는 인생의 과정이다. 하늘의 명에 따라 하늘의 뜻을 받아들이는 낙천적이고 낙관적인 인생관을 갖고 살면 인생을 고해로 보는 비관적인 생각에서 벗어나 슬픔도 즐거움으로 만들 수 있다.

   고통은 잠시이고 즐거움은 영원하다. 고통이 지나면 즐거움이 오고 화(禍)가 복으로 바뀐다(苦盡甘來 轉禍爲福). 가난과 슬픔이 사람을 성공하게 만든다. 막히면 통한다. 고통과 환난이 가득히 다가올지라도 그를 친구처럼 가볍게 맞이해야 한다. 미국의 석유왕 록펠러(Rockefeller, 1839~1937)는

"나는 재난이 있을 때마다 좋은 기회로 삼았다"라고 사업가의 성공 비결을 말했다.

아래 명구는 기독교, 불교, 유교 3대 종교의 가르침이다.

- 슬퍼하는 자 복이 있나니 천국이 너의 것이다.
- 고해에서 해탈하여 극락에 이른다.
- 인생은 변역(變易)으로 화복(禍福)이 바뀐다.

5) 애(愛, love)

사람의 본성인 인의예지 중에 인(仁)이 핵심이며 인(仁)은 7가지 정(七情)의 애정(愛情)으로 나타난다. 애정은 생활의 최대 기초이다. 가족을 비롯한 사람을 사랑하는 것, 일을 사랑하는 것, 자연을 사랑하는 것, 하늘을 공경하고 사람을 사랑하는 것(敬天愛人) 등 모든 관계는 사랑의 관계이다. 그래서 애덕(愛德)이 가장 위대한 것이다. 사람의 가장 나쁜 감정인 미움과 증오까지도 사랑으로 용서하게 된다.

사랑의 찬미

사랑은 인(仁)의 행함이다. 측은하게 여기는 마음이 인(仁)을 행하는 시작이다. 곧 측은하게 여기는 마음에서 사랑하는 행위가 일어나는 것이다(惻隱之心 仁之端也).

사랑은 애타(愛他)요, 이타(利他)로서 3대 종교의 핵심이다. 불교의 자비, 기독교의 사랑, 유교의 인(仁), 모두 인류애요, 최고의 선이다.

호의적인 말 한마디가 엄청난 효과를 거둔다. 사랑이 담긴 말 한마디가 받아들이는 이에게 감동을 줄 때 엄청난 변화를 일으킨다. 실의에 빠진 젊은 이에게 격려의 말 한마디가 그에게 용기를 주어 새 삶을 찾게 한다. 우리 선조들은 젊은이에게 이와 같은 덕담으로 사랑을 주었다. 사랑은 희생이며 동시에 행복을 서로 공감하게 한다. 톨스토이(Leo Tolstoy, 1828~1910)는 다음과 같이 말했다. "사랑은 자기희생이다. 이것은 우연에 의하지 않는 유일한 행복이다. 사랑은 너무 위대하여 주는 사람을 기쁘게 한다."

길 가다가 걸인에게 동전 한 푼 주고 기쁨에 찬 소녀의 얼굴을 보라. 평생 애써 모은 재산을 사회에 내놓은 자선가의 마음을 생각해 보라. 사랑은 가진 것을 내놓게 하여 마음을 자유롭게 한다. 소유욕에서 해방되는 기쁨은 알게 모르게 내가 남의 도움을 받아 빚진 것을 갚는 자유로움이 아닐까.

사랑은 원한을 씻어내려 맺힌 마음의 악의에서 벗어나게 한다. 남에게 해를 끼친 일이 없는 사람은 없을 것이다. 사랑은 제설기처럼 막힌 것을 뚫어내는 일을 하는 것이다.

- 남을 행복하게 할 수 있는 자만이 자신 또한 행복을 얻는다.
- 인생을 재는 법은 그 길이에 있지 않고 그 사랑에 있다.
- 사랑이 깊은 사람은 마음도 깊다.
- 사랑은 곧 인(仁)의 실천이다.

인(仁)은 씨를 뜻하는 의미도 있다. 복숭아씨는 도인(挑人)이라고 말하는 듯, 식물의 본질인 씨를 인(仁)이라 말하듯, 인간 본성의 씨도 인(仁)이다. 인(仁)은 모든 선의 씨와 같다. 인애(仁愛)는 부모, 자식 사이에서 시작하여 형제, 친척, 이웃으로 번져 인류애로 확대되어 나간다.

- 사랑은 사랑을 낳고 미소는 미소를 낳는다.
- 애정을 받는 사람은 애정을 주는 사람이다.
- 불이 빛의 모체가 되는 것처럼 사랑은 항상 평화의 모체가 된다.

천지자연은 사랑의 원리에 의하여 상생(相生)한다. 하늘은 땅에 햇볕과 빗물을 내려 주고 땅은 그것을 받아 지상의 만물을 기른다. 사람도 그사이에 살고 있기에 자연의 혜택에 감사하여 하늘을 공경하고 사람을 사랑함이 당연한 도리이다. 가장 위대한 사랑이 경천애인(敬天愛人)이다.

상대가 바라는 것을 행해야 한다. 사랑은 이타(利他)로서 남에게 그 바라는 바를 하여야 한다. 애(愛)자는 남이 바라는 마음을 들어준다는 글자이다. 흔히 사랑을 베푼다는 생각을 한다. 그러면 고자세가 된다. 역지사지하는 마음은 "사랑을 한다"는 생각을 "상대의 마음을 들어준다"는 생각으로 바꿔야 한다.

사랑은 정성과 존경의 마음이 바탕이다. 유교에서 사랑은 경애(敬愛)이다. 공경하는 절차에 따라 예를 지켜야 상대에게 받아들여진다. 특히 부부간의 사랑은 공경을 잃지 않아야 오래 간다. 유교 사회에서 사랑은 사람에 따라 그에게 맞는 예를 따르기를 강조한다. 오륜(五倫)의 각 덕목이 다르듯이 사랑의 예는 구별이 있어야 한다.

사랑은 상대의 말을 들어주는 것이다. 상대의 이야기에 귀를 기울여라, 이것이 사랑의 첫째 의무이다. 최고 인격자를 유교에서 희구한다. 곧 인인(仁人)이요, 성인(聖人)이다. 인(仁)은 인간관계의 근본이며 성인의 성(聖)자는 이(耳, 듣다) + 정(呈, 드러나다)으로 귀로 들어서 그것을 행해 준다는 의미가 있다. 성인은 곧 경천애인의 사랑의 실천자이다.

 사랑은 받아들이는 것, 사양하지 말라. 가족 간의 사양하는 사소한 일이 많다. 주는 정을 거절하는 격이 되어서는 안 되기에 주는 정은 먼저 받아야 한다. 자물쇠는 자주 써야 녹이 슬지 않는 것처럼 애정은 끊임없이 가고 와야 한다.

 조선 인조 때 영의정을 지낸 홍서봉(洪瑞鳳, 1572~1645)의 어머니 고흥 유씨(高興柳氏)는 푸줏간에서 고기를 살 때 내어 놓은 쇠고기가 상할 것을 알고 남아 있는 고기를 모두 싸서 버렸다. 그냥 두면 다른 사람이 사 먹고 탈이 날 것이고 못 팔게 하면 푸줏간이 손해를 보기 때문에 모두를 위해 스스로 사 준 것이다. 인자한 어머니는 훌륭한 자식을 훈육하는 것이다.

[그림 4-13]홍서봉의 신도비 및 묘역(경기 양주시 남면)
출처 : 디지털양주문화대전(http://yangju.grandculture.net/yangju/toc/GC04300880#mediaview)

더불어 사는 사랑

인(仁)은 더불어 사는 사람끼리 서로 좋아하고 사랑하여 서로 돕는 최선의 덕목이다. 인(仁)은 가정에서 부모 자식 사이의 순수한 정으로 맺어지는 인간관계에서 시작되어 즐거움을 함께 한다.

애욕(愛欲)이 사랑을 갖고자 하는 이기심이라면, 애정(愛情)은 사랑을 주고자 하는 이타적인 마음이라 말할 수 있다. 사랑받기보다 사랑해주면 마음은 더 기쁘다. 또 받기보다 주기가 더 쉽다. 사랑이란 묘약은 줌으로써 받고 나눔으로써 커진다. 사랑은 되로 주고 말로 받는다.

6) 오(惡, hate)

사람의 감정은 좋은 감정과 나쁜 감정이 섞여 있으며 선한 감정으로 사랑이, 악한 감정은 미움이 가장 대표적이며 사랑과 미움은 대립한다. 나쁜 감정 중에 슬퍼하는 애(哀)와 같은 감정은 자기를 해치는 정도이지만 오(惡, 미움)는 남을 해치니 죄를 짓는 실마리가 되기에 가져서는 안 된다. 공자는 "불원천 불우인(不怨天 不尤人), 즉 하늘을 원망하지 아니하고 사람(남)을 탓하지 않는다"라는 가르침이 자신의 생활 태도임을 말했으며 "하늘에 죄를 지은 자는 빌 곳이 없다"라고 했다.

원망하는 마음, 탓하는 마음은 미워하는 마음을 일게 하는 실마리가 아닌가. 미워하는 마음에 가까운 것은 시기심, 질투심 등이며, 이러한 마음이 쌓이면 무서운 증오심(憎惡心)이 되어 상대를 적으로 생각하여 해치러 하게 된다.

증오심(憎惡心)은 악행(惡行)에 앞선다

오(惡)는 악함과 미워함 두 가지 나쁜 마음을 함께 포함하고 있다. 미워함은 곧 악한 나쁜 마음이라고 생각할 수 있다. 오(惡)는 심(心, 마음) + 아(亞, 흉함)로 구성되어 좋지 않는 해가 되는 마음이라 생각할 수 있다. 미워하는 마음은 남을 해칠 뿐 아니라 자기 마음도 상하게 하니, 흉(凶)한 것이 자기에게 돌아온다.

- 사람은 자기가 증오하는 자를 절대 이해하지 못한다(J R Reuel).
- 사랑과 증오는 항상 한도를 넘어선다(Talmud).
- 질투심은 사람을 장님으로 만든다(Oscar Wilde, 1854~1900).36)
- 감정은 절대적이다. 그 가운데에서도 질투심이 이 세상에서 가장 절대적인 것이다 (F.M Dostoevsky, 1821~1881).
- "무엇이 가장 고통스러운가?" 라고 묻는다면, 사람을 미워하는 마음이라고 대답하라 (양관화상).37)

증오심이 생기는 원인은 남모를 해를 입어 억울한 감정이 쌓이는 것과 남이 나보다 나은 것을 시기하는 마음이 미워하는 마음으로 진행되는 두 가지 원인이 있는 것 같다. 어떤 사람을 미워하기 시작하면 그 사람의 마음에 매여 노예처럼 되고 만다. 그러면 더 이상 나의 삶을 즐길 수 없게 된다.

애정과 증오는 동전의 양면처럼 짝이 되어 작용한다. 증오심은 아무런 관계가 없는 사이에서 생기지 않고 서로 사랑하던 사이에서 사랑이 무너진 자리에 증오심이 생긴다. 부부 사이, 애인 사이, 친구 사이는 사랑이 넘치는 사이가 아닌가? 아름다운 피부도 몸에서 떨어져 때가 되면 보기 싫다. 사람을

---

36) 영국 아일랜드 출신의 극작가이자 시인.
37) 일본의 스님.

보기 싫어하는 것은 사랑이 미움으로 변한 것이다.

　사람들이 짓는 죄악 중에 증오심이 원인이 되는 경우가 허다하다. 내가 남을 미워하면 남도 나를 미워하며 어떠한 보복이 올지 알 수 없고 불안해진다. 내가 미워함을 상대가 모르면, 악한 마음은 내 몸을 녹슬게 한다. 마치 녹이 쇠를 삭게 하는 것과 같다. 예를 들어보자면 어떤 신부(神父)가 절친했던 친구 사이에 원인 모르게 증오심이 생겨 그 친구를 생각만 해도 견딜 수 없게 마음이 괴로웠다. 그러나 친구는 그것을 모르고 항상 즐거운 모습이었다. 오랜 세월 끝에 신부는 깨달았다. "증오심은 나만 해치는구나. 괴로워 말자면 미워하는 마음을 버려야 하겠다." 그리하여 그 신부는 남을 미워하는 마음을 갖지 않는 노력으로 성인 신부가 되었다.

　증오심은 못난 사람이 더욱 자신을 못나게 할 뿐이다. 인간관계는 감정적으로 평등할 때 시기심이 생기지 않는다. 자기가 못하다고 생각될 때 분발하면 발전하지만, 용기가 모자라면 제자리를 벗어나지 못하고 상대를 시기하고 미워하게 된다.

　"증오는 약자의 노여움이다"라는 말이 있다. 약자를 얕보다 증오심을 일으켜 내가 미움을 사는 것도 부덕한 일이니, 역지사지(易地思之)하는 자세로 겸손한 처신을 하면 탈이 없다.

[그림 4-14] 캄보디아 앙코르 와트(Angkor Wat)

미워하지 말고 미움도 받지 말자

　남을 탓하지 않아야 미움도 사지 않는다. 원수를 사지 말고 원수에게 보복하지 말자. 자기가 행복할 때 다른 사람이 시기할 수 있으니 겸손하라. 사소한 일에도 대접을 신중히 하라.

　중국 고사에 옛날 중산국(中山國, BC414~BC296) 제후가 잔치를 베풀면서 사마기(司馬幾)에게 고기를 무심코 주지 않았는데 사마기는 차별한다고 오해하며 원한을 품고 초나라를 충동하여 중산국을 멸망시켰다.

- 증오는 그것을 뿌린 사람에게 되돌아온다.
- 증오는 자기의 불행을 자기 탓으로 생각지 않고 다른 사람에게 책임을 돌려 원망한다.
- 과거의 일로 현재의 자신을 괴롭힐 필요가 없다.

- 다른 사람의 행복을 기뻐해 주면 자기도 기쁘다.
- 원수를 맺지 말라, 사람이 살아가면서 언제 어디에서나 만나게 된다(讐怨莫結 人生何處不相逢).

복수는 자신을 똑같은 사람이 되게 한다. 미워함은 병이고 사랑함은 약이다. 사랑은 상대의 잘못에 마음 쓰지 않고 관용하는 데에서 시작된다. 미움이 없는 사람은 행복하다. 서로 사랑하라.

(1) 관용(寬容, tolerance)

"원수를 사랑하라"는 계명은 사람들이 누구나 원수를 미워하기 때문에 내린 글귀가 아닌가? 미움을 바로 사랑으로 바꾸기는 어려운 것이니, 먼저 미워하는 마음부터 관대한 마음으로 바꾸고 미워하는 사람의 잘못, 원한을 잊는 용서하는 것을 먼저 생각해야 한다.

공자는 "극기복례(克己復禮) 하면 인(仁)의 사랑에 가깝다"라고 말했다. 극기하는 마음 중 미워하는 마음을 이기면 상대를 용서하고 사랑으로 나가게 되는 것이다. 사람은 원죄를 누구나 갖고 있기에 서로 죄를 용서하며 더불어 살아야 하는 것이다.

관용(寬容)의 미덕

관대하게 수용함이 관용이니 대인의 덕으로서 도덕을 논함에도 소의(小義)에 얽매이지 않고 대의(大義)에 그릇됨이 없으며, 작은 잘못은 수용함으로써 누구나 대인을 존경하고 따른다. 대인(人人)은 사람을 차별하지 않고 받아들인다. 삶을 모두 사랑하기 때문이다. 애(愛, 사랑)는 수(受, 받아들임) + 심(心, 마음)으로 남의 생각을 받아들인다는 의미가 있다. 관용은 사랑의 시작이다.

다음은 공자가어(孔子家語) 입관편에 나오는 말이다.

- 내가 서고자 하면 남도 세우고, 내가 이루고자 하면 남도 이루게 한다(己所立而立人 己所達而達人).
- 물이 지나치게 맑으면 고기가 없듯이 사람도 지나치게 살피면 벗이 없다(水至淸則無魚 人至察則無徒).
- 작은 규범에 얽매이는 사람은 커다란 명예를 이룰 수 없다(規小節者 不能成榮名).

자기주장만 하지 말고 남의 의견에 따라야(舍己從人) 많은 사람과 가까이하여 큰일을 이룰 수 있다. 군자와 대인의 덕은 관용에 있다. 남의 작은 허물은 용서하지만, 큰 의리는 엄격하게 지키는 관이율(寬而栗)38)의 엄격한 기준을 지킨다. 공자에게 "원수를 덕으로 갚아야 하지 않습니까?"라고 묻자, 공자는 "아니다. 덕은 덕으로 갚아야 하고 잘못은 직(直)으로 갚아야 한다"라고 가르쳤다. 잘못을 바로잡는 데에는 정직하게 하는 것만이 바로 잡을 수 있는 것이다.

큰 바다는 낮은 곳에 있으며 너비가 넓어서 모든 강물을 받아들인다. 지도자가 될 인물은 사람을 폭넓게 겸손하게 맞는 자세를 취할 때 사람이 따른다. 교만심은 좁은 생각으로 남을 수용하지 못하고 고립되게 만든다. 『명심보감』에 "대장부는 남을 용서할지언정 용서받아서는 안 된다"라는 교훈을 가르치고 있다.

---

38) 겉은 너그러우나 속은 밤과 같이 야무진 데가 있음을 이르는 말. 너그러우면서도 위엄이 있는 것.

7) 욕(欲, greed)

과유불급(過猶不及)[39]의 마음으로 욕심은 삼가는 것이 길(吉)한 것이다. 사람이 사는 데에 필요한 것을 구하려는 욕구는 본능이다. 본능 중에서 소유욕이 가장 강하며 재물을 구하고 권력을 쥐고 명예를 누리어 잘 살려고 욕심을 부린다. 욕심이 지나치면 이기심이 더 생겨 남에게 해를 주어 죄를 짓게 되므로 욕구는 흔히 욕심, 탐욕 등으로 부정적 의미가 강하다.

그러나 모든 생명체는 적자생존, 약육강식의 환경에서 살려는 욕구는 본능적인 것이다. 이러한 자연의 원리를 따르면서 사람은 공존해야 살 수 있기에 윤리를 세워 남을 해치지 못하게 지나친 욕심을 버리라고 가르친다. 따라서 사람의 욕구에는 긍정적인 생존의 욕구와 부정적인 이기적이고 투쟁적인 욕구가 양면으로 작용한다. 즉 욕구에는 선악이 함께 작동하고 있다.

반면에 욕구의 긍정적인 작용으로 욕구는 성취동기가 되어 일을 하게 하며, 의욕이 강할수록 크게 성공한다. 구하면 얻고 버리면 잃는다. 이처럼 욕망은 성취동기로서 일의 출발점에 꼭 필요한 것이다. 인생의 시작인 청소년기에 큰 뜻을 가져야 대성할 수 있다. 욕망은 어떤 사람의 눈을 뜨게 하고, 때로는 어떤 사람을 장님으로 만든다. 그러므로 욕구는 선도 있고 악도 있다.

욕망(欲望)의 악(惡)

이탈리아 제노마 출신으로 스페인에서 활농한 탐험가이자 모험가로 신대륙 아메리카를 최초로 발견한 콜럼버스(Christopher Columbus, 1451~1506)의 위대한 업적도 2차, 3차의 항해에서는 물욕에 빠져 원주민인 인디

---

[39] 논어의 선진편에 나오는 말로 '지나침은 미치지 못함과 같나'는 뜻.

언을 살육하는 못된 짓을 저질러 결국 그는 말년에 처참하게 몰락하여 쓸쓸하게 세상을 하직하였다.

[그림 4-15] 콜럼버스의 신대륙 발견

욕망은 사람을 주관에 빠지게 한다. "남의 밥에 콩이 커 보인다"라는 속담과 같이 생각이 어두워져 객관적으로 밝은 판단을 못 한다. 형제가 부모로부터 받은 유산이 자기 것이 적다고 생각하여 소송을 벌였다. 재판관이 "서로 바꾸어 가져라"라고 판정을 내리자, 아무도 바꾸려고 하지 않았다. 만족할 줄 모르면 욕망의 노예가 된다. 부족감에 빠져 행복할 줄 모르고 가진 것을 쓸 수 없으니 가진 것도 소용이 없다. 욕심은 만족을 모르니 고통스럽다. 대체로 수전노는 불행하다. 그리고 욕심에 빠지면 떳떳함을 잃는다.

무릇 공직자의 부정은 뇌물에 욕심이 생겨 청렴의 덕을 잃게 된다. 과욕을 경계해야 한다. 소유에 집착하는 것이 인간의 가장 큰 질병이요, 약점이다.

대부분의 사람들은 커다란 야망에 사로잡히지 않으며 성공할 수 있다. 마음을 수양함은 욕심을 적게 하는 것보다 더 좋은 것이 없다(養心 莫善於寡欲). 9대에 걸쳐 만석꾼인 경주 최씨 집안은 만석 이상의 재산은 어려운 사람에게 나누어 주었다. 벼슬도 진사의 명예만으로 만족했다. 부자의 행복은 갖는 데에 있는 것이 아니라 재산을 버리는 데에 있다.

욕구(欲求)와 만족 그리고 행복

만족함을 알면 가히 즐겁고 탐욕을 힘쓰면 근심이 된다(知足可樂 務貪則憂). 만족할 줄 알아 항상 만족하면 평생 욕되지 않고 그칠 줄 알아 늘 그치면 죽을 때까지 부끄럼이 없다(知足常足 終身不辱 知止常止 終身無恥). 인생에 있어서 욕구는 바램이요, 희망은 활동의 원동력이며, 락(樂, 즐거움)은 목표이며 도달점이다. 적당한 욕구에 적당한 즐거움이 따르면 행복하다. 즐거움이란 마음의 평안함이다. 마음이 평안해지려면 만족할 줄 알고 마음이 자유롭고 쉴 수 있어야 한다.

노자의 무위자연(無爲自然), 석가의 해탈(解脫, vimoka), 공자의 인격(人格)에서 인욕(人欲)을 다스리는 지혜를 배워야 한다. 사람의 마음은 욕망의 유혹에서 과유불급의 의미를 깨닫고 항상 최선의 중용으로 균형 잡아야 한다. 욕(欲)과 깊은 관련이 있는 이(利)·부(富)·경쟁·허영심에 대해 알아보자

(1) 이(利, profit)

사람은 손해를 피하고 이익을 넘으려는 복심으로 활동한다. 이(利)의

추구는 자신에게 득이 되지만, 남에게는 손해를 끼치기도 한다. 사람은 이(利)를 추구하는 활동과 관계되지 않는 것이 없기에 선악을 판단해서 행동해야 한다. 이익됨을 보면 가져도 좋은지 의(義)를 먼저 생각하라(見利思義). 이로움을 추구함은 당연하지만, 남의 이익을 해치면 부정이요, 죄악이다. 이(利)를 추구하는 인간의 활동은 선과 악의 양면이 있기 때문이다.

욕구는 이익을 추구하여 얻는 것이다. 곧 이득과 관계된다. 인간관계의 대부분이 이해(利害) 관계가 있다. 인간관계에서 미치는 이해(利害) 관계에서 사리(私利)의 병폐를 막고 공리(公利)를 생각하여 공생의 노력을 해야 한다.
이익을 추구하는 행위는 원망을 산다. 자기에게 이익이 되면 남에게는 반드시 손해를 입힌다. 혼자 취하고 남에게 주지 않는 자는 야비한 사람이다. 영리를 좋아하는 사람은 원망을 많이 사고 주기를 좋아하는 사람은 많이 얻는다. 이익에 메이면 지혜가 흐려진다. 이기심이 재산을 만들어 내는 것은 적다. 부당한 이익을 얻지 마라, 그것은 손해와 같다. 작은 이익을 버리지 못하면 큰 이익을 얻지 못한다.

이(利)의 구성은 화(禾, 벼) + 도(刀, 칼)로 칼로 벼를 베는 것처럼 날카롭다는 뜻과 함께 손을 베일 위험이 있다는 의미가 있다. 이익을 추구할 때 자기에게 손해가 오지 않을까 조심해야 한다. 이해(利害) 관계로 다투면 어느 쪽인가 손해가 따르기 마련이다. 어쨌든 이익 때문에 인간관계에서 도리를 벗어나서는 안 된다.

이(利)와 의(義)

이익됨을 보고 양보함이 의이다(見利而讓義也). 의를 바르게 지키고 이익을 도모하지 말라. 우리가 많이 가지기에는 아직도 가난에 시달리는 사람이 많다. 적게 먹고, 적게 쓰고, 많이 일하고 남는 것은 사회에 돌린다. 재물을 억지로 구차하게 가지려 하지 말라(臨財毋苟得).40) 이(利)를 얻으면 의(義)를 생각하는 것이 사람의 도리이다.

우리나라의 선비는 지나치게 이익 추구를 삼가는 것 같다. 서민들도 장사, 거래에서 이익보다 정으로 거래했다. 공리(公利)와 협동으로 대동사회(大同社會)를 이루었다. 이기(利己)를 멀리하는 인심은 살만한 사회를 만든다. 이와 같은 바탕 위에 우리나라 발전의 동기가 되는 자유경쟁의 자본주의가 노사 간 일도 함께하고 이익도 함께하는 대동사회를 이루는 마음의 바탕이 될 수 있을 것이다.

지혜로운 경제 활동

우리 조상들은 농촌 공동체 안에서 서로 도와가며 공동 노동 등으로 서로 도움을 주었다. 계, 두레, 품앗이 등으로 이득과 정이 조화된 사회의 아름다운 풍속에서 서로 즐겁게 살았다. 건국에서부터 홍익인간의 이념이 싹터 지금까지 이어져왔다.
이익에만 치우치기 쉬운 자본주의에 서로 돕는 홍익의 이념을 심어 경쟁으로 발전하면서 나눔으로 화합하는 공동이익의 사회가 되어야 한다.

사람은 경제적 동물이라고 말한다. 재리(財利, 재물과 이익)를 추구하여 일하고 재산을 모아 여유 있고 편리하게 산다. 이익이 있는 곳에 사람이 모이고 일한다. 비단길의 개척, 신대륙의 발견, 산업혁명 등 그때마다 새로운 역사가 창조되었다. 학문, 상거래 등이 모든 이익과 관계되는 활동이다.

---

40) 예기(禮記)에서 나오는 말. 재물을 앞에 두고 구차히 얻으려 하지 말고, 어려움을 당했을 때 구차히 피하려 하지 말며, 사소한 싸움에 이기려 하지 말고, 나눔에 많이 가지려고 하지 말아야 한다(臨財毋苟得, 臨難毋苟免, 狠毋求勝, 分毋求多).

그렇지만 부정적인 면으로 서로 이익을 더 가지려는 이기심은 과욕을 부려 남을 해치기도 한다. 지나치면 인성까지 해친다.

중국 위진남북조 시대 송나라의 정치가이자 문장가인 범엽(范曄, 398~445)은 "세상 사람은 모두가 얻는 것을 얻는 것이라고 생각하고, 주는 것이 얻는 것이라는 사실을 알지 못한다"라는 교훈을 남겼다. 무엇이든 힘이 있는 것은 이로움을 준다. 권력, 학력, 활력, 재력 등 모두 갖고 싶은 소유욕이다.

이 중에 가장 힘을 발휘하는 것은 재력 또는 금력이라는 부(富)가 아닌가? 만인이 바라는 오복(五福)[41]중에 부(富)가 필수적이다. 부를 탐구해 보자.

(2) 부(富, riches)

부(富)는 옛날부터 오복의 하나로 사람이 행복하게 사는 데에 기본 재산으로 생각했다. 사람의 욕구 중에 부에 대한 욕심이 가장 강하다. 그러나 재물을 모으는 것 보다 쓰는 데 그 가치를 두어야 하며, 쓰임에는 선용과 악용의 양면이 있기에 특별히 유념해야 한다.

부(富)의 쓰임

현대 사회에서는 인간의 모든 활동에서 돈이 있어야 움직이게 되어 있다. 돈이 있으면 안 되는 것이 거의 없다. 황금만능의 가치관이 사람의 사고를 지배하고 있다. 자본주의 경제에서는 돈이 돈을 벌고 사람을 쓰게 되니, 돈의 위력은 절대적이다. 돈은 사람이 사는 데에 도구로 쓰이기도 하지만,

---

[41] 서경 풍속 편에 등에서 나오는 장수(長壽), 부(富), 귀(貴), 강녕(康寧), 자손중다(子孫衆多).

돈이 사람을 쓰기도 하니 사람은 돈에 유혹되기도 한다.

　부(富)는 선용(善用)해야 한다. 부는 필수적 생활 수단이기에 부는 제1의 동반자라는 말을 한다. 사람의 기본 생존수단이 먹는 것인데 먹이는 돈이 있어야 구할 수 있다. 더욱이 문화생활을 하려면 돈 없이는 불가능하다. 돈이 사람을 사람답게 살 수 있게 한다.
　루마니아 속담에 "사람이 돈이 없으면 날개가 없는 새와 같다. 돈이 떨어지면 그 사람은 죽는다"라는 말이 있다. 인생의 바다에 뱃사공은 돈이라고 할 수 있다. 가난한 상태에서 정직하게 산다는 것은 매우 어려운 일이다. 지갑이 두툼해야 마음이 가볍다. 저금은 상비약이다.

　인간의 내면과 본질을 비판한 명작 장편소설 '죄와 벌'을 창작한 러시아의 작가 도스토옙스끼(Dostoevskii, 1821~1846)는 다음과 같은 명언을 남겼다. "돈은 주조된 자유다." 돈이 있으면 무엇이나 마음대로 할 수 있음을 극적으로 표현한 것이 아닌가. 사람은 선과 악을 선택할 수 있는 자유가 있기에 돈을 쓰는 데에도 선과 악의 양면이 있다. 동전의 양면이 이를 상징하는 것 같다. 돈은 사람의 주인이 되기도 하지만 사람을 유혹하는 악마가 되기도 한다.

부(富)의 해독(害毒)

　옛날에도 돈이 사람을 해치기도 하기에 사람 중에 돈의 탐욕이 많으면 "돈독이 오른다"라고 말했다.

- 돈은 탐욕의 독을 가지고 있다(성경).
- 부유해지면 교만심과 사치심이 생긴다.

- 부유함은 바닷물과 같아서 마시면 마실수록 목마른 것이다(쇼펜하워).
- 잘못되어 들어온 돈은 잘못되어 나간다(猝富貴不祥).
- 돈은 좋은 하인이지만, 나쁜 주인이 되기도 한다.
- 돈을 쾌락에 지나치게 쓰면 타락의 길에 빠진다.

19세기 러시아의 소설가이자 사상가인 대문호 톨스토이(Tolstoy, 1828~1910)[42]는 말했다. "돈이 없는 것은 슬픈 일이지만 남아도는 것은 두 배로 슬픈 일이다." 가지려는 욕심과 쓰려는 유혹에 마음이 매이기 때문이 아닌가. 돈은 부정으로 모으거나 요행으로 쉽게 모은 사람은 남의 원망을 사고 쓸 때는 필요 없이 낭비, 방종한 데에 써서 패가망신도 한다.

중국 북송의 시인 소동파(蘇東坡, 1037~1101)는 일찍이 다음과 같은 말을 했다. "까닭 없이 천금을 얻으면 큰 복이 되는 것이 아니라 반드시 큰 화가 온다(無故而得千金 不有大福 必有大禍)."[43]

부(富)를 모으는 재미

『대학(大學)』에 축재(蓄財)의 원론을 잘 설명하고 있다. 즉 "생산하는 자가 많고 먹는 자가 적으며, 일하는 자가 부지런하고 쓰는 자가 천천히 쓰면 재산은 항상 족하다." 절약해서 잃는 것은 적다. 부자가 되는 확실하고 안전한 길은 오직 근면, 절약, 신중이다. 미국을 개척한 청교도의 정신을 그대로 잘 나타낸 말이라 생각된다. 부를 모으겠다는 목적으로 부지런히 일하면 고통 속에 기쁨이 있고, 아껴 재산이 모이면 만족감이 행복을 가져오고 신중히 처신하고 쓰면 인덕을 쌓게 된다.

---
42) 주요 작품으로 전쟁과 평화, 안나 카레니나, 부활 등이 있다.
43) 명심보감 성심편.

돈은 선용(善用)해야 보람이 있다

돈은 선과 악, 두 면이 있다. 돈은 사람을 주인으로 만들기도 하고 하인으로 부리기도 한다. 돈이 주인이 되면 사람을 노예처럼 부릴 수 있고, 돈이 사람을 나쁜 데로 유혹하여 끌고 가 죄를 저지르게 만든다. 돈의 가치나 금력은 사람에게 쓰이는 선한 도구 이상이 되지 않고 사람이 주인이 되어야 한다.

- 돈은 거름과 같아서 뿌리지 않으면 쓸모가 없다.
- 부(富)는 집안을 넉넉하게 하고, 덕은 지체를 너그럽게 한다(富潤屋 德潤身).
- 덕은 사람의 근본 가치이며 재물은 사람이 쓰는 때에 수단이다(德者本 材者末).
- 덕은 베풀면 고독하지 않고 반드시 이웃이 있다(德不孤 必有隣).

부자의 행복은 자선에 있다. 남을 돕는 자선은 돈으로 행하는 것이 가장 효과적이다. 미국의 강철왕 카네기(Andrew Carnegie, 1835~1919)는 어릴 때 품었던 자신의 꿈이 있었기에 12세에 스코틀랜드에서 미국에 이민하여 초인적인 노력으로 부를 모으고 60세부터 모은 재산을 모두 자선사업에 썼다. 억만금의 주인이었기에 인류의 은인으로 이웃으로부터 영원히 존경받고 있다. 부(富)라는 글자는 면(宀, 집) + 복(畐, 가득하다)로서 집안에 하늘로부터 받은 재물이 가득하다는 의미가 있다. 하늘이 내린 재물을 쓸 때 나누어 써야 한다. 경복(慶福)이란 복을 널리 베푼다는 의미로서 조선의 왕도는 복을 널리 나누려는 정치였다. 누구든지 경제적으로 부자가 되면 재산을 선용하는 데에 써야 할 것이다.

재물은 사람의 눈을 어둡게 하는 속성이 있으니, 재리(財利)에 현혹되지 않고 분명하게 거래해야 한다. 이익에 탐을 내면 가진 것도 잃게 되니 빚을 지며 투자하는 사업은 신중히 해야 한다. 돈거래를 잘못하면 신용을 잃고 손해도 본다. 돈의 거래는 분명히 해야 뒤탈이 없다. 돈 쓰기에 따라 인격이 나타난다. 인색하지도 않고 낭비도 하지 않으며 절제해야 탈이 없다.

(3) 경쟁(競爭, competition)

인간의 욕구인 이익 추구는 남보다 앞서기 위해 경쟁을 하게 된다. 따라서 경쟁심은 창조와 원죄의 양면이 있다. 이익을 추구하는 본능은 창조력의 원천이고, 남보다 앞서려는 욕구는 교만심과 이기심을 낳아 남을 해치는 죄를 짓기도 한다.

경쟁심은 노력의 원천이다. 승부욕은 사람을 움직이게 한다. 혼자 일하기보다 경쟁자가 있을 때 더 열심히 일한다. 사람은 낳으면 서울로 보내고 말은 낳으면 제주도로 보내라. 쑥이 삼밭에서 자라면 삼을 따라 저절로 곧게 자란다. 앞선 자는 남을 제압하고 뒤 진자는 제압 당한다(先者制人 後者制於人).

자연의 동식물이나 사람 같은 모든 생명체는 경쟁하는 환경 가운데 살아남기 위해 경쟁함으로 발전한다. 적자생존의 경쟁의 법칙은 인간사회에서 절대적 필요악이다.
스포츠에서 프로 선수가 몇백분의 일 차이로 경쟁의 승패가 갈리며 1등에 대한 대우와 2등에 대한 대우는 비교가 안 된다. 경쟁에서는 무조건 승리해야 한다는 마음은 이기심을 극도로 자극하여 발전이라는 선과 남을 꺾는 악의 양면을 절실히 보여주고 있다.

정상우위(頂上優位)의 법칙의 예를 들면 나무가 자라는 모습을 보면 꼭지인 정상이 아래가지보다 훨씬 많이 자란다. 우등생은 열등생보다 더 우대받아 성적이 더 앞선다. 경쟁에서는 앞서면 더욱 앞서게 된다.

바야흐로 세계화 시대를 맞아 무한경쟁 속에서 우리는 모든 면에서 앞서야 한다. 국가 간의 경쟁도 근원적으로 인력의 경쟁이며 인력은 지력이 좌우하는 교육의 경쟁에서부터 우리나라가 앞서야 한다. 그 나라의 교육은 우수한 대학에서 우수한 학생이 서로 경쟁적으로 학문에 힘쓸 때 이루어지는 것이다. 우수한 학교 교육은 경제의 뒷받침이 필요하니 국가와 기업은 교육 경쟁에 투자를 과감히 해야 한다.

경쟁의 부작용

경쟁의 결과 승자와 패자가 갈라진다. 승자는 웃지만 패자는 울게 된다. 패자는 노력하고 투자한 것이 허사가 될 뿐만 아니라 심리적인 좌절감이 큰 상처로 남는다. 아울러 열등감, 시기심으로 괴로워하게 된다. 승자도 얻는 것만 있는 것이 아니라 잃는 것도 있다. 우월감, 교만심, 과욕 등 절제하지 못하고 처신을 잘못하여 이루어 받은 공이 허사가 되고 만다. 경쟁이 투쟁으로 이어지면 남을 적으로 삼아 사랑이 없는 증오의 세계가 되고 만다.

다음은 독일의 시인이자 극작가 괴테(Johann Wolfgang von Goethe, 1749~1832)의 『파우스트(Faust)』 제4막 '반역 황제의 천막'에서 패자와 승자에 대해 다음과 같이 묘사하였다. "패자는 쓰러져 영원히 반복되는 조소를 받고, 승자는 승리를 뽐내며 신의 축복을 찬양하도다. 명령할 필요도 없이 한마음 되어 이구동성으로 외친다. 신이여! 우리는 당신을 찬양합니다." 괴테는 대작 파우스트를 60년 만에 완성하였다.

영국의 역사학자 아놀드 토인비(Arnold Joseph Toynbee, 1889~1975)는 그의 저서 『역사의 연구(A Study of History)』에서 인류 역사를 도전과 응진(challenge and response)으로 규정시켰다. 시련과 역경, 고난, 위기 등 아무런 도전을 받지 않으면 경쟁하여 노력하게 되지 않는다. 적절한 도전에 지지 않으려는 경쟁심이 사람으로 하여금 노력하게 만든다.

[그림 4-16] 아놀드 토인비(Arnold Toynbee)
* 출처 : https://blog.naver.com/samswlee/220684083709

경쟁은 상대를 인정하고 더불어 살려는 인(仁)을 벗어나서는 공존할 수 없다. 주역에서 "송사(訟事)는 이겨도 흉하다" 라고 가르치고 있다.

사업에서 다른 회사를 물리치고 석유왕이 된 미국의 석유 사업가이자 대부호인 존 록펠러(John Davison Rockefeller, 1839~1937)도 "공존의 지혜를 경쟁 속에서 찾아라"고 말했다. 언제나 온전한 쪽을 택하라. 싸우기보다 거래하는 쪽이 낫다.

선의의 경쟁

지식과 욕망이 다툼의 근원이다. 배운 자, 의욕이 넘친 자가 대체로 이기적이고 경쟁에서 기필코 이기려고 한다. 경쟁은 투쟁과 다르다. 상대를 무시해서는 안 된다. 상대의 이기심도 인정해야 함께 발전할 수 있다. 곧 선의의 경쟁이어야 공존할 수 있다.

주역의 서괘전(序卦傳) 경문에 다음과 같이 기록하고 있다. "송사는 중간에서 반성하여 그치면 길하고 끝까지 가면 이기건 지건 흉하다. 굽히는 자는 중요한 자리를 맡고 이기기를 좋아하면 반드시 적을 만난다(屈己者能處衆 好勝者必遇敵). 분쟁은 결말을 짓기보다 자제하는 쪽이 낫다." 중용의 도는 다툼을 억제한다. 선의의 경쟁은 중용에 있다. 경쟁해서 서로 억울함이 없이 균형이 잡혀야 화(和)에 이른다. 경쟁이 평화를 깨뜨려서는 공멸에 이른다. 가장 선한 처신은 물과 같아야 한다(上善若水).

경쟁할 일이 생기면 양보하고 피해가며 작은 이익은 양보하고 큰 이익은 나누어 가지며 역지사지(易地思之)하는 처신을 해야 한다. 경쟁에도 상대의 입장을 생각하며 승리해도 패자를 용서하고 배려하여 베풀 수 있다면 서로 화합하여 공존할 수 있다. 패해도 재기의 희망을 품고 승리해도 교만하지 말고 겸손해야 자리를 보존하고 공존할 수 있다.

경쟁에서는 패해서는 안 된다. 이겨야 한다. 이기되 싸워서 이기기보다 싸우지 않고 이기는 것이 최선이다. 싸우지 않고 이기려면 상대를 이기는 힘이 먼저 있어야 한다. 힘을 먼저 기르면 싸우지 않고 이긴다.

(4) 허영심(虛榮心, vanity)

허영심은 하나의 경쟁심이다. 남에게 얕보이지 않으려는 경쟁심으로 실속이 없으면서 체면을 세우기 위해 겉을 꾸며 남에게 잘 보이려고 한다. 곧 허례허식에 빠지게 된다.

허영심은 한계가 없는 것이라 채울 수 없다. 허영심은 사치 등 과소비로 빚을 지게하고 빚이 가진 재산보다 많아지면 파산한다. 개구리가 황소와 같이 배를 크게 부풀리려다 배가 터져 죽은 우회가 있지 않는가. 주지육림(酒池肉林)44)이라는 고사를 생기게 한 중국의 상(商) 나라 주왕(紂王, ?~BC1046)이 상아로 만든 젓가락을 쓰자 충성을 다하던 기자는 "주왕은 장차 옥그릇을 쓸 것이다" 라고 하면서 사치로 인한 망국을 예상하고 주왕의 곁을 떠났다.

허영심은 마음의 병균이다

허영심은 경박한 마음을 가장 잘 닮았다. 잔혹함은 고대의 악덕이고 허영은 근대 세계의 악덕이다. 허영은 최후의 병이다. 허영에 빠지면 자기를 잃고 나를 어떻게 볼 것인가에 마음이 사로잡힌다. 따라서 명성을 좋아하고 유행에 휘말리어 주체성을 잃고 만다. 남에게 잘 보이기 위해 선행도 베풀지만, 결과는 자기에게 손해로 가난에 빠지게 된다. 명성에 도취하면 하는 일을 그르치기 쉽다. 사람은 행복하기보다 행복하게 보이려는 허점이 있다. 자랑은 친구를 적으로 만든다.

허영은 유행을 좋아한다. 허영심이 많은 사람이 유행에 민감하다. 유행이란 뿌리 없이 날아온 씨앗처럼 꽃이 피자 곧 지고 만다. 유행가는 매우 짧은 기간에 인기를 누리나, 격식을 완전히 갖춘 실있는 고전음악은 오래 간다. 유행은 흘러가는 물과 같은 것으로 휩쓸리지 않아야 헛되지 않는다. 유행은 지나가는 것이다. 빠지면 자리를 잃고 헛된 짓을 하게 된다.

---

44) 술로 가득 채운 연못에 나무를 비단으로 휘감은 뒤 고기를 매달아 놓고 배를 타고 고기를 먹었다는 데서 유래한다.

허영심은 모방을 좋아한다. 남의 선행이나 인격보다 밖으로 꾸민 것을 모방함으로써 얼굴을 성형하고 사치스러운 옷을 입고 과분한 외식, 빚지는 혼사 등 돈만 버리는 것이 아니라 교만심 등 인품을 해친다. 지나치면 타락에 빠진다. 수백만 원짜리 겉치장보다 수십만 원으로 책을 사서 교양을 쌓으면 더 실 있는 사람이 될 것이다.

한국 사회에서도 빈곤에서 벗어나면서 겉치레로써 존경받는 세월은 이제 지나갔다. 분수에 만족하자! 없는 것을 생각하지 말고 이미 가지고 있는 것을 생각하라. 가난한 생활을 하면서도 편안한 마음으로 도를 즐기는 안빈낙도(安貧樂道)의 생활을 하면 허영을 물리칠 수 있다. 허욕을 좇지 말고 가진 것에 그치면 욕된 일을 당하지 않는다(知止者不辱).

[그림 4-17] 베트남 하롱(下龍) 베이

Chapter 05.
수신하다

01. 허심(虛心, disinterestedness)
02. 자각(自覺, self-awareness)
03. 반성(反省, self-reflection)
04. 자존심(自尊心, self-respect)
05. 정직(正直, honesty)
06. 겸양(謙讓, humbleness, modesty)
07. 지족(知足, knowing satisfaction)
08. 절제(節制, self-control)
09. 검약(儉約, economy)
10. 선행(善行, good deed)
11. 신(愼, be careful, refrain)
12. 말(言)
13. 독서(讀書, reading)
14. 건강(健康, health)

선비의 학문으로서 유학의 목적이 수신(修身)과 치인(治人)에 있으며 흔히 수신 제가 치국 평천하(修身 齊家 治國 平天下)라고 말한다. 지도자가 되기에 앞서 자신의 인격 수양을 하기를 먼저 힘썼다. 치인(治人)으로 나가 출세, 입신, 양명(揚名)하기보다 선비로서 인격 수양에 힘쓰는 처사(處士)[45]적 선비가 더 존경받았다.

『대학(大學)』에서 학문하는 팔조목(八條目) 중에 입신에 앞선 단계로서 격물(格物), 치지(致知), 성의(誠意), 정심(正心)을 들어 수신하는 자세를 말하고 있다. 수신하려면 마음이 어린이처럼 때 묻지 않고 욕심이 없어야 한다. 사심이 없어야 바른 지식과 지혜를 거부하지 않고 받아들일 수 있다.

그래서 수신의 과제로서 허심(虛心)을 첫 번째 주제로 삼고 이어서 "자각, 반성, 자존심, 정직, 겸양, 지족, 절제, 검약, 선행, 삼감, 말, 독서, 건강" 순으로 수신에 힘쓸 바를 다루고자 한다.

---

[45] 조선 중기 벼슬을 하지 않고, 초야에서 은둔한 선비들을 일컫는 말.

01. 허심(虛心, disinterestedness)

　허심은 비어 있는 마음 곧 욕심이 없는 마음이니 욕심이 없으면 남의 마음을 받아들일 수 있다. 마음이 바라는 바를 받아들임은 곧 선이요, 사랑이다. 이기심을 버리는 것은 극기이며 자기의 사욕을 삼가면 남을 사랑하는 인(仁)으로 돌아갈 수 있기에 인자(仁者)가 되는 수양은 허심으로부터 시작해야 한다.
　사람의 마음속은 선과 악이 싸우는 전쟁터와 같다. 욕심이 이기면 한없이 이기심이 발동하여 남을 해치고 악행을 저지른다. 만족할 줄 알면 욕되지 않고 그칠 줄 알면 위태롭지 않다(知足者不辱 知止者不殆).
　욕심은 부리는 것이 아니라 버리는 것이다. 누구나 자기의 이익을 채우려고 욕심을 도구로 삼아 남의 것도 빼앗아 이기심을 채우려 한다. 욕심 중에는 금욕과 명예욕이 가장 강하다.

　고려의 명장 최영(崔瑩, 1316~1388) 장군은 아버지로부터 받은 교훈 "황금 보기를 돌같이 하라(見金如石)"[46]을 지켜 그의 명예는 만고에 남았다. 향기롭고 맛있고 보기 좋은 산해진미도 입 안에 들어가면 곧 더러워진다. 금욕(金欲)도 부자가 되면 추악해진다.

　모든 종교에서 욕심을 버리고 빈 마음을 가져 사랑을 베풀라고 가르친다. 욕심으로 채운 금력, 권력은 그대로 갖고 있으면 마음이 병들게 된다. 욕심

---
[46] 조선 전기의 학자인 성현(成俔, 1439~1504)의 수필집 『용재총화』에 나오는 말.

이 주인 노릇하기 전에 버려야 사람의 양심이 주인이 된다. 양심은 욕심이 없기에 편안하고 좋은 마음, 어진 마음이다.

비운 자리는 채워진다

허공장(虛空藏)47), 즉 비어 있는 곳에 채워진다. 채우면 손해 보고 겸양하면 득 본다(滿損謙得). 처음에 잃으면 뒤에는 얻게 된다(先失後得). 집에 빈 곳이 있고 창문이 열려 있어야 다른 것을 받아들일 수 있다.

소유욕은 욕심과 무욕(無欲)을 같은 일에 동시에 두 가지를 함께 가질 수 없기에 한 가지를 선택해야 한다. 욕심을 버리면 남을 생각하는 마음이 생긴다. 악심을 버리면 선심이 돌아온다. 욕심에서 해방되면 마음은 자유롭고 적은 것에도 만족할 수 있다. 만족하면 행복하고 행복하면 오래 산다.

마음이 만족하면 욕심은 자리할 곳을 잃는다. 행복은 욕심에 있는 것이 아니라 만족의 무대에서 꽃핀다.

[그림 5-1] 라오스 남능강(Nam Ngum Lake)

---

47) 불교에서 허공과 같이 무한히 크고 넓은 지혜와 자비로 중생의 여러 바램을 이루어 주다고 하는 보살

마음을 비우면 겸양해진다

마음을 착하게 수양하는 것 중에 욕심을 적게 하는 것만 한 것이 없다(良心莫善於寡欲). 욕구를 자제하면 마음이 편하고 운명에 만족하여 살 수 있다(欲求自制 安心立命).

수도자는 어떤 종교를 막론하고 마음을 비우고 깨끗하게 닦아 내는 노력을 한다. 마음이란 이기심, 아집 같은 자기 욕심이다. 곧 자기를 위한 생각을 버리면 남을 위한 생각, 남의 의견을 받아들이는 생각이 생긴다.

낙서로 더럽혀진 칠판을 깨끗이 지운 후에 새로운 그림을 그릴 수 있는 것처럼 마음을 비우면 남의 생각을 받아들여 수양할 수 있다. 불교에서는 해탈로서 열반에 이르고, 유교에서는 사욕을 자제하고 더불어 사는 인(仁)에 이르고, 기독교에서는 회개(悔改)함으로써 하나님의 뜻대로 살게 된다.

수도자가 아닌 일반 사람들의 생활은 항상 욕심이 생기는 환경에서 살고 있기에 무심(無心), 공심(空心)이 되기는 어렵다. 오직 나를 생각하는 욕심을 삼가고 상대의 생각도 들어주는 겸양의 자세로 욕구를 자제해야 한다.

마음의 수양에는 물질, 금력, 권력과 같은 소유욕을 자제하는 것 못지않게 아집(我執)으로 내 생각에만 매이는 것이 수양을 해친다. 이는 교만으로 남을 무시하니 남으로부터 배우지 못한다.

공자는 4가지를 끊어냈다(孔子四絶). 이는 곧 4가지 마음을 버리라는 가르침이다.

- 무의(毋意) : 자기 멋대로의 주장을 버려라.
- 무고(毋固) : 자기 고집을 버려라.
- 무필(毋必) : 내가 꼭 해야 한다는 마음을 버려라.

- 무아(毋我) : 자기 이익만의 생각을 버리라.

하지만, 유교에서 허심은 자기의 마음, 이익을 모두 버리라는 것이 아니고 지나치거나 남을 해치는 과욕을 버리면 된다. 저절로 욕구를 버릴 수 없기에 선과 악이 싸우기 전에 또 싸우는 중에도 자제하는 자세를 기르는 것이다. 과유불급(過猶不及)이란 중용의 처신을 하라는 뜻이다.

욕심을 버리면 생각이 밝아지고 넓어진다. 남의 말을 선입견 없이 듣는다. 겸허함은 사람을 발전시키고, 교만함은 사람을 낙후시킨다. 마음을 비우면 도리를 알게 된다. 욕심을 비우면 자기 자신을 바로 볼 수 있다. 곧 자각하는 마음이 생긴다.

02. 자각(自覺, self-awareness)

"남을 아는 것을 지(知)라 하고 자기를 아는 것을 명(明)이라고 말한다(謂 知人者知 謂 知我者明). 명(明)이란 日(일, 해) + 月(월, 달)과 같이 밝은 것을 뜻한다. 어두운 곳에서는 아무것도 보이지 않는다. 길을 가려고 해도 앞이 보이지 않기에 갈 수 없다. 또 자기의 능력이나 바라는 바가 무엇인지 알아야 무슨 일이든 할 수 있다.

이와 같이 자기를 알고 할 바를 깨닫는 것이 자각(自覺)이다. 각(覺)이란 글자 學(학, 배우다) + 見(견, 보다)으로 이루어져 배워서 본다는 뜻을 나타낸다. 세상을 알고 자기를 바르게 알아야 바르게 살 수 있다. 사람은 자신을 자각하는 데에서 삶이 시작된다. "철이 들었다"는 말은 자기를 깨달았다는 말이다. 고대 그리스의 대철학자 소크라테스(Socrates, BC470~BC399)는 자기 인식과 자아 성찰의 필요성을 강조하는 말로 "너 자신을 알라(Know thyself)"는 만고의 명제를 남겼다. 이는 사람이 자신의 한계와 불완전성을 깨닫고 끊임없이 노력하여 자신을 발전시켜 나가야 한다는 뜻이다.

자각이 사람의 기본

사람은 자기 자신을 어떻게 자각하느냐에 따라서 그의 운명이 결정된다.

자각은 자기와 남을 구별하여 자기의 갈 바를 결정하게 하기에 인생에 있어서 가장 중요한 과제가 된다.

사람은 각자의 차이점이 있다. 장점도 있지만 단점도 있다. 미국의 철학자인 에머슨(Emerson, 1803~1882)은 "하느님이 만든 모든 것은 조금씩 흠이 있기 마련이다"라고 말했다. 누구나 사람은 흠이 있기에 자신을 반성하는 마음과 함께 자각이 시작되어야 한다. 그러나 흠 때문에 열등감에 빠져서는 안 된다. 열등감에 빠지면 자기를 밝게 볼 수 없다. 장점을 보지 못하고 놓친다. 사람으로서 누구나 기본적으로 알아야 할 것을 찾아보자. 인생의 의미를 생각하여 자신의 존재가치를 깨달으면, 삶을 보람 있게 살 수 있다.

우리는 공자의 일생을 논어에서 배울 수 있다. 사람답게 사는 것은 자기의 도리를 다해야 하는 것이다.

자신의 발견 : 남과 자신을 비교함으로써 개성, 능력, 존재가치를 객관적으로 판단하고 최선의 목표를 세워 정열적으로 삶을 산다. 사람은 자존심에 의해 노력하고 그만큼 성취한다. 우리의 위대한 날은 자신을 발견하는 때이다.

소명 의식 : 사람마다 할 일을 하나님이 불러서 맡겼다는 의식을 가지면, 각자 하는 일을 천명, 천직으로 믿고 최선을 다한다. 조선시대 이퇴계 선생은 자신이 할 사업을 '오사(吾事 : 나의 일)'라 하여 선한 인재를 많이 길러내는 후세교육을 일생의 사업으로 삼아 수많은 인재를 길렀다. 자신의 위대한 날은 자신을 발견하는 때이다.

03. 반성(反省, self-reflection)

반성은 자각의 실마리이다. 그 예를 들어보자. 중국 노나라의 유학자인 자사(子思, BC483~BC402, 공자의 손자, 증자의 제자)는 날마다 세 가지를 반성했으며, 중국 상(商)나라 탕왕(湯王, ?~BC1589)은 세수대야에 일신(日新)하려는 글을 새겨 놓고 세수할 때마다 새로워지기를 반성함으로써 선정을 베풀었다.

미국 건국의 아버지 벤저민 프랭클린(Benjamin Franklin, 1706~1790)은 실천 덕목을 정하여 저녁마다 그날 생활을 점검하여 나쁜 것을 바로 잡았다.

중국 위나라 대부 거백(擧伯)은 50세에 이르러 지난 49년을 반성하고 60세에 이르러 군자의 인격을 갖추었다.

워털루(Waterloo) 전투에서 나폴레옹(Napoleon)의 시대를 저물게 한 영국의 영웅 웰링턴(Wellington, 1769~1852) 장군은 병사들이 자기를 싫어한다는 병사의 지나가는 말 한마디를 듣고 자기의 잘못을 고쳐 덕장이 되었다. 반성하면 자신을 바로 알아서 밝고 정확한 판단으로 자신 있는 처신을 할 수 있다.

반성은 의도적인 실천 행위가 되어야 한다. 순간적으로 우연한 기회에 반성할 수도 있지만, 반성하는 계획이 있어야 게을리하지 않게 된다.

- 좌우명을 정하여 스스로 반성한다.

- 생활 계획표를 정하여 매일 확인한다.
- 일기를 쓰며 반성한다.
- 명상의 시간을 가져 자기와의 대화를 나눈다.
- 양서를 읽어 위인의 가르침에 따라 반성한다.

반성은 인생철학의 과제이다. 나는 어떤 존재인가? 내가 사는 목적이 무엇인가를 생각하며 살면 된다. 평생을 살면서도 생각 없이 살기에 보람없이 세월만 보내는 것이 아닌가?

젊어서 자기의 장점 등 귀한 존재 가치를 찾고 자기의 할 일이 무엇인지 뚜렷한 목표를 세워 일생을 살아갈 계획을 세워서 살아가는 것이 행복한 인생이 되는 것이다.

세상 만물은 모두 하는 역할이 있다. 꽃 한 송이도, 꿀벌 한 마리도, 논밭의 흙 한 줌도 쓰임이 있다. 하물며 3 재(三才 : 천, 지, 인)의 하나인 사람의 가치는 위대하고 그 존재가치는 무한하다. 사람의 상상력은 못 하는 것이 없다. 각자 자기의 가치를 아는 것만큼 클 수 있고 쓰일 수 있다. 이것을 깨닫는 것이 반성이요, 반성은 자존심을 갖는 데에 뜻이 있다.

04. 자존심(自尊心, self-respect)

자신의 존재가치를 자각하여 자부심을 갖고 자신 있게 처신하면 스스로 자기를 높이게 되고 남으로부터 존대를 받게 된다. 이와 같은 마음은 자존심에서 생기는 것이다.

열등감이나 우월감과 같은 것은 다른 사람과 비교해서는 안 되고, 자기 자신을 낙관적으로 생각하는 사람은 자기의 존재가치를 믿고, 보다 더 자기를 높이려는 것은 자존심이 있기에 가능한 것이다. 인간은 누구나 자기 자신을 사랑한다. 낙관주의자는 특히 자신을 존중한다. 하늘은 스스로 돕는 자를 돕는다(自助者天助). 하늘과 땅 사이에 있는 만물 가운데 오직 사람이 가장 존귀하다(天地之間 萬物之衆 唯人最貴).48)

사람은 귀한 존재

러시아 문학과 정치에 지대한 영향을 끼친 위대한 작가 톨스토이(Leo Tolstoy, 1828~1910)는 "나 자신이 이 세상에서 제일 위대하다"라고 말했다.

사람은 신체적으로 대단한 존재이다. 한 가지만 든다 해도 인간의 세포 수는 60개 조가 넘는 작은 우주라고 한다. 우리 몸속 세포의 종류는 200가지

---
48) 조선시대 유학자 박세무(1487~1564)가 지은 동몽선습에 나오는 글귀이다.

가 넘는다. 더욱이 정신력은 무한하다. 만물의 영장으로 만물을 다스린다. 그러나 인간은 선과 악의 양면을 갖는 존재로서 악을 선으로 막을 수 있는 의지는 자존심에서 생기는 것이다. 자존심은 상표가 상품의 가치를 나타내 듯 사람의 이름 석 자가 그 사람의 가치, 명예를 나타낸다. 호랑이는 죽어서 가죽을 남기고 사람은 죽어서 그 이름을 남긴다(虎死留皮 人死留名).

종교에서 인간의 가치를 어떻게 보는가? 각 종교에서 말하는 한 가지씩 예를 들어보자. 불교에서는 천상천하 유아독존(天上天下 唯我獨尊), 유교에서는 천지인(天地人)[49]의 3재(三才)에 사람을 들고, 그리스도교에서는 하나님을 대신해서 세상을 다스리게 인간을 창조했다. 사람은 이처럼 귀한 존재 이유가 있기에 선을 행하고 악을 막으려고 노력한다.

자존심은 종교 다음으로 모든 악을 억제한다. 자존심이 있으면 부끄러운 일을 하지 못한다. 자존심이 미덕은 아니지만, 그것은 모든 미덕의 부모이다.

자존심과 미덕(美德)

- 자긍심 : 자존의 내적 자신감이다. 세상을 흔드는 공로도 자랑 긍(矜) 자 하나만 못하다.
- 명예심 : 소임을 맡아 자기 몫을 다 한다. 선비는 자기를 알아주는 사람을 위해 죽는다(士爲知己死).
- 책임감 : 직분을 맡으면 그 이름에 책임을 다 한다.
- 자부심 : 자신에 만족하며 살맛 나게 하는 정신적 힘이 된다.
- 희 망 : 자기의 가능성을 발견하면 새로운 인생의 시작이 열린다.

---

[49] 우주 만물을 구성하는 기본 요소로 삼은 하늘, 땅, 사람 세 가지를 이르는 말.

자기를 긍정하면 희망이 보인다

자신을 비하해서는 안 된다. 칭찬을 기뻐하라. 재능을 자랑하라. 알려지지 않으면 쓰이지 않는다. 의욕이 있는 사람이 능력 있는 사람보다 성과를 더 올린다.

자기의 능력을 믿으면 희망이 생겨 새로운 목표를 세워 새 출발을 할 수 있다. 절망은 죽음에 이르고 희망은 삶의 길을 찾는다. 같은 곤경에 처해도 자존심이 있는 사람과 없는 사람의 처신이 다르다.

일제강점기에 나라 잃은 우리 민족에게 희망을 잃지 않게 인도하려고 독립운동가인 안창호(安昌浩, 1878~1938) 선생은 자신의 호를 섬과 산(도산 : 島山)이라고 지었다. 망망대해를 항해하는 사람에게 희망은 오직 육지이다. 대양에서 먼저 보이는 육지는 섬과 산이다. 섬과 산이 보이면 곧 육지가 나타난다는 희망을 품게 된다. 개인이나 민족 집단이나 자존심이 있으면 희망을 잃지 않는다. 유대인의 자존심, 한국인의 자존심이 세계의 경쟁 속에 자리를 지키고 있다고 해도 과언이 아니다.

[그림 5-2] 도산 안창호
* 출처 : https://encykorea.aks.ac.kr/Article/E0035050

젊은이에게 자존심을 심어줘야 한다. 자존이란 자기가 높다는 생각보다 스스로 높게 만드는 데에 뜻이 깊다. 인간의 가장 뿌리 깊은 요구는 중요한 인물이 되고자 하는 요구이다. 내가 아니면 할 수 없는 것을 각자가 가지고 있다. 자존심은 어릴 때부터 가르쳐야 한다. 어린이나 어른조차도 칭찬 받는 것만큼 자존심을 북돋우는 것은 없다. 칭찬이 최선의 보약이다.

자존과 겸손은 조화를 이루어야 한다. 긍지는 얌전히 쌓여 있을 때 가장 성공한다. 자신을 분수에 맞추어라. 자신감은 다른 사람에 대한 신뢰의 원천이다.

그릇된 자존심

잘난 체 착각하고 남을 무시하는 자기 자랑은 자기가 높아지는 것이 아니고 남으로부터 미움만 산다. 남의 자존심을 상하게 하기 때문이다. 자존은 높은 데에서 시작하는 것이 아니고 낮은 데에서, 즉 자비에서 시작하며 자기를 높여가는 것으로 생각하면서 겸손하고 신중한 처신을 해야 한다. 자존은 결코 우월감을 가지고 남을 열등시할 경우 이기주의에 빠져 남과 화친할 수 없다. 인화(人和)를 해치는 것은 나의 자존심이 남의 자존심을 상하게 하기 때문이다.

우리가 가지고 있는 감정 중에서 자존심만큼 억제하기 힘든 것은 없다. 무심코 한 말 한마디가 남의 자존심을 상하게 한다. 남을 격멸하지 말라. 가혹한 질책이다.

05.___ 정직(正直, honesty)

자존심이 있으면 남을 속이려 거짓을 할 수 없고, 정직해야 한다. 정직은 인격을 지키는 첫째 덕목이다. 올곧게 살면 남을 해치는 일이 없다.

정(正)은 일(一, 한 일) + 지(止, 머무를 지)로 이루어진 글자로서 '하나의 기준에 머무르다'의 뜻을 갖는다. 직(直)은 십(十, 열 십) + 목(目, 눈 목)으로 이루어져 '열 사람이 눈으로 보고 있다'는 글자로서 '숨기지 못하고 바르게 행동한다'라는 의미의 글자이다. 그러므로 정직은 바른 하나의 기준에 따라 속이거나 그릇됨이 없이 바르게 행동하는 것이다. 사무사(思無邪)[50]란 생각에 그릇됨이 없는 것, 곧 정직을 말한다.

100m 달리기를 할 때 선수는 자기가 달릴 선을 벗어나지 않고 출발 신호대로 출발하여 달리는 것처럼 정해진 규칙을 따르고 남을 해치지 않는 것이 바로 정직이다. 사람이 정직을 잃으면 남을 해치고 신뢰를 잃어 사람 대우를 받지 못하게 된다. 정직하지 못한 방법으로 돈을 모으고 출세도 하지만, 정상이 아니라 오래가지 못하고 불행이 찾아온다. 정직은 아름다운 덕목이요, 사람의 기본 덕목으로 다른 덕은 정직을 기준으로 해서 생기는 것이다.

---

50) 『시경(詩經)』 노송(魯頌) 경(駉)에 나오는 말로 성정이 올바르고 생각에 사특함이 없어 사상이 순수하고 악독한 마음이 없음을 말한다.

정직은 모든 덕의 바탕이다

정직과 양심은 최고의 선이다. 그리고 정직은 사회의 원기이다. 정직과 진실이 부족하면 모든 것이 부족하다.

미국의 독립선언문을 기초한 제3대 대통령 토머스 재퍼슨(Thomas Jefferson, 1743~1826)은 "정직은 나라를 다스리는 기본 덕목이다"라고 말했다. 유교에서는 정치를 바르게 하는 정(政)자로서 군자는 다스리는 자이며 정직과 의리를 원기로 삼았다. 위정자가 바르면 백성은 저절로 바르게 된다.

정직하면 의리를 지킨다. 정(正)과 의(義)가 합치면 정의로서 바르지 않는 것을 바르게 하려는 의무감으로서 국가와 사회의 부정을 바로 잡으려는 의분과 용기로 자기희생도 감수하는 의거에 앞장선다. 삶에 있어서 정직이 최선의 방책이다. 정직하면 모든 일은 반드시 바르게 돌아간다(事必歸正).

지도자의 모범은 정직으로

지도자와 교육자의 제1의 덕목은 정직이다. 믿음이 있기에 남이 따라온다. 정직은 언행이 일치해야 믿음이 있고 권위가 있다. 교육자는 지식보다 인성을 바르게 길러야 한다. 부모의 정직은 자녀를 정직하게 만들지만, 부모의 거짓은 자녀를 그르친다.

정치인이 정직하면 나라는 저절로 다스려진다. 강물이 맑으면 바닷물이 푸르다. 위 사람이 바르면 아랫사람도 바르게 한다. 정치지도자가 정직하지 못한 것을 그들만의 책임으로 탓해서는 안 된다. 그들을 뽑은 자는 바로 국민이기 때문이다. 유권자를 속이는 정치인이 잘못이지만, 속는 유권자도 어떤 그릇된 생각으로 바른 사람을 뽑지 못한 탓도 있을 것이다.

정직이 최선의 정책이다. 공직자의 필수 덕목은 염치, 청렴, 근면, 신중함이다. 이 중에서 정직을 지킬 수 있는 것은 염치이다. 군자는 삼가서 행동하고 행동은 반드시 바르게 해야 한다(君子愼動 動必以正). 열심히 일하고 정직하게 살면 매사에 걱정이 없다. 정직은 사회생활에서 지켜야 할 기본적인 도덕이다. 정직한 것만큼 커다란 유산은 없으며 정직한 사람은 하늘이 지킨다.

06. 겸양(謙讓, humbleness, modesty)

　겸양하는 마음이 예(禮)의 시작이다(謙讓之心 禮之端也). 예가 바른 사람은 누구나 좋아한다. 인격은 그 사람의 예절에서 나타난다. 공자의 수제자인 안회(顔回, BC521~BC491)는 인격 수양은 겸양을 으뜸으로 했다. 그는 "나의 착함을 자랑하지 않고 남에게 노고를 끼치지 않기를 원한다(願無伐善 無施勞)"라고 말했다.

　주(周)나라의 현인 강태공(姜太公, 출생사망 미상)은 다음과 같은 교훈을 남겼다. "자기를 귀하게 하면서 남을 천하게 대하지 말고, 자기를 크다고 생각하면서 남을 작다고 멸시하지 말며, 자기의 용기를 뽐내어 적을 가볍게 보지 말라(勿以貴而賤人 勿以自大而滅小 勿恃勇而輕敵)." 이와 같이 강태공은 현인의 인격을 갖추고 대인 관계에서 자기를 낮추어 겸손하며 선행을 신중히 하여 실수하지 않고 남을 해치는 일이 없어 불행을 겪지 않았다.

　주역의 64괘 중에 '겸괘(謙卦)만 효(爻)[51]에 흉(凶)함이 없고 길(吉)할 뿐이다'라고 한다. 64괘중 15번째 괘인 지산겸괘(地山謙卦)는 산이 땅속에 있다(地中有山)는 괘이다. 자신을 낮추고 드러내지 않는다는 것이 겸손이다.

---

51) 주역의 괘(卦)와 효(爻)를 이르는 말로 점괘의 여섯 가지 획수이다. '―'을 양(陽)으로 하고 '――'을 음(陰)으로 하며 밑에서부터 세어 초효(初爻), 이효(二爻)라고 하고, 맨 위 여섯 번째의 것을 상효(上爻)라고 한다.

자신을 낮추는 것이 곧 이기는 것이다. 주역은 처세의 가르침이니 처세의 제1 덕목은 예(禮)이며, 예는 겸양하는 마음에서 나오는 행위이다.

효(爻)에 흉(凶)함이 없다는 것은 64괘마다 효(爻)가 있는데, 효(爻)는 여섯 등급에 따른 지위 등을 의미하니 겸양은 신분이 높고 낮음을 막론하고 겸손해지라는 의미이다.

겸손은 모든 것을 형통하게 하는 힘이 있다. 겸손하게 행동하면 하늘과 땅, 귀신과 사람이 도운다. 겸손하면 험난함을 헤쳐나갈 수 있고 자자손손을 지켜나갈 수 있다. 겸손은 가장 아름다운 미덕이다.

겸양의 미덕

중국 명나라의 대표적 철학자인 왕양명(王陽明, 1472~1528)은 "겸손은 선행의 근본이요, 교만은 악행의 시작이다"라고 강조했다. 겸손하면 자기를 낮추고 욕심을 부리지 않으니 남을 위해 선행을 하고 결코 죄를 짓지 않고, 자기가 낮으며 부족하다고 생각하니 노력하면 위인이 될 수 있다.

겸손하면 교만에 빠지지 않는다. 곧 죄의 원인이 있을 수 없다. 겸양하는 사람은 누구나 좋아한다. 즉 적이 없다. 겸손과 양보는 처음에는 손해가 되어도 뒤에는 득이 된다. 사양하면 그 이상으로 되돌아온다. 양보받으면 누구나 그 이상 양보하려는 마음이 생긴다.

송나라 『경행록(景行錄)』[52]에 나오는 다음의 명언을 음미해 보자. "자기를

---

[52] 송(宋)나라 때의 저작(著作)으로 '착한 행실을 기록한 책'이다.

굽히는 자는 능히 중요한 자리에 앉고 이기기를 좋아하면 반드시 적을 만나게 된다."

양보하면 손해를 본다. 그렇다면 과연 얼마나 큰 손해를 보는 것일까? 『명심보감(明心寶鑑)』53)에 다음과 같은 글귀가 있다.

"한평생 길을 양보해도 백 보를 뒤처지지 않으며, 한평생 동안 밭두렁을 양보한다 해도 밭 한 구역을 잃지 않는다(終身讓路 不枉百步 終身讓畔不失一段)." 비울수록 더 채워지고 베풀수록 더 많은 것을 얻는다.

고대 그리스의 철학자 소크라테스(Socrates, BC470~BC399)는 "겸허함은 흙 속의 뿌리와 같아서 모든 고상한 미덕이 이로부터 싹터서 성장하는 것이다"라는 뜻깊은 말을 남겼다. 미덕 중에는 예절 바른 사람이 가장 호감을 받는다. 여기서 예절은 겸양에서 생긴다. 그리고 겸양은 남을 생각하고 도우면서 자랑하지 않기에 선행을 자랑하지 않고 나무뿌리와 같이 음덕으로 남는다.

서로 양보하는 사회는 살기 좋은 고장이 될 것이다. 현대 사회는 경쟁이 극단에 이르고 양보 겸손의 미덕이라고는 보이지 않는다. 선의의 경쟁은 발전의 동력이 되지만, 기율(紀律)54)까지 어기면 서로 손해를 보게 된다. 경쟁은 겸양과 조화가 될 때 아름답다. 서로 화합으로 선의의 경쟁을 할 수 있기 때문이다. 겸양은 예(禮)를 지켜 인(仁)으로 서로 더불어 살게 되는 것이다.

---

53) 명나라 때 범립본(范立本)이 편찬한 책으로 여러 고전에서 금언(金言)·명구(名句)를 추려내 주제별로 엮어낸 책이다
54) 도덕적으로 여러 사람에게 행위의 표준이 될 만한 질서.

겸손한 처신

　남과 비교하지 말라. 자기가 남보다 낫다는 우월감을 경계한다. 남을 무시하게 된다. 자기를 게으르게 만든다. 윗자리에 있을 때는 교만하지 말고 아랫자리에 있으면서 배반하지 말라(居上不驕 爲下不倍). 아랫사람을 귀하게 대하면 많은 사람을 얻는다(以貴下賤 大得民也). 윗사람의 총애를 받고 있을 때 장차 다가올 위협을 생각하라(居寵思危). 인생은 돌고 도니 겸손으로 변화에 대처하면 흉함을 막을 수 있다. 탐욕을 부리지 않고 분수를 지켜야 위험에 빠지지 않는다. 교만을 경계해야 한다. 누구에게나 모두 겸손할 수 있다고 자랑하는 자체가 역시 하나의 교만일 수 있다.

　우리나라의 역사적 인물 중에 조선시대 최고의 사상가인 이황(李滉, 1501~1570) 선생의 겸손한 인품은 후학에게 모범이 되었다. 32세에 이황 선생의 제자가 된 기대승(奇大升, 1527~1572)과의 8년간에 걸친 사단칠정(四端七情)에 대한 논쟁에서 자기주장만 고집하지 않고 기대승의 주장도 수용하였다. 제자들의 생각을 수용하며 자신의 주장도 강요하지 않고 "그러하지 않겠느냐?" 정도로 제자들이 생각하도록 기회를 고려했다. 그렇기 때문에 300여 명의 제자들이 그를 따른 것이다.
　미국의 제16대 대통령인 링컨(Abraham Lincoln, 1809~1865)은 다음과 같이 지혜로운 처신을 말했다. "자기 쪽이 절반의 타당성밖에 없으면, 중요한 일이라도 양보하라. 자기 쪽이 전적으로 옳아도 작은 일은 양보하라."

　사람이 아무리 위대하고 큰 업적을 이루었다 해도 대자연이 이루는 것에 어찌 비교되겠는가? 하늘은 스스로 높다고 말하지 아니하고 땅은 스스로 두텁다고 말하지 아니한다(天不言自高 地不言自厚).
　겸손은 자연에서 배울 바가 많다. 물이 지혜롭다고 말하는 것은 낮은 곳을 찾아 흐르면서 막히면 피하고 서두르거나 다투지 않고 흘러 끝내 바다에 이른다. 인생도 이와 같이 살면 실패가 없다. 겸손하면 남의 의견을 들을 수 있다.

지도자는 일을 결정하는 자이다. 기능인이 아니라 남을 부리는 것이다. 올바른 판단과 함께 남을 움직일 수 있는 지도력이 있어야 한다. 그렇게 하려면 아랫사람의 의견을 겸손하게 받아들여야 한다. 겸양해야 독선하는 과오를 짓지 않는다.

사람의 본성에는 누구나 사양하는 마음이 있다. 겸양하면 남을 존중하여 예(禮)를 잘 지키고 예가 바로 서면 모두 안심하고 평화롭게 살 수 있다. 겸양하는 마음이 있으면 욕심을 절제할 수 있다.

07. 지족(知足, knowing satisfaction)

 겸양하면 욕심을 절제하고 남을 배려하여 예(禮)와 질서가 바로 선다. 욕심을 절제하여 만족할 줄 알아야 한다. 이를 지족(知足)이라 말한다. 지족하면 욕심을 과하게 부리지 않고 검약한 생활을 할 수 있다. 생각은 쉽지만, 실제 생활에서 절제하기란 어려운 일이다.
 마음속은 욕심과 양심이 언제나 다투고 있기 때문이다. 양심이 이기려면 족할 줄을 먼저 알아야 한다.

 욕구는 누구나 갖는 삶의 본능이다. 문제는 욕구의 정도에는 한이 없는 것이다. 소유욕은 가질수록 더 갖고자 하는 성질이 있어 과욕을 부리게 된다. 과욕을 부리면 욕심이 채워지는 것이 아니라 물이 그릇에 넘치면 쏟아지듯 가진 것도 잃게 된다. 채워지기 전에 그치면 만족할 수 있다. 만족하면 마음이 편하고 오래 간다.
 욕심이 적은 생활의 지혜는 무엇이나 적게 하려는 지혜이다. 적게 먹고, 적게 걱정하고, 승패도 적게 하고, 욕심도 적게 부리고, 감정도 지나치지 말고, 말도 적게 하고, 고통과 증오도 적게 하는 삶이다.

 입안의 떡이 실속 있으며 거품 없는 자본이 진짜 자본이다. 허욕을 버리면 실익을 얻는다. 행복은 내가 가진 것에서 누릴 수 있다. 행복은 물건이 아니고 마음의 느낌이다. 많이 가지고도 행복하게 살지 못하는 것은 족할 줄 모르기 때문이다. 탐욕은 인격을 해친다. 욕심을 부리면 남과 더불어 사는 데에 그 해(害)가 남뿐만 아니라 자기에게도 미친다.

지족하는 지혜로 다음과 같은 글귀가 있다.

- 교만하면 손실을 초래하고, 겸손하면 이익을 받는다(滿招損 謙受益)."
- 욕심을 부리지 않으면 만족의 즐거움이 있다.
- 꽃은 반쯤 핀 것을 보고, 술은 미치지 못하게 취하고 즐기면 그중에 아름다운 재미가 있다(花看半開 酒飮微醉 此中 大有佳趣).
- 분수에 맞게 하면 욕됨이 없고 중심이 바로 서면 평안하고 한가롭게 지낼 수 있다(不辱自閑).

[그림 5-3] 블라디보스톡 루스끼 대교

08.___ 절제(節制, self-control)

　지족하면 절제할 수 있고 지족과 절제는 몸을 지키는 기본 덕목이다. 국어사전에 절제를 '정도에 넘치지 아니하고 알맞게 조절함'이라고 풀이하고 있다. 절(節)은 대나무 마디로 한계를 나타낸다. 제(制)는 刀(칼 도) + 未(아닐 미, 나뭇가지가 뻗은 모양)자로 구성된 것으로, 뻗어 나가는 나뭇가지를 칼로 잘라서 지나치게 뻗어 나가 다른 나무를 해치지 않게 하는 것으로 지나친 욕구를 부리지 못하게 하는 것이다. 또한 국어사전에는 "방종에 흐르지 않게 감성적 욕구를 이성으로 제압함"으로 풀이하고 있다.

　절제는 강제가 아니고 자제요, 자율이다. 그래서 절제는 인격 수양의 중요 덕목이다. 절제력은 과욕, 과속의 위험에서 몸을 지켜준다. 사람에게 필요한 것은 '소유욕과 자유'에 절제가 포함되어야 한다. 금욕, 물욕, 명예욕 등이 있으나 이를 절제하지 못하면 흉한 일을 당한다. 갖는다는 것은 버린다는 생각을 가질 때 과욕하지 않는다. 자유 또한 최고의 가치이지만 넘치면 이성으로 다스리지 못한다.

　자율을 자율하는 것이 절제이지만, 또한 절제는 감정을 다스리는 이성으로 다스리는 것이다. 이성은 사성(四性)인 인의예지요, 감정은 칠정(七情)인 희(喜)·노(怒)·애(哀)·구(懼)·애(愛)·오(惡)·욕(欲)이다. 감정은 10의 선과 1의 악이 섞여 나타난다. 기뻐도 지나치면 화(禍)가 된다. 오해도 참으면 흉함을 면할 수 있다. 이성보다 감정이 앞서기에 절제하기가 어렵다.

그래서 수양을 게을리할 수 없다. 수양은 절제하기를 수양하는 것이다.

　소유욕은 자유 감정을 절제로써 다스리면 위험이 없다. 불필요한 것을 사면 필요한 것을 팔게 된다. 기쁠 때 그치는 것이 절제의 의미이다. 저축은 부를 창조하며 절제는 인간을 만든다. 진정한 행복은 절제에서 나온다. 태어나면서부터 가난과 고통을 모르고 자란 사람은 제멋대로 쓰고 제멋대로 행동하는 습관이 평생 간다. 절제는 어릴 때부터 가르쳐야 습관이 된다.

　절제는 행복을 지키는 자물쇠와 같다. 언행을 삼가고 어려운 상황에도 인내로서 행하고 좋을 때 조심하면 안전하게 살 수 있다. 절제로 분수를 지켜 자신 몸을 지키고, 예(禮)를 지켜 남을 해치지 않으면, 남과 더불어 사는 어진 인격자가 될 수 있다.

　주역의 64괘 중 60번째 괘인 수택절괘(水澤節卦)에 다음과 같은 가르침이 있다. "연못 안에 물이 담겨 있는 모습이니 물은 아껴야 필요할 때 쓸 수 있다." 아껴 쓰는 것 또한 지족, 절제와 함께 생각해야 한다.

09. 검약(儉約, economy)

검(儉)은 검소함, 넉넉하지 않음이며, 약(約)은 약소함, 줄이어 적게 함을 뜻한다. 자기의 능력이나 가진 것보다 쓰임을 적게, 검소하게 생활하는 것이니 절약하면 재물은 모이게 된다. 일생 생활에서 언제나 있어야 할 재산이 항산(恒産)[55]이며, 항산이 있어 언제나 떳떳하게 살 수 있는 항심(恒心)[56]을 갖고 평안한 마음으로 살 수 있다. 사람이 복되게 살려면 기본적으로 재산이 있어야 하며, 이를 재복(財福)이라 말한다. 재물을 아껴 쓰면 곧 복을 아끼는 것이다. 현대인의 생활이 경기가 좋고 수입이 많으나 소비가 지나치고 있다. 옛날의 빈곤했던 역사를 새겨보고 수입이 없어지는 노후를 생각하여 그 대책을 세워서 가진 것보다 적게 쓰고 저축하는 검약한 생활을 해야 한다. 이를 실행하지 않으면 노후에 크게 후회하게 된다.

검약하면 생활 자세도 바르고 넘치지 않기에 쓰임을 적게 하면 인품이 맑게 된다. 곧 청빈의 덕을 갖게 되어 존경 받는다. 검약은 미덕이다. 재물을 소중히 여기고 아끼는 마음이 아름답다. 선용에 쓰기 위해 저축하는 마음은 기쁘다. 검약하면 사치 낭비로 인한 타락을 막는다. 잘 생각하고 돈을 쓰는 사람은 어느결에 부자가 되어 있다.

검약은 인색과 다르다. 재물을 쓰지 않으면 인색이요, 선용하면 덕이 된다.

---

[55] 살아갈 수 있는 일정한 재산이나 생업(fixed property).
[56] 늘 지니고 있는 떳떳한 마음(constant mind).

재물이 넉넉하면 집안을 윤택하게 하고, 덕이 있으면 몸을 윤택하게 만든다
(富潤屋 德潤身).57)

어떤 마을에서 마을 발전기금을 모금하기 위해 한 노인 부잣집을 마을 대표들이 찾아갔다. 노인은 켜고 있던 촛불 2개 중 하나를 꺼 버렸다. 마을 대표들은 이 인색한 노인에게 모금을 기대할 수 없다고 생각했으나 노인은 흔쾌히 거액을 내놓았다. 그래서 마을 대표가 촛불 하나를 끈 이유를 물었더니, 노인은 책을 보는 데에는 촛불 2개가 필요하지만, 이야기를 나누는 데에는 촛불 하나면 족하다고 말했다. 아끼는 목적이 선용에 있었다.

가진 것이 없으면 남을 도울 수 없다. 이제 우리 사회 풍조는 탁부(濁富)가 아닌 청부(淸富)로 깨끗한 수단으로 부자가 되고 힘써 재산을 모은 만큼 절용(節用)의 생활 태도로 바꾸어 모은 재산을 내가 아껴 쓰고 어려운 사람을 위해 선용하는 생활을 지향하고 있다.
근검절약은 의지를 단련시키고 인내심을 키우는 데에도 큰 도움이 된다. 평소 검소한 사람은 죄짓는 일이 드물다.

---

57) 『대학(大學)』에 나오는 말이다.

10. 선행(善行, good deed)

　사람은 3가지에 의해 지탱하고 있다. 그 사람의 진실, 그의 재산, 그리고 그의 선행이다. 이 말은 축재(蓄財)에 뛰어난 유대인의 말이다.
　재물은 남을 위해 쓸 때 자기에게도 기쁨이 온다. 지금까지의 주제에서 참된 인격의 도야(陶冶)58)와 축재에 관하여 다루었으니, 이번 단락에서는 위의 주제와 같이 선행을 다루는 것이다.

　인간의 진정한 부(富)는 이 세상에서 행하는 착한 일이다. 선을 쌓은 집안은 반드시 경사가 많이 생기지만, 선을 쌓지 않은 집안은 반드시 재앙이 뒤따른다(積善之家 必有餘慶 不積善之家 必有餘殃). 집안이 번성하려면 선행, 미덕, 효경, 우애, 겸양의 좋은 가풍을 세우고 덕을 쌓아야 한다. 그 중에 선을 베푸는 것은 가장 즐거운 일이다(爲善最樂). 착한 사람은 당장은 손해를 보지만, 장차 그 복은 자신뿐만 아니라 후손에게까지 미치게 된다. 모든 일에 따뜻한 마음을 남겨놓으면 세월이 지나 서로 좋게 만나게 된다(凡事 留人情 後來 好相見). 남을 돕는 것은 나에게 천국이 되고, 남을 해침은 나에게 지옥이 된다. 선행은 곧 타인의 공덕과 이익을 베풀어 주어야 한다(利他行). 불교에서는 보시(報施)요, 유교에서는 인(仁)이며 기독교에서는 사랑이다.

---

58) 도기를 만드는 일과 쇠를 주조하는 일. 훌륭한 사람이 되도록 몸과 마음을 닦음을 비유적으로 이르는 말.

선행의 실천

오늘 누구를 기쁘게 할까를 생각하면서 하루를 시작하라. 은혜와 의로운 일을 널리 베풀어라. 사람이 살아가면서 어디 선들 다시 만나지 않겠는가(恩義 廣施 人生何處不相逢)?59) 아끼기만 하고 베풀지 않으면 가까운 친척도 등을 돌린다(節而不散 親戚畔之).60)

공자의 선행은 곧 인(仁)에 있고 구체적으로 다음과 같이 말했다. "노인을 평안하게 하고 벗이 믿게 하며 젊은이들은 감싸주어야 한다(老者安之 朋友 信之 少者懷之)." 선행은 설득하거나 자랑하는 등 베풀어 준다는 생각을 갖고 해서는 안 된다. 선행은 지혜롭게 조심스럽게 상대를 순수한 정으로 대해야 잘 받아들여진다.

순수한 인정으로 베푼다. 정(情)이란 맑은 마음, 靑(맑을 청) + 心(마음 심)으로 구성되어 있다. 덕에는 자식 사랑이 최고의 덕(상덕 : 上德)이요, 남의 체면 때문에 베푸는 것은 최하의 덕(하덕 : 下德)이다. 도움을 줄 때에는 자립하게 도와주어라. 자존심을 상하지 않게 조심하여야 잘 받아들여진다. 베푼다는 생각을 없애야 교만해지지 않는다. 역지사지(易地思之)로 상대의 입장에서 베풀어야 한다. 베푼 것을 자랑하지 말며 지나치게 베풀지 말라.

선행은 계속할 때 습관이 된다. 선행은 가까운 곳에서부터 언제나 어디서나 찾아서 해야 한다. 봉사의 몸으로 베풀어야 한다. 재산이 없어도 베풀 수 있다. 온화한 얼굴과 사랑스런 말로 사람을 대하는 화안애어(和顔愛語)의 베품은 마음만 있으면 가능하다.

---

59) 『명심보감』 계선편에 나오는 말.
60) 『목민심서』 율기육조(자기 몸을 다스림)에 나오는 말.

선행에 뜻을 두면 인생이 달라진다

선행의 기쁨을 맛본 사람은 계속하게 되고 인생도 달라진다. 인생의 위대한 목표는 소유에 있는 것이 아니라 기여에 있다. 공자는 "선이 쌓이지 않으면 이름을 이루지 못한다(善不積不足以成名)"라고 말했다. 선행을 행하는 것이 사람 노릇하는 것이다. 후하게 주고 적게 받아야 한다(厚往薄來). 남을 행복하게 하는 사람이 행복하다.

11. 신(愼, be careful, refrain)

신(愼)은 忄(마음 심) + 眞(참 진)으로 구성된 글자로서 참된 마음을 나타낸다. 참된 마음을 지키려면 말과 행동을 조심스럽게 해야 한다. 함부로 하지 않고 삼가는 것이다.

성급한 사람이 승리할 수 있는 경주는 죽음뿐이다. 성급하면 흥분하여 이성을 잃고 실언과 실패를 저지른다. '복수불수(覆水不收)'란 이미 엎질러진 물은 거두어 담지 못한다는 뜻이다. 신중하지 못하면 남이 하는 일에 충동적으로 따라 하여 끝에는 허무함만 남는다. 무지개를 잡으려고 하늘만 보고 쫓아 가면 물에 빠진다. 맹목적으로 한 가지 일에 집착하면 종합적 판단을 그릇 친다. 신(愼)은 결코 소심함이 아니며 마음을 바로잡아 실수를 예방하는 마음이다.

[그림 5-4] 덕유산 능선(향적봉)

삶은 항상 변한다. 변할 때 위험에 빠질까 신중하게 처신해야 한다. 역(易)의 가르침이 곧 신중함에 있다. 좋아하는 사람에게 빠지면 덕을 잃고, 재물을 쓰기 좋아하면 뜻을 잃는다(玩人喪德 玩物喪志). 무서워하고 두려워하여 삼가 경계함으로써 일의 시작과 끝을 도모하여 탈이 없게 하는 것을 역의 도(恐懼戒愼 懼而終始 此之謂 易之道)" 라고 말한다.

사는 것은 언제나 변하는 것이다. 변하는 것은 10쪽으로도, 1쪽으로도 변할 수 있다. 오늘 번창하던 사업이 내일 또한 번성하는 것만 아니다. 적어도 1이 되지 않도록 마음을 항상 섬세하게 써야 한다. 사람의 마음속도 선과 악이 항상 다투어 언제 어떻게 변할지 모른다.

홀로 있을 때 그릇된 잡념이 생기기 쉽다. 군자는 혼자 있을 때를 반드시 삼가라(君子必愼獨也). 처신하기는 혼자 있을 때 잡념에 빠지기 쉬우니 오직 생각을 신중하게 해야 한다. 또한 일이 끝날 무렵에 방심하여 실패하기 쉬우니 시작할 때처럼 신중하게 마무리해야 한다(愼終如始). 100에 90이 이루어져도 50밖에 못한 것처럼 보이니 일을 함에 있어서 철두철미해야 한다. 항상 변화가 오기 전에 새로워지게 신경을 써야 한다. 창업보다 성공을 지키는 것(守成)이 더 어려운 것이다.

신중함으로 교만한 생각을 막을 수 있다. 교만하지 않으면 계속 노력하게 된다. 신중하게 처신하는 데에 유념할 점을 생각해 보자. 먼저 작은 일도 신중하게 해야 한다(勿輕小事). 적을 가볍게 보면 반드시 패한다(輕敵必敗). 천천히 하고 바쁠수록 서두르지 말라. 천천히 걷는 자가 숨차지 않고 멀리 갈 수 있다. 예를 들면 네팔의 히말라야산맥 트레킹(5~6일)을 가보면 셰르파(sherpa)가 오래 걷기 위해 절대로 보폭을 30cm 이상 걷지 못하게 한다. 조선 중기의 문신이자 학자인 남명 조식(曺植, 1501~1572)은 제자 정탁(鄭

琢, 1526~1605)61)이 벼슬길에 나갈 때 그의 성급을 삼가라고 다음과 같이 말했다. "너에게 소 한 마리를 줄 터이니 타고 다녀라." 또 다른 예로 조선시대 대제학 조석윤(趙錫胤, 1606~1655)은 한강을 배를 타고 집으로 퇴청하는 길에 만선이 되자 배에서 내렸다. 결국 그 배는 강을 건너기 전에 침몰해 사람들이 다 익사했다.

 장군의 하는 일은 표나지 않게 신중히 작전을 추진하는 일이다. 시작은 조용히 하고 끝냄을 빨리 해야 성공한다. 계획하고 치밀하게 하여 실행해야 한다. 일은 시작할 때 계획을 세우고 말하기 전에 실천할 것을 생각한다(作事謀始 出言必顧行). 다음은 말의 중요함과 삼갈 바를 생각해 보자.

---

61) 조선 중기 중종 및 선조 때의 문신(좌의정).

12. 말(言)

말은 인간관계를 맺어주는 가장 요긴한 도구다. 말은 요리하는 데에 쓰이는 칼과 같이 그 작용은 양면성이 있다. 잘 쓰면 편리하지만, 잘 못 쓰면 사람을 해친다. 칼은 잘 갈아 쓰면 좋은 요리를 할 수 있지만, 무딘 채로 쓰면 요리를 망친다. 말도 잘 갈고 닦아 좋을 말을 쓰면 인간관계가 원만하게 잘 되지만, 품위 없는 말을 그대로 쓰면 인간관계를 해친다.

말은 예절의 첫째다. 목소리는 사람의 인품이다. 말(馬, 말 마)은 다리에, 사람은 말(言)에 그 평가가 달려 있다. 입은 영욕이 드나드는 문이다.

옛날 선비의 인품은 신언서판(身言書判)[62]의 4가지 덕을 갖추어야 했다. 그 4가지 중에서도 말씨(言)를 가장 중요시하고 말씨를 갈고 닦았다. 다른 사람과 만남이 옛날보다 오늘날 더 많다. 그러나 가정이나 학교 교육에서 지식만을 가르치고 말을 품위 있고 정확하게 잘 써서 예모 있게 말하도록 교육하고 있지 않다. 언어 사용이 제대로 안 되면 인간관계의 바탕을 이루지 못한다. 남을 대할 때에 말조심을 가장 강조한다. 어떤 말을 어떻게 조심할지 먼저 생각해야 한다.

---

[62] 신언서판(身言書判)은 중국 당나라 때 관리를 등용하는 4가지 기준을 의미하는 사자성어이다. 즉 첫째 인물의 생김새, 둘째 말씨, 셋째 문장력, 넷째 사물의 판단력을 말한다.

말의 부작용

말의 특성은 아는 것을 쉽게 말하는 속성이 있어 생각하지 않고 마구 쏟아 내는 습성을 대부분 사람들이 가지고 있다. 자기의 비밀도 말하고 곧 오래 도록 후회하게 된다. 말의 파괴력은 빠르고 커서 피해를 감당할 수 없다. 나쁜 말이 나가면 나쁜 말이 돌아온다.

특히 유념해야 할 점을 되새겨 보자. 말의 일격은 창의 일격보다 훨씬 날카 롭다. 여러 사람이 말하면 아무리 강한 쇠도 녹는다. 자기를 자랑하는 말도 남을 해치는 말과 같이 남의 미움을 산다. 나쁜 말은 남에게 상처를 주고 자 기도 망친다. 영화 'old boy'를 기억하라! 말은 물증이 있어야 낭패가 없다.

부정적인 말은 모두에게 해가 된다. 하지도 말고 듣지도 말자. 어떤 말이 부정적인지 몇 가지 보기를 들어본다.

- 다언(多言) : 말이 많으면 쓸모가 적고, 말이 많은 사람은 여러 사람이 싫어한다.
- 도청도설(道聽塗說) : 길에서 듣고 곧바로 말하여 신뢰를 잃는다.
- 실언(失言) : 사실과 다른 말을 하여 낭패 본다. 입을 지키기를 병뚜껑 닫듯 하라. 이익을 주는 것처럼 듣기 좋은 말로 속인다(甘言利說).
- 간섭하는 말 : 간섭은 윗사람으로부터 욕을 당하고 친구로부터는 멀어진다. 가족 간에 충고하고 깨우쳐 주는 말이 잔소리가 되지 않게 신중하라.
- 언쟁 : 말로서 모든 의사나 감정을 나타내려고 하지 말라. 한쪽만의 승리는 없다. 훌륭한 대화는 언쟁을 회피하는 것이다.
- 남의 단점을 함부로 말하지 말라 : 자존심을 상하게 하면 원한을 사게 된다.
- 험담은 세 사람을 죽인다 : 험담은 그 대상, 옆에서 듣는 사람, 그리고 자신을 죽인다.
- 부정하는 말 : 부모나 교사의 제일 금기해야 할 말은 아이를 부정하는 것이다. 남을 부정하는 자는 자기 자신을 부정하는 자이다.
- 거짓말 : 거짓말은 믿을 수 없고 남을 속여 손해를 입히니 속지 않아야 한다. 거짓말의

최대 형벌은 다음에 옳은 말을 해도 믿어주지 않는 것이다. 거짓말을 하면 인간관계가 단절되니 이미 거짓말쟁이는 인간 취급을 받지 못한다.

좋은 말

말은 인격을 나타내는 것이다. 말의 품격을 생각해 보아야 한다. 품격을 갖출 때 듣기 좋은 말이 되는 것이다. 좋은 말을 듣기는 쉽지만, 하기는 어렵다. 칼을 갈아 쓰듯 더욱 잘 갈고 닦아서 써야 한다.

말이 갖추어야 할 품위들은 어떤 것이 있는 지 알아보자.

- 덕담(德談) : 남이 잘되게 격려, 칭찬을 한다. 좋은 말은 하는 이에게나 듣는 이에게 좋다. 덕담은 정성스럽고 예의 있으며 말이 공손하다. 칭찬하는 말은 늘 배워 사용해야 한다. 말이 선하면 아름답다.
- 정언(情言) : 감정이 하나가 되는 정이 되는 말, 사랑이 오가는 말을 많이 하라.
- 온언(溫言) : 체온이 통하듯 마음을 따뜻하게 하는 말은 일체감을 느끼게 한다. 차가운 말보다 사람을 멀리하는 것이 없고 따뜻한 말보다 사람을 가까이하는 것이 없다. 한 냄비의 물보다 따뜻한 말 한마디가 사람을 진정시킨다. 따뜻하고 부드러운 말은 긴장된 마음의 벽을 풀어주어 새로운 애정이 흐르게 한다. 들어서 평안한 말은 믿음과 안정된 감정이 묻어난다(安定辭).
- 공언(恭言) : 공손한 말씨로 어른에게 공경하고 아랫사람에게는 감싸는 말이다.
- 정언(正言) : 정직하고 구김이 없는 말이다.
- 신언(信言) : 믿음이 있는 말이다.
- 직언(直言) : 바른말을 어른이나 상사에게 숨김없이 하는 말이다.
- 간언(諫言) : 웃어른이나 임금에게 옳지 못하거나 잘못된 일을 고치도록 하는 말이다.

- 단언(短言) : 말은 짧아야 내용이 요약되어 듣기도 쉽다. 가장 경제적인 말이다. 인간의 말은 45초 이내로 정리된 말이 가장 이해가 쉽다.
- 신언(愼言) : 심사숙고해서 하는 말로 탈이 없다. 생각을 깊게 하지 않는 말을 실천하기 어려우며 가장 좋은 말은 가장 조심스럽게 억제하는 말이다.
- 친언(親言) : 말은 대상에 따라 감정의 차이가 있으니, 격에 맞는 말씨를 택해서 해야 관계가 원만하게 소통된다. 즉 남편에게는 공손한 말, 아내에게는 정다운 말, 부모에게는 온순한 말, 자녀에게는 바른말, 벗에게는 믿는 말, 스승에게는 묻는 말, 어른에게는 공경의 말, 상사에게는 참된 말, 패자에게는 격려의 말, 젊은이에게는 칭찬의 말 등이다.

예부터 우리나라에서는 예절을 강조하였고 그중에 말의 예절을 가장 중하게 여겼다. 말을 함부로 하면 사람 대하는 예절도 소홀히 하게 된다. 그러나 오늘날 지나치게 까다로운 경어 폐단은 이미 사라진 지 오래다. 앞으로 경어의 문화는 재생해야 할 부분이 많다.

말을 탈 없게 하려면?

인간의 활동이 가정이나 마을 안에 한정되었던 옛날은 남과의 접촉이 적고 경쟁도 없었다. 그러한 시대에도 말 한마디 잘못으로 곤욕을 치르는 경우가 있었기에 말조심을 자기 몸을 지키는 것처럼 생각하고 처신했다.

현대 사회에서 하루를 보내는 곳은 남과 만나는 장소이며 만남은 말로서 이루어진다. 말은 사람을 맺어주기도 하지만 끊기도 한다. 생각하고 말해야 탈이 없다. 말을 삼가서 골라 하고 어려우면 차라리 침묵하라. 남의 단점을 말하지 말고 자기의 장점도 말하지 말라. 군자는 말을 어둔하게 하고 행동

은 민첩하게 한다. 마음이 안정된 사람은 말을 적게 한다(心定者寡言).63)

다음 공자의 가르침은 현대 젊은이들, 특히 직장인들에게 꼭 필요한 명언인 것 같다. "말할 때가 이르지 않은 때 말하는 것은 조급함이고, 말해야 할 때 말하지 않는 것은 감추는 것이며, 안색을 살피지 않고 말하는 것은 장님이라 한다."

말은 서로 의견이 다르고 이해관계가 다른 상대를 설득하여 이기려는 습성이 있다. 다투면 화가 나고 언쟁이 커지면 서로 상처가 남는다. 말은 역지사지(易地思之)해서 해야 인간관계를 해치지 않는다. "근심 있는 이에게 나의 즐거움을 자랑 말고, 우는 자에게 웃지 말고, 실의에 찬 이에게 자랑을 말라." 말은 적게 하고 많이 들을수록 좋다. 웅변은 은이요, 침묵은 금이다.

대화(對話)

말은 대화할 때 가장 많이 쓰인다. 대화의 요령이나 예절을 매일 반성하여 세련되게 해야 인간관계가 원만히 된다. 대화가 잘 되면 가정은 화목하다. 대화가 잘 되는 순간은 서로 영혼이 일치한다.

인간관계는 대화의 정도에 따라 친소관계가 결정된다. 대화가 잘 되면 너와 나의 장벽이 없다. 가화만사성(家和萬事成)이란 가족 간의 대화가 잘 되어 이루어지는 것이다.

대화는 자기주장을 적게 하고 상대의 의견을 존중해서 잘 듣는 것이 기본예절이다. 듣는 것은 빨리하고 말하는 것은 늦게 한다. 상대의 긍정적인 것

---

63) 율곡 이이(李珥)의 자경문(自警文 : 스스로 경계삼는 글)에 나오는 말이다.

부터 먼저 말한다. 따뜻하고 부드러운 말씨를 순리에 맞게 한다. 잘못된 말은 고칠 수 있어야 한다.

화술(話術)

말은 뜻을 표현하는 기술이며 감정을 나타내는 예술이며 사람을 대하는 예절이며 자신을 나타내는 인격이다. 명언의 기술이 곧 화술이다. 화술이 좋아야 남이 잘 듣게 된다. 따라서 화술이 좋으면 자기 능력을 제대로 발휘하고 남으로부터 공감을 얻고 남을 잘 부릴 수 있다.

대중을 움직이는 화술이 뛰어난 정치가가 많다. 일상생활에서도 화술을 닦아 대화하면 친한 이웃이 많아진다. "되로 주고 말로 받는다"라는 말이 있다. 아는 것이 부족해도 화술이 좋으면 들어주는 사람이 많아진다. 인격 수양으로 가장 실용적인 것이 화술이라고 할 수 있다.

그렇지만 우리는 화술을 닦는 노력은 잘 안 한다. 1863년 11월 게티즈버그(Gettysburg)에서 "of the people, by the people, for the people"의 명연설[64]을 한 미국의 제16대 대통령 링컨(Abraham Lincoln, 1861~1865)은 "아무리 경험이 많은 사람이라도 준비 없이는 전연(全然) 하게 말할 수 없다"고 강조하였다.

말이 복을 불러온다. 복을 차버리는 말이 아니라 복을 불러오는 말, 생명을 살리는 말, 맛있는 열매를 맺는 대화를 해야한다.

---

64) 300단어가 안 되는 내용을 불과 2분 만에 한 연설이지만, 그 내용에는 미국의 독립과 인간평등의 원칙, 자유의 탄생을 위한 내용이 포함되었다.

13. 독서(讀書, reading)

　수신(修身)에는 독서만 한 것이 없다. "생각만 하고 배우지 않으면 위태롭다"라는 말처럼 배우며 생각하는 수단으로는 독서가 가장 좋은 것이다. 특히 성현의 가르침이나 위인의 전기는 마치 등댓불처럼 독자에게 인생의 갈길을 밝혀 주는 것이기에 독서는 인생을 바른길로 가게 하는 수양이 되는 것이다. 평생을 두고 배우기는 독서만 한 것이 없다. 사람이 책을 만들고 책이 사람을 만든다. 책은 옛날부터 인류의 예지가 담겨 있어서 시간과 공간을 초월하여 고금의 지식과 옛사람을 만날 수 있게 한다.

　한 나라의 문화는 그 나라의 척도가 되며, 문화의 수준은 국민의 독서 수준에 의하여 결정된다. 우리나라의 경제 수준은 선진국에 이미 올랐으나 독서의 수준은 낮다. 우리나라가 문화에서 서구 선진국과 대등한 수준이 되려면, 국민의 독서 수준을 더 높여야 한다.

　링컨, 나폴레옹, 세종대왕 등 역사에 나타난 위인은 독서를 많이 한 인물이다. 우리나라의 선비는 곧 독서인의 삶을 평생 계속했다. 독서는 마음의 밭에 지혜의 씨를 뿌린다고 하여 심전경작(心田耕作)이라고 말한다. 독서는 교양 있는 삶의 안내자이다. 그리고 훌륭한 책, 양서(良書)는 인류 불멸의 정신이다. 책을 읽는 것은 마음을 가꾸는 것이다. 양서는 곧 양심을 가꾸는 보약과 같다. 독서로써 인생의 바른길을 따른다. 책은 남이 말해준 인생의 항로이다. 평생을 걸고 바른길을 가려면 책의 선택에서 양서를 택해야 한다.

잘못된 책은 고장 난 나침판과 같이 인생길을 그릇되게 오도한다. 물질이나 감각 위주의 타락된 내용이 젊은이를 오도하고 있다.

교양 도서로 권하고 싶은 것은 유학의 고전을 기본으로 삼아 다른 책보다 먼저 읽어 독서의 바탕부터 다지기를 바란다. 사서오경 중에 이해하기 쉬운 사서의 대학, 논어, 맹자, 중용은 인간의 바른 도리를 이해하는 데 근본이 되는 것이다. 독서삼매(讀書三昧)란 책 읽는 즐거움에 빠져 모든 것을 잊게 되는 것이다. 일생동안 어디서나 계속해서 재미있게 취미로서 책 읽기만 한 것이 없다. 새로운 답을 얻고 옛 성현과 만나고 인간의 사는 모습을 책을 통하여 알게 된다. 고전을 읽으면 2~3,000년 전이 그리 멀지 않다고 느낀다. 책 속에 인간의 역사가 있으며 가고자 하는 올바른 인생의 등불이 있다.

책의 만남을 벗 만난 것처럼 기뻐하라. 고전을 통하여 옛 위인과 만나 벗이 된다. 이를 독서상우(讀書尙友)라고 말한다. 옛 선비는 평생을 책과 벗과의 사귐으로 마음이 기쁨으로 가득 찬 삶을 살았다. 책은 청년에게는 길잡이요, 어른에게는 즐거움이다.

독서에 유의할 점

책에 따라 읽는 방법을 선택한다. 어떤 책은 맛보고, 어떤 책은 삼키고, 어떤 책은 잘 씹어야 한다. 읽고 기억하여 이회(理會 : 깨달아 앎)가 되어야 한다. 글은 반드시 많이 읽을 필요가 없고 요점을 확실히 알아야 한다. 천 번 읽는 것보다 한번 쓰는 것이 낫다. 가능하면 고전은 원본을 읽어라.

책을 선택할 때 바른 목표에 따라 신중히 하라. 독서에 있어서 가장 중요한 것은 책의 선택일 것이다. 한 권의 책이 일생을 결정하는 계기를 만든다. 역사적인 유명 인물은 대개 젊었을 때 읽은 책에서 입지를 세운 것이 많았다. "책이 나를 만든다"는 생각으로 일생의 독서 계획을 세워 하루도 쉬지 않고 책을 대해야 한다. 평생을 쉬지 않고 독서를 하면, 나날이 성장하여 훌륭한 인품을 갖게 될 것이다.

14. 건강(健康, health)

　사람이 가지고 태어난 첫 번째 재산은 건강이다. 건강은 일반적으로 심신이 튼튼하고 병이 없는 상태를 말한다. 사람은 심신을 함께 닦아야 건전한 생활을 할 수 있다. 아무리 뛰어난 운전 기술이 있다고 해도 자동차가 성능이 모자라면 제대로 갈 수 없다. 사람의 몸과 마음도 탈이 나거나 허약하면 마음대로 활동할 수 없다.

　미국의 철학자 겸 시인인 에머슨(Ralph Waldo Emerson, 1803~1882)도 "첫째 재산은 건강이다"라고 말했다. 건강해야 일을 할 수 있기에 건강 없이 재산은 있을 수 없다. 육체적·정신적 활동으로 생산 소득을 얻지만, 정신활동은 육체적 건강 없이는 불가능함으로 건강은 사람을 활동하게 하고, 그 활동으로 곧 소득을 얻게 하니 신심불이(身心不二)라고 말할 수 있다.

　건강만이 온갖 축복을 받을 수 있다. 재산을 잃는 것은 적게 잃는 것이며, 명예를 잃는 것은 크게 잃는 것이고, 건강을 잃는 것은 전부를 잃는 것이다. 가장 어리석은 일은 어떤 일을 위해 건강을 희생시키는 것이다. 자기 자신을 건강하게 만드는 것이 인간의 첫째 의무이다.

　사람의 소유욕이 행복을 보장하는 것처럼 생각하여 재산, 권력, 명예를 가지려고 하지만, 가진 것도 건강을 잃으면 아무 소용이 없다. 평생 모은 재산도 병실에 누운 환자에게는 소용이 없다. 내가 무엇 때문에 재산을 모으려고 건강을 돌보지 않았나 하는 후회만 남는다.

인생을 항해에 비유한다. 목표가 크고 먼 곳에 있으면 무리하게 일을 한다. 배도 사람의 신체도 무리하면 고장이 난다. 항상 점검하고 수리하고 치료하여 큰 고장이 나기 전에 잘 점검해야 배도 사람의 건강도 목적지까지 고장 없이 갈 수 있다. 다음은 건강을 해치는 다섯 가지 해로운 것이다. 즉 과음, 과식, 과로, 과색, 과욕이다.

주치의는 자신이다

사람이 각기 가진 것 중에서 처음부터 끝까지 자기만이 가지는 것은 자신 신체밖에 없으며 사람은 신체를 관리하는 책임도 자기 자신이 져야 한다. 건강할 때 병에 대비하라. 병이 난 후에 의사의 힘을 빌리기보다 예방하는 것이 최선이며, 예방은 자기의 책임이다.

자기 스스로 건강을 관리하는 데 참고할 것을 예로 들어본다.

- 식사와 운동 : 식사를 잘하면 건강은 걱정 없다. 최선의 약은 식사이다. 식사를 많이 하거나 적게 하는 것은 건강에 해롭다. 많기보다 적게 절식의 습관을 지녀야 한다. 절식과 규칙적인 운동은 꼭 필요하다.
- 예방과 관리 : 건강 검진은 적은 비용으로 병을 예방한다. 예방은 치료보다 낫다.
- 건강할 때 건강을 조심하라 : 건강한 사람은 자기 건강을 모른다. 병자만이 건강을 알고 있다.
- 좋은 감정은 가장 좋은 약이다 : 몸에 가장 좋은 감정은 깨끗한 양심이다. 맑은 마음과 화애로운 기운(明心和氣)은 건강의 근간이다.

- 여유 있는 삶 : 건강은 간소하게 사는 것이 제일이다. 오래 살기 위해서는 느긋하게 사는 것이 필요하다.

병을 숨기려는 자에게는 약이 없다. 그러나 고치려는 사람은 이미 반은 나아 있다. 약의 효과는 약 자체에 있는 것이 아니라 복용자의 마음에 있다. 그리고 치료는 적극적이고 긍정적인 자세로 해야 한다.

건강관리

현대인의 병폐는 건강에 대해서 의사를 믿고 무절제하게 몸을 관리함으로 병을 스스로 부르는 것이 아닌가?

옛 선비가 절제로서 건강을 지킨 지혜를 살펴보자. 먼저 중용을 지켜 생활 습관에 무리가 없게 했다. 하루의 일과를 조기 기침, 몸단장, 집안일, 손님 접대 등 근면한 일과 적절한 휴식, 운동, 풍류를 함께 하였다.

사람이 갖고 있는 재산이나 학식이나 권력 등은 항시 쓰이는 것이 아니지만, 몸은 잠시도 고장 나면 제대로 평안하게 살 수 없다. 몸의 신비한 조직을 생각할 때 어떠한 정밀한 기계보다 잘 다루어야 고장이 나지 않을 것이다. 나무는 무성해야 꽃을 피워 풍성한 열매를 맺고, 사람은 건강해야 많은 일을 하고 행복할 수 있다.

Chapter 06.
입신하다

01. 일(事, work)
02. 성공(成功, success)
03. 성가(成家, make a family)

인간이 독립해서 한 사람의 도리를 다하고 살려면 인격 수양과 함께 일을 하여 경제적 기반이 서고 함께 도우며 살 수 있는 배우자와 한 가정을 이루어야 한다. 이와 같이 인간이 자립해서 사는 것을 입신(立身)이라고 말한다. 수신과 제가(齊家)의 바탕으로 가정을 이루고 하는 일을 가지는 것을 말한 것이다.

입신에 관한 주제로 일, 성공, 성가(成家)를 다루려고 한다. 한 사람으로서 자기 몫을 해야 하며 평생 해야 할 일이 있어야 한다. 평생 해야 할 일을 정하여 부지런히 노력하는 것이다.

명언 중에는 일에 관한 것과 함께 일을 성공으로 이끄는 명언이 많이 있기에 일의 성공을 돕는 의미에서 주제로 삼았다. 그리고 독립해서 살려면 새로운 가정을 이루어야 하기에 성가(成家)도 주제로 삼았다. 말하자면 입신출세(立身出世)라는 개념으로 볼 때 출세는 CHAPTER 8에서 봉사의 의미로 다루기로 한다.

삶은 선택에 의해 결정된다. 삶의 선택 중에서 가장 중요한 선택은 직업의 선택과 배우자의 선택이다. 이 두 가지 선택에 의하여 바르게 살 수도 있고 바로 서서 살 수 없기도 하다. 행복이 여기에 달려 있다고 해도 과언이 아니다.

01. 일(事, work)

일이란 "사람이 유익한 삶을 살기 위하여 그 목표를 따라 정신적, 육체적 활동을 하는 행위"라고 사전에 정의하고 있다. 오경의 하나인 서경(書經)에 "생생자용(生生自庸), 즉 사는 데에 필요한 것을 생산하기 위하여 스스로 일하라"라는 구절이 있다.

사람이 삶을 지탱하는 데는 4가지 지주(支柱)가 있어야 한다. 신체의 건강, 하는 일, 인격, 지향하는 가치관을 갖추어야 사람 구실을 하고 살 수 있다. 이 중에 이번 주제에서는 일을 다루려고 한다.

한 사람의 평가는 그 사람이 하는 일이 무엇인가에 달려 있다. 사람을 대할 때 그 사람의 직업, 하는 일이 무엇인가에 따라 다르게 대하게 된다. 따라서 직업은 그 사람의 이름과 마찬가지로 불린다. 가까운 벗이 아니면 이름보다 직업으로 부르게 된다.

건축가, 공무원, 성직자, 음악가, 화가, 작가, 정치인, 군인, 상인, 농민 등등 일은 종류가 다양하며 사람에 따라 그 선택이 다르다. 일은 삶이며 일의 선택에 의하여 삶이 결정된다. 일해야 살 수 있지만 일에는 노력이 따르며 노력은 고통이 따르기에 사람은 일하기를 싫어하기도 한다.

일을 함으로써 목표가 성취됨으로 일하는 가운데 희망과 기쁨이 있다. 이번 주제인 일에서는 일의 가치와 일의 기쁨, 일하는 요령 등에 관한 명언 명구를 보기로 들었으니, 일을 보람있게 하는 데에 도움이 되기를 바란다.

부지런히 일함은 값을 정할 수 없는 보배이다(勤爲無價之寶)

- 일하지 않으면 먹지도 말라.
- 자기와 가정과 사회를 위해 자기 몫을 하라.
- 사람이 무엇인가 생산하고 있을 때 그만큼 비례하여 살고 있다(소크라테스).
- 세상에서 최후의 복음은 나의 일을 하고 그리고 이루는 것이다(칼라일).
- 최상의 친구는 역시 일이다(프랑스 속담).
- 근로는 둔재를 천재로 만든다(영국 속담).
- 일은 명성의 어머니이다(Euripides).65)
- 인생에 있어서 가장 소중한 것은 현재의 일이다(인도 속담).

일과 기쁨, 행복

- 하는 일이 진보가 있을 때 가장 행복하다(정주영).
- 일이 없는 것은 쓰라린 일이다(영국 속담).
- 일하는 농부가 앉아 있는 신사보다 즐겁다.
- 손수 일해서 얻는 빵만큼 맛있는 빵이 없다.
- 건강은 노동에서 생기고 만족은 건강에서 생긴다.
- 마지 못해하는 일은 말과 소와 같고, 지시받아야 하는 일은 죄수와 같다.
- 일은 천벌과 축복의 양면이 있다. 마지 못해하면 천벌이요, 스스로 하면 축복이다.

65) 에우리피데스(Euripides, BC484~BC406). 고대 그리스 3대 비극 시인의 한 사람.

- 경쟁하는 분야에서 성공하려면 제1의 전문가가 되어야 한다. 또한 실패해도 용기로서 재기해야 한다.

일의 선택

- 때가 요구하는 일을 선택해야 성공하는 때에 공조를 얻을 수 있고 성공한 결과는 사회에 좋은 쓰임이 된다.
- 고려시대는 불교의 사찰과 탑을 세워 성공하고, 조선시대에는 유교의 서원을 세워 성공했다.

일을 잘 하려면

- 평생 계획을 세워 일하라(계획성).
- 공업은 업을 자주 바꾸면 그 공을 잃는다(일관성).
- 석공은 101번째 돌을 깬다(인내성).
- 위인의 특징은 과감하게 생각하고 즉시 실천하는 것이다(결단성).
- 쉬운 일이라도 어려운 것처럼 달려들고 어려운 일이라도 쉬운 것처럼 달려들어라(신중성).
- 일은 해보면 쉽다. 그런데 이것을 어렵게만 생각한다(적극성).
- 나태는 우매와 함께하며, 절망은 실패와 함께하며, 근면은 지혜와 함께하며, 의지는 승리와 함께한다(집념).
- 쾌락을 추구하는 것만큼 천한 것은 없고 일에 몰두하는 것만큼 고귀한 것은 없다(전념).

- 한번 해보는 것은 배우는 것보다 낫다(실천).
- 활력은 실력을 최대한으로 발휘하게 한다(활력).
- 활동의 3대 원칙은 능동, 역동, 열동(悅動)이다.

"자기가 진정으로 하고 싶은 일을 하지 못하고 단지 급료에 매달려 일하고 있는 것처럼 불쌍한 인간은 없다" 라는 카네기(Andrew Carnegie, 1835~1919)의 깨우침은 현실을 통찰한 가르침이 아닌가? 자기가 하는 일은 자기의 삶을 결정한다. 첫째 선택을 잘하고, 둘째 소신을 갖고, 셋째 정열적으로 꾸준히 하여 최선의 성취를 이루어 일로서 건강하고, 일로서 인격이 실현되고, 일로서 하고자 하는 뜻을 이루도록 시종일관 최선을 다하여 행복한 인생을 개척해 나가야 한다.

[그림 6-1] 양양 하조대(河趙臺)

02. 성공(成功, success)

성공이란 글자 그대로 말하면 "하고자 하는 일을 공을 들여 성취한다"라는 풀이가 된다. 일에 대해서는 앞 주제에서 이미 다루었고 일을 성공하기 위해서 참고가 될 명언 명구를 모은 것을 이번 주제인 성공에서 정리하며 생각해 보기로 한다. "공든 탑이 무너지랴"는 말이 있는데 이 말을 분석해보면, '탑'은 하고자 하는 일이며, '공'은 노력과 비용이고, '무너지랴'는 성의로, 공들여 쌓은 탑은 절대 무너지지 아니함을 비유적으로 이르는 말이다.

이와 같은 내용을 명언 명구에서 찾아보았다. 각자가 하는 일이 성공하도록 노력하는 데에 도움이 되었으면 한다.

기회

- 때에 맞는 일을 발견하여 계획하고 노력하면 성공할 수 있고 결과도 보람 있다.
- 기회는 운명을 결정한다.
- 인간이 일생에 대하여 결정하는 것은 순간적인 기회뿐이다(괴테).
- 때를 알고 노력한 자가 위인이 된다.
- 실패에서 새로운 기회를 찾아라.
- 기회가 왔을 때 놓치기 말라(勿失好機).

- 바람이 부는 방향으로 소리를 질러야 잘 들린다(順風而呼).

기회가 오기 전에 학력, 재력 등 자기의 능력을 갖추어 때를 기다려야 한다. 강태공이 위수에서 낚시하듯 기회는 흔하게 오는 것이 아니다. 기회는 두 번 문을 두드리지 않는다. 기회는 감각이 예민해야 놓치지 않고 항상 하려는 일을 생각하고 있어야 영감이 온다.

자신(自信)을 잃지 말라

- 기회를 잡으면 자신을 갖고 추진하라.
- 흠모는 제2의 창조이다.
- 목표가 삶을 이끌어야 한다.
- 자신(自信)은 성공의 제1의 비결이다(에머슨).

노력하라

- 뿌린 씨는 가꾼 대로 거둔다.
- 성공은 능력이 아니라 노력이다.
- 나를 고귀하게 만들어 주는 것은 노력이다(에디슨).
- 천재는 1%의 영감과 99%의 노력이다(에디슨).
- 성공에는 어떠한 속임수도 없다. 나는 나에게 주어진 일에 전력을 다했을 뿐이다(카네기).

인내심을 가져라

- 꿈을 이루려면 성공과 실패와 시간과의 싸움에서 인내로서 극복해야 실패하지 않고 끝내 이루게 된다(大器晩成).
- 자포자기는 성공의 적이다.
- 성공은 가장 끈기 있는 사람에게 돌아간다(나폴레옹).
- 고생은 성공에 이르는 사다리이다(영국 속담).
- 매화꽃이 향기롭게 피는 것은 겨울의 추위를 견디어 내고서이다(梅花香自苦寒來).

우리나라에서는 옛날부터 전해 내려오는 성공과 관련되는 말로 입신출세(立身出世), 자수성가(自手成家)가 있으며 성가(成家)보다 출세에 더 관심을 많이 가진 것 같다. 오늘날 출세도 관직이나 명예 못지않게 자기가 하는 분야에서 남 앞에 서는 것으로 생각해야 한다. 따라서 성공의 길은 직종이 많듯이 기회도 많이 있다.

단, 사회에 공헌할 수 있는 일을 해야 한다. 성가(成家)의 개념도 벼슬을 하고 재산을 모으는 정도가 아니라 바람직한 가업을 이루어 전문가가 되고, 전통 있는 선비 가문처럼 도덕적으로 존경받는 인물이 배출되면, 그 가정은 성공한 가정이라 할 수 있다.

03. 성가(成家, make a family)

　성인이 되어 직업을 가지면 정신적, 경제적으로 독립해서 살 수 있다. 혼자 살 수 있는 것이 아니고 배우자를 만나 결혼하여 가정을 이루어야 평안하게 살 수 있다. 이와 같은 것을 성가(成家)라고 말한다.

　가정은 남녀 음양의 결합으로 이루어진 하나의 작은 우주라고 말한다. 남녀 간에 새 생명이 태어나 가족을 이루고 가족은 가정을 보금자리로 하여 사회에 나가 활동한다.

　하루의 절반을 가정에서 가족과 함께 생활한다. 함께 먹고, 함께 대화하고, 함께 즐기며, 함께 잠자며, 생활용구도 함께 사용하며, 네 것 내 것의 구별이 없이 사는 생활공동체로서의 의미가 있다. 가정은 사람이 만든 조직 중에서 가장 이상적인 곳이다.

　가정을 안식처라고 말하는 것은 걱정 없이 즐겁게 지낼 수 있는 보금자리가 되기 때문이다. 가정이 낙원이다. 낙원이 되려면 가족끼리 화목해야 이루어진다. 집안이 화목하면 모든 일이 잘된다. 화목하면 좋은 가정이 이루어지며 하는 일, 대화하는 일, 쉬는 일이 모두 즐겁다. 맹자가 말한 인생삼락(人生三樂)[66] 중에 가정에서 부모 형제와 함께하는 즐거움이 으뜸이다(父母俱存 兄弟無故一樂也).

---

[66] 사람으로서 즐거운 일 세 가지. ① 부모가 살아계시고 형제가 무고한 것, ② 천하의 똑똑한 영재를 모아서 가르치는 일, ③ 하늘과 남에게 부끄러움이 없는 일.

부부, 자녀, 형제는 한 가족이 되며, 가장 친한 육친(六親)의 관계라고도 말할 수 있다. 하나의 공동운명체이다. 가정이 모여 사회가 되니 가정은 사회의 기본 단위가 된다. 가정마다 안락하면 평화로운 사회가 이루어지는 것이다. 부부는 인륜의 시초이며 만복의 근원이다(人倫之始 萬福之源). 안락한 집은 행복의 근원이다. 부부는 부모, 자녀, 형제, 친척들과 같이 안락한 가정을 만들기 위해 최선의 노력을 해야 한다.

가정에서 평안히 지내는 것을 안거(安居)라고 말한다. 사람은 하는 일과 평안히 지낼 수 있는 가정이 있어 자립해서 살 수 있어야 하기에 이를 입신(立身)이라 말한다. 이후에 사회에 나가 활동을 하는 것을 출세(出世)라고 한다.

가정은 작은 우주라고 보면 우주에 음과 양이 있듯이 가정도 음과 양이 있다. 음은 여성이요, 양은 남성이라고 본다. 우주에 먼저 음과 양이 있었고, 그리고 여성과 남성이 만나서 뒤에 가정을 이룬다. 하나의 공동체로서 가정이 이뤄졌으나, 여와 남이 1(一)적인 것과 10(十)적인 특성이 다르기에 그 특성에 맞게 하는 역할도 달라야 화합하여 무엇을 이루게 된다. 이와 같이 역할을 잘 구별하는 도리, 즉 인륜으로서 부부유별(夫婦有別)을 지켜야 한다. 결코 남녀 차별이 아닌 역할 분담을 말하는 것이다. 상하귀천(上下貴賤)이 없는 균등이다.

부부 사이가 화목한 것을 금슬(琴瑟)이 좋다고 말한다. '금'은 작은 거문고로서 높은음을 내어 여성의 소리에 비교하고, '슬'은 저음을 내어 남성의 저음에 비교한다. 가정에서 여성이 더 적극적으로 가정을 이끌고 남성은 그 뒷받침을 하며 부인이 지나칠 때만 조절하는 소극적인 자세로 가정을 꾸려 나가면, 가정은 부인의 역할인 발전과 남편의 조언인 안정을 이루어 행복한 가정을 이루게 된다. 목표는 하나이지만, 역할은 둘이 각자 나누어 맡아 하면서도 주된 역할은 부인이 해야 평화로운 가정이 되고 가정에 평화가 오면 하는 일마다 뜻대로 이루어진다.

다음 독일의 시성 괴테와 중국 속담을 음미해 보자. 괴테(Goethe, 1749~1832)는 "자기 가정의 평화를 발견하고 이를 위해 게으르지 않은 사람은 행복한 사람이다"라는 부부 명언을 남겼다. 중국 속담에 "하나의 가정을 이루기 위해서는 한 사람의 여자가 꼭 필요하다"라는 말이 있다.

남자의 역할은 직장을 주로 한 가지 정도로 단순하지만, 여자의 노력은 가사의 모든 것을 거의 맡아 함으로 하는 일이 다양하다. 마치 하늘은 햇볕과 비를 내려주는 단순한 일을 하지만, 땅은 만물을 기르고 관리한다. 천고지후(天高地厚)라 말하듯 가정에서 여자의 역할은 한없이 많다. 좋은 가정은 좋은 남편도 중요하지만, 부인의 역할이 절대적이다.

[그림 6-2] 천고지후(天高地厚) : 몽골 초원

남자의 운명은 아내에게 달려 있다. 아무리 덕을 갖추었다 해도 배우자를 잘 만나지 못하면 삶이 힘들다. 배우자 선택은 남녀 모두에게 행복을 결정짓는 시발(始發)이 된다.

배우자 선택이 가정의 행복을 결정한다

결혼하기 전에 눈을 뜨고 결혼한 뒤에는 눈을 감아라. 서둘러 결혼하면 지루해서 괴로워하게 된다.

주역(周易)에서 인생은 바뀌고 변하는 것이라고 가르치고 있다. 혼자 살던 남녀가 결혼하여 가정을 이루는 것은 인생에서 변화이다. 결혼이란 변화에 의하여 그 사람의 인생이 새로 결정된다. 주역에서는 변혁에 신중히 대처하는 처세의 길을 제시하고 있다. 결혼은 인생사 중에서 가장 신중히 해야 한다.

주역 64괘 중 37번째 괘인 풍화가인괘(風火家人卦)67)에서 "한 여인의 마음가짐이 곧아야 이롭다"라고 가르치고 있다. 또한 "남녀의 윤리가 바로 섬이 가정을 다스리는 근본이며 가정이 바로 되면 천하가 바로 잡힌다"라고 말하고 있다. 오륜의 부부유별의 도리를 지킬 수 있는 덕을 갖춘 배우자를 선택해야 가화만사성(家和萬事成)의 가정을 이루어 행복하게 살 수 있다. 살아가면서 다른 모든 것을 바꾸더라도 배우자는 바꾸지 않아야 불행을 당하지 않을 것이다.

가정도 부부만의 것이 아니라 자녀가 있고 일족이 연관되어 있다. 함께 즐

---

67) 주역의 가인괘(家人卦)는 부인과 남편, 부모와 자식, 형제간에 가도(家道)가 바르게 지켜져 가정의 화목이 이루어짐을 나타냄.

거운 시간을 누려야 하니 취미가 같거나 이해할 수 있는 사람이어야 한다. 생활 습관도 알고, 자라온 문화도 알고, 서로 다른 점도 이해해야 한다. 이러한 것은 배우자의 부모를 보면 쉽게 알 수 있다.

가정 문화

인성과 도덕성은 가정에서 배운다. 윤리·도덕의 복구는 가정에서 가정교육으로 시작해야 할 것이다. 유대인의 가정교육도 참고하고, 옛 선비의 자녀 교육도 배워야 한다. 기능자 양성은 학교나 직장에서 하고, 인격교육은 부모가 책임져야 한다. 예절을 비롯한 인격교육의 부흥이 절실하다. 과거 역사에서 위인은 반드시 남다른 가정교육을 받았다.

명문가를 세우자. 하는 일이나 전문가로서 일인자가 되고 사회에 이바지하는 집안, 또 학문, 도덕 등 인격적으로 덕성이 높은 인물이 나온 집안은 그 전통이 후대에 이어져 명문가가 된다. 그리고 명문가는 후손의 교육장이 되어 위인이 많이 배출된다.

가정의 주된 역할을 하는 사람은 부부 두 사람이다. 천고지후(天高地厚), 즉 하늘은 높은 데에서 햇볕과 물을, 땅은 낮은 데에서 햇볕과 빗물을 받아 지상의 동식물 그리고 사람을 기른다. 주로 남편은 수입을, 부인은 살집을 각각 맡아 가정 살림과 후손 교육을 하며 행복한 가정을 이루어 나간다.

부부가 가정을 이룸은 해와 지구가 태양계라는 가정을 이루었다고 생각하면, 부부로 맺어진 가정은 소우주임에 틀림이 없다.

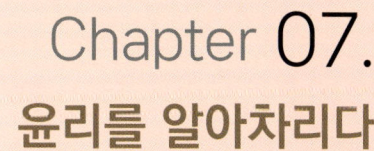

Chapter 07.
윤리를 알아차리다

01. 효문화(孝文化, filial piety)
02. 충(忠, loyalty)
03. 붕우(朋友, friend)
04. 부덕(婦德, wife's virtue)

윤리(倫理)의 실천은 대인(對人)의 도리를 알아 차리는 것이다. 유학은 인간학으로서 인격의 수양과 사람의 다스림인 접대에 관한 가르침이다. 즉 수기치인(修己治人)의 학문이며 실천이다. 수기(修己)에 관한 논제는 앞에서 (chapter2~chapter6) 충분히 살펴 보았으니, 여기에서는 치인(治人), 대인(對人), 접인(接人)에 대하여 다루고자 한다.

옛날에 유학을 한 선비는 사람을 가르쳐서 새롭게 선도하는 일을 치인(治人)의 도리라고 여겼다. 현대 사회는 인간관계가 복잡하고 하루 일과의 대부분을 사람과 대하여야 하니, 시중에 대인관계에 유념할 서적들이 많이 출판되어 있으며, 가르침과 명언이 많이 나와 있다. 하지만 이 책에서는 유학에서 사람을 대하는 근본정신을 찾고, 사람을 대하는 가르침과 요령을 유학의 명언명구로 다루고자 한다.

사람을 대하려면 사람의 바탕으로 4성(四性), 7정(七情)에서 다룬 인간의 공통적인 바램, 즉 본성(本性)을 기본적으로 잘 받들어야 한다. 본성 중에서 핵심은 인(仁)이며 인의 실천은 사랑이고 사랑은 사람을 좋아하고 존중하는 마음으로 예절에 맞게 인간관계를 원만하게 해야 한다.

윤리의 기본은 삼강오륜(三剛五倫)[68]으로 각기 인간관계에 따라 도리를 알게 하려는 것이다. 유교의 사람에 대한 사랑은 만인에게 꼭 같이 하라는 것이 아니라 관계마다 강조하는 측면이 다르다. 사랑이라도 상대에 따라 다

---

[68] 삼강은 군위신강(君爲臣綱)·부위자강(父爲子綱)·부위부강(夫爲婦綱)을 말하며 이것은 글자 그대로 임금과 신하, 어버이와 자식, 남편과 아내 사이에 지켜야 할 도리를 말한다. 한편, 오륜은 오상(五常) 또는 오전(五典)이라고도 한다. 이는 맹자(孟子)에 나오는 부자유친(父子有親)·군신유의(君臣有義)·부부유별(夫婦有別)·장유유서(長幼有序)·붕우유신(朋友有信)의 5가지로, 아버지와 아들 사이의 도(道)는 친애(親愛)에 있으며, 임금과 신하의 도리는 의리에 있고, 부부 사이에는 서로 침범치 못할 인륜의 구별이 있으며, 어른과 어린이 사이에는 질서가 있어야 하며, 벗사이에는 믿음에 있어야 함을 뜻한다.

르다. 이번 chapter에서는 대인의 일반적인 내용을 명언 명구에서 먼저 다루고 오륜(五倫)에 관한 주제로서 효문화(孝文化), 충(忠), 붕우(朋友), 부덕(婦德) 순으로 서술하고자 한다.

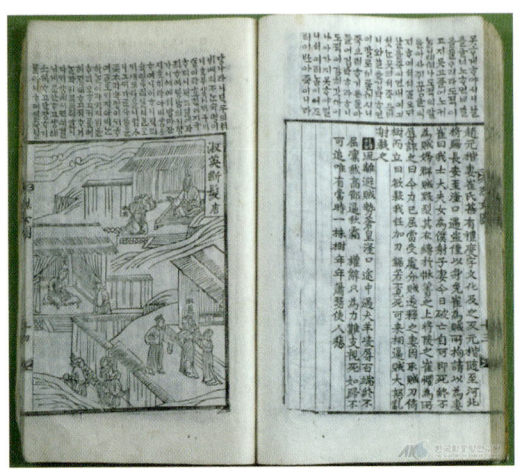

[그림 7-1] 동양의 윤리(삼강행실도)

공자는 논어에서 "내가 하고 싶지 않은 일을 남에게 시키지 말라(己所不欲勿施於人)"라고 가르쳤다. 사람이 사람을 대하는 가장 기초적인 자세라고 생각된다. 인간사회에서 나타나는 대인관계를 적극적인 관계와 소극적인 관계로 나누어 보면 다음과 같다.

적극적인 대인관계

- 타인에 대한 존경심은 처세법의 제1의 조건이다.
- 공경으로 사람을 대하고 예의 절차를 지켜라.
- 성공하려면 당신 스스로 자석이 되라.

- 적극적으로 친화력을 발휘해야 남과 친할 수 있다.
- 일체의 선인, 악인, 현인, 우인을 두루 포용하라.
- 남의 단점을 보기보다 장점을 보라.
- 칭찬은 배워야 할 기술이다.
- 아무리 지위가 낮은 사람이라도 이야기를 진지하게 들어라.
- 의심나면 쓰지 말고, 쓰면 의심하지 말라.
- 사람을 잘 쓰는 사람은 남의 아래가 되는 사람이다.
- 재물이 있으면 베풀라. 사람을 모으는 것은 재물이다.

소극적인 대인관계

사람을 대히기는 쉽지 않다. 감정이 다양하고 가치관이 다르고 생활문화가 다양하기에 간단하게 생각하고 자기 나름대로 옳다고 해서 그대로 상대를 대하면 대인관계는 원만해질 수 없다. 잘 하기보다 잘못하지 않게 배려해야 할 바가 소극적인 대인관계이다.

- 자기의 장점을 자랑 말고 남의 단점을 말하지 말라.
- 남을 판단하지 말라, 그러면 너희도 판단받지 않을 것이다.
- 처세는 열 사람의 우군을 갖기보다 한 사람의 적을 두지 않는 것이 낫다.
- 사람을 기피하지 말라, 남을 기피하면 원망을 산다.
- 고집은 한 때의 승리는 있을 수 있으나 그 결과는 상대의 선의를 잃는 것이다.
- 대립을 피하라.
- 모난 것은 모난 데가 걸려 굴러가지 못한다.
- 사람의 환난은 남의 스승이 되기를 좋아하는 데에 있다(人之患 在好爲人師). 즉 아는 체하는 것이 사람의 병 중에 가장 큰 병이라는 뜻이다.

사람을 잘 대접한다는 것은 인화(人和)를 위한 것이다. 가족끼리는 가화(家和)요, 인류에는 평화(平和)가 인간관계에서 이상이다. 인화(人和)에 관한 명언을 들어 본다.

인화(人和)에 관한 명언

- 남의 흉한 일을 같이 걱정하고 남의 좋은 일을 같이 기뻐하고 남의 급한 일을 도와주며 남의 위험을 구해 주라.
- 남과 사귄지 오래되어도 항시 존경하라.
- 낫다는 태도를 보이지 말라.
- 자기의 의견에 잘못이 있으면 솔직히 사과하라.
- 언제나 미소로 대한다. 미소는 미소로 돌아온다.
- 모든 것을 기쁨으로 받아 들여라. 감사의 표시이다.
- 좋은 기분은 사교계에서 걸칠 수 있는 가장 좋은 장신구이다.
- 천금으로 집을 사고 팔백금으로 이웃을 산다(千金買宅 八百買隣).

유학은 인간학이며 인간관계는 인(仁)이 핵심이다. 사랑하고 의리를 지키고 예절대로 사람을 대하되 상대 감정에 맞게 사람을 대접하여 사람끼리 화목하게 지내기를 바란다. 아무리 현대생활이 풍요롭다 해도 인간관계가 사랑의 관계가 아니고 경쟁이나 적대 관계가 되어서는 행복과 평화는 멀리 있다.

승려 법륜(法輪, 1953~)은 다음과 같이 말하였다. 대인관계에서 사람을 대할 때 '화가 나면 화가 나구나, 욕심이 나면 욕심이 나구나, 욕설을 하고 싶으면 욕설을 하고 싶어 하는구나'를 얼른 알아차려야 한다. 그러하지 아니하고 화를 내거나, 욕심을 내거나, 욕설을 할 경우 손실이 나거나, 헤어지거나, 비난을 받는다. 반면 참으면 착한 사람으로 평가받지만, 스트레스를 받아 화병이 든다. 따라서 참지도 말고 터트리지 말고 알아차려야 한다.

성경(마태복음 7:12)에도 "남에게 대접받고자 하는대로 너희도 남을 대접하라(Do unto others as you would have them do unto you)"고 하였다.

이어서 오륜(五倫) 중 효문화(부자유친), 충(군신유의), 붕우(붕우유신), 부덕(부부유별)에 대해 하나하나씩 다루어 본다.

01. 효문화(孝文化, filial piety)

효가 무너지면 인륜이 무너진다. 우리의 전통인 효가 사라져가는 것을 걱정해야 한다. 옛날의 가정 중심의 생활에서 벗어나 사회에 나가 남과 더불어 살아야 하기에 가정보다 직장이나 사회활동에 전념하지 않을 수 없어 가족 중심의 생활문화가 소홀히 되어 효에 대한 생각도 적어지는 것 같다.

효도를 숭상하는 가정은 번창하고 인물이 많다. 부모와 조상에게 감사하고 훌륭한 가문의 전통을 계승하려는 마음이 훌륭한 인물이 되려고 하는 자존심을 불러 후손들은 분발한다. 특히 종교적 차원으로 승화된 종가(宗家)에서 불천위(不遷位)69)로 모시는 조상에 대한 사모하는 마음은 가문을 빛나게 하는 많은 후손을 배출하였다.

또한 권선징악의 교육으로 인륜 도덕에 어긋남이 없는 후손이 되려고 서로 경계하였다. 그러나 효를 예에 따라 실천하는 데에 지나치게 형식에 치우쳐 허례허식의 폐단도 컸었다. 폐단이 있다고 해서 폐할 것이 아니라 장점을 살리고 단점은 개선해서 다시 현실에 맞는 효문화를 재창조할 때가 지금이 아닌가?

인륜의 시작은 부모와 자식 관계에서 시작된다. 자식은 부모의 분신이기

---

69) 유교 사회에 있었던 덕망 있는 인물에게 주어지던 서훈의 하나로, 국가에 큰 공이 있거나 학덕이 높은 학자를 나라에서 정하여 제사를 지내주는 것을 말한다. 불천위를 두는 사당을 부조묘(不祧廟)라고도 부른다. 불천위에는 나라에서 정한 국불천위(國不遷位)와 지역 유림들이 옹립한 향불천위(鄕不遷位), 문중에서 지정한 사불천위(私不遷位)가 있다.

에 부모는 자식을 자기 몸과 같이 소중하게 사랑과 보살핌을 아끼지 않는다. 오늘의 자기를 만든 사람은 바로 자기 어머니이다. 사랑을 받고 자란 자식은 부모에게 정이 든다. 인간의 본체는 정(情) 자체에 있다. 결국 부모 자식의 정은 형제, 삼촌 등으로 확대되어 효를 중심으로 가족관계가 이루어진다.

효는 오륜의 씨이며 뿌리이다. 효에서 사랑이 확대되어 나간다. 부모의 자식 사랑(자애 : 慈愛), 자식의 부모 사랑(경애 : 敬愛)는 태어날 때부터 순수한 사랑인 인(仁)을 바탕으로 한 애정의 씨가 된다.

부모가 자식에게 바라는 바를 잘 받들어 드리는 것이 효의 바탕이며, 부모는 자식이 올바른 사람이 되어 훌륭한 일을 이루기를 바란다. 효는 부모가 바라는 대로 인물이 되려는 노력이 앞서야 한다.

[그림 7-2] 정조대왕 효 문화제(경기 화성시)
출처 : https://terms.naver.com/entry.naver?docId=5680843&cid=62874&categoryId=62875

효와 윤리

윤리 도덕의 실천은 예절에 따라야 바르게 이루어질 수 있다. 조선조

500년간 예가 지나친 폐단도 있었으나, 그 근본은 인륜과 오륜에 있으니 변해서는 안 된다.

유학의 경전에 나오는 효의 근본은 다음과 같다.

- 몸은 부모로부터 받았으니 감히 상하게 하지 않음이 효의 시작이며 출세하여 도를 청하여 명예를 높여 후세에 부모를 널리 알리게 함이 효를 다함이다(身體髮膚 受之父母 不敢毀傷 孝之始也 立身揚名 後世於顯 孝之終也).
- 무릇 효는 부모를 섬기는 데에서 시작한다(夫孝始於事親).
- 효와 우애가 인(仁)의 근본이다(孝悌也者 爲仁之本與).

효의 5가지 섬김은 다음과 같다.

- 거경(居敬) : 부모를 공경하여 편하게 모심.
- 양락(養樂) : 의식에 걱정 없고 편하게 모심.
- 병우(炳憂) : 노병을 걱정하는 일.
- 상애(喪哀) : 상을 당하여 슬퍼하는 일.
- 제엄(祭嚴) : 제사를 엄숙히 모시는 일.

위의 5가지는 누구나 겪는 일이니 회피할 수 없고 소홀히 할 수 없다. 따라서 형식보다 마음이 더 중요하다. 효를 숭상하는 우리나라에서 자신이 불효자라고 생각하고 있는 사람이 많다. 또한 불효가 아닌 사람도 불효자라고 자책하는 잘못은 효에 대한 인식이 부족한 것이다.

예절에 대한 오해, 경제적 부담, 부모와의 별거에 대해 알아보자.

예절에 대한 오해 : 근본 취지는 지나치게 번잡하지 않고 누구나 할 수 있

도록 배려해야 한다. 유교에서는 이간(易簡)70)을 강조하여 "일을 쉽고 간편하게 하라"는 것이다. 형식에 치우쳐 허례허식을 오히려 억제해야 한다. 가문마다 예절이 다르다. 마음이 우선이며 획일적인 형식은 부차적인 것이다.

경제적 부담 : 경제적으로 여유있게 모시지 못한다고 해서 지나치게 자책하면, 오히려 부모 자식 관계가 멀어질 수 있다. 자기의 능력대로 지혜를 갖고 대처하면, 빈한한 동안에도 부모는 크게 섭섭하게 생각지 않는다. 앞으로 노인 대책은 국가 차원에서 계속 나올 것이다.

부모와의 별거 : 직장 관계, 주택 사정 등을 감안할 경우, 동거는 거의 불가능하니 별거하면서 부모와 가까이하는 지혜가 필요하다. 부모는 자식과 손자에 대한 관심이 한 시도 없은 적이 없다. 오늘날 전화 등 문안(問安)의 방법도 다양하니 적절히 처신을 하면 될 것이다.

보다 적극적인 효는 바로 부자유친(父子有親)에 있지 않은가? 부자간의 윤리는 예(禮)의 형식으로 상하 관계를 강조함에 있는 것이 아니다. 친함이란 서로 마음이 통하여 사랑하고 가까이 함이다. 자식이 부모의 친애(親愛)를 받으려면, 부모가 바라는 자식이 되어야 한다. 부모의 마음은 늘 자식이 건강하고 잘되기를 바라는 것이다.

자식으로서 부모에게 직접 해드릴 마음가짐은 다음과 같은 것이 있다.

- 부모를 섬기는 것이다.
- 부모를 즐겁게 하는 것이다.
- 내 자식이 나에게 해주기 바라는 것과 똑같이 부모에게 행하여라.

---

70) 세상이 이치는 쉽고 간단해야 뭇사람들이 따르기 좋다는 뜻.

- 부모를 섬기려 생각하면 사람의 공통점을 알지 못하면 안 되고, 사람을 알려면 하늘의 도리를 알지 못하면 안 된다(思事親 不可以而不和人 思知人 不可以不和天).
- 까마귀는 새끼가 자라서 늙은 부모에게 먹이를 물어다 준다(反哺之孝).

위의 명구를 종합해 보면, 효는 천륜에서 나온 도리인 것을 깨달을 수 있다. 하늘은 만물을 사랑하며, 사람 또한 자식을 사랑하고, 하늘을 받들 듯 부모를 공경하면 부모는 평안하고 즐거워할 것이다.

부모의 바람은 자식 잘되는 것이 제1이니 자식은 부모를 위해서 잘 되려고 노력하여 성공하면 자기에게 효의 효과가 돌아온다. 또 부모가 바라는 것은 형제간의 우애이다. 형제도 부모 밑에 한 집안에 살고 있을 때 서로 간격 없이 우애가 있지만, 결혼하여 독립하면 거리가 멀어진다. 불화도 생긴다. 이것이 부모의 마음을 아프게 한다. 형제동일근(兄弟同一根)이지만, 가정을 달리하면 생활이 서로 다르고 소유물도 가족도 다르니 다른 점을 인정하면서 우애를 돈독히 하려는 노력이 있으면, 부모가 바라는 우애도 끊이지 않을 것이다.

새로운 가족 문화

앞으로는 부모와 자녀만의 2세대로서 가정이 이루어지게 될 것이다. 따라서 더 이상 조부모로부터 한집안에 살면서 가정의 전통예법과 교양을 전수받을 수 있는 기회가 없어지게 될 것이다. 옛날에는 가문에서 전통교육이 이루어졌으나 그 기회가 없어졌다. 그리고 가문의 행사 등으로 가품(家品)이 있었으나 그런 행사도 점점 없어지고 있다. 그런 훌륭한 가문에서 인물이 나왔는데 아쉬운 일이다.

이웃이 없고 친척도 없는 현대인은 복잡한 생활 속에서 고독하며 배울 것도 즐길 것도 없이 인간관계는 정이 없어지며 행복을 다 함께 즐길 길이 없다.

아직도 지구촌의 오지에는 인간미가 교류되는 옛 문화가 많이 남아 있다. 우리나라도 아직 살아있는 전통문화를 가족문화에서 재생하여 정(情)으로 통하는 가족문화로 현대생활에 맞게 재창조하면 된다. 가까운 사촌(같은 조부모의 손자)만이라도 한 가문으로서 친하게 지낼려면 옛 전통을 재창조하면 될 것이다. 예를 들면 1년에 한두 번 가문의 날, 매월 또는 몇 달에 계모임, 계절따라 소풍, 가족회의, 길흉사, 조상 추모의 날 행사 등으로 새로운 명문가를 세우려고 노력을 한다면, 친교와 더불어 후손의 발전에 힘이 될 것이다. 특히 학문이나 기업 등 특별한 분야를 개발하는 장인이 나와 서로 가족끼리 도와가면서 산다면 가문에 영광이 있을 것이다.

동서고금을 통하여 성공한 인물 중에는 가정교육을 제대로 받고 부모에게 효성스런 사람이 많다. 성공한 사람 중에 끝이 좋지 않는 사람은 가정교육이 제대로 안되고 불효한 사람이 많다. 부모를 생각하여 효심을 갖고 노력하면 성공하고, 부모 또한 기뻐할 것이다. 불효를 하지 않으려면 죄를 짓지 않아야 한다. 효도하면 열심히 노력하여 훌륭한 인물이 된다.

부모에 효하는 일은 동시에 자기를 위대하게 만든다. 결코 효도의 길은 먼 길이 아니고 가장 가깝게 언제나 할 수 있고 쉬운 일이며 곧 일상생활에서 이루어진다. 내가 하는 일을 부모가 바라는 바인가 생각만해도 불효는 저지르지 않을 것이다. 효도는 부모와 가까이 하는데 있다. 사소한 대화나 일상의 문안 인사로 부모에게 관심을 가져라.

집을 나갈 때에는 반드시 고하고 돌아와서는 반드시 부모의 면전에서

뵈어라. 먼 곳으로 놀러 갈 때는 반드시 행방을 알려라(出必告 入必面 遊必有方)71). 무사하면 부모가 보고 안심한다. 놀러나가면 반드시 가는 곳을 알리고 딴 곳에 나가서는 안 된다. 부모는 자식 걱정을 내 몸보다 더 한다. 이런 부모의 정(情)을 알면 어찌 위험한 행동을 할 수 있겠는가. 효심이 있으면 안심(安心)할 수 있다.

---

71) 논어에 나오는 말이다.

02. 충(忠, loyalty)

　충(忠)에서는 오륜의 군신유의와 함께 내적인 수양으로서 충실(忠實)을 다룬다. 충(忠)은 한마음이 한 가지에 모여 여러 갈래도 갈라지지 않는 것이다. 즉 중용에서 말하는 지선(至善)에 머물러 다른 나쁜 데로 유혹되지 않고 한 가지에만 최선을 다하는 것이다. 논어에서는 자기가 할 일에 최선을 다함을 말한다(盡己之謂忠).

　충(忠)은 사명을 다함이라 자기가 하는 일에 소명의식을 갖고 최선을 다한다. 충(忠)은 곧은 마음, 곧 직심(直心)으로 일관하여 어떤 난관이 있어도 일관되어 변하지 않는 강직함이다. 충은 의로움을 지키는 마음이다. 자기희생도 감수하며 의리를 지킨다.
　충은 천지의 도리이며 사람의 도리로서 천도(天道)는 하늘의 운행이 조금도 궤도를 벗어나지 않는 것과 같이 인도(人道)는 사람의 지킬 도리로서 타고난 본성에 충실한 것이다.

　오륜의 군신유의(君臣有義)는 임금과 신하 간에 의리를 충성으로 지켜야 함을 말한다. 충이란 신(信)으로서 서로 간의 관계가 유지된다. 바른 말이 서로를 믿게 한다. 조선 후기의 문신이자 실학자인 다산 정약용(丁若鏞, 1762~1836)은 "아첨하는 자 충성하지 않고 간(諫)하는 자 배반하지 않는다"라고 말했다. 충은 진심이며 거짓으로 꾸미지 않는 바른 마음 즉 직심(直心)이니. 충으로 신실(信實)해야 하니 어떤 일이든 충성을 다해야 성취한다.

[그림 7-3] 다산 정약용(丁若鏞) 초상

직무와 충심

내가 하는 일에 소명의식을 가지면 최선을 다하겠다는 의무감이 강해져 다른 일에 마음이 옮겨가지 않고 맡은 일에만 집중하게 된다. 직장이나 자기가 하는 일에만 충실하면 의무를 다할 수 있다. 군인의 충성과 같은 마음가짐은 어떤 일에도 적용된다.

국가에 대한 충성 : 민주국가에서 군신유의의 윤리는 국가, 국민, 각자와의 관계가 된다. 과거의 군신은 주종관계라고 볼 수 있었지만, 민주주의 국가에서는 국민이 국가의 주인이니 국가에 대한 의무는 주인으로서 책임을 다해야하기 때문에 더 충성스럽게 책임을 스스로 다해야 한다. 공산주의 국가보다 민주주의 국가가 더 번창하는 것은 국민이 각자 자기 일에 스스로 충실하기 때문이다. 주인이 될 때 책임을 과하려는 충실한 노력을

더 하게 된다.

자기에 대한 충은 자내도덕(自內道德)이다 : 충은 자기 마음속의 인륜 도덕에 맞고 자기가 해야 할 일을 생각하는 마음 다스림이 중요한 것이다. 해야 할 일은 의무로 생각하기에 충의를 소중히 여긴다. 불의에 결코 충성해서는 정의를 버리는 것이다. 히틀러(Adolf Hitler, 1889~1945)에 충성하고 6.25 남침에 동조하는 무리는 나라를 배반하는 것이다. 진리를 벗어난 동조는 역사의 심판을 받게 된다. 간신의 영화는 잠깐이요, 충신의 명예는 영원하다.

사람 사는 사회는 충직하게 살기 힘든다. 주관이 확실히 서지 않고 유행에 휩쓸리고 유혹에 빠지는 것은 자기를 해치게 된다. 갈림길이 많은 곳에서는 찾던 양을 잃게 된다.
허욕이 많은 사람은 한 가지 일에도 충실할 수 없고 성공할 수 없다. 목표를 신중히 생각하여 세우고 그 목표는 흔들림 없이 추진해야 성공한다. 가치관이 다양하여 혼돈에 빠진 현대사회에서 한갓 목표를 지키고 인격을 지키기가 옛날보다 어려워졌다.
온갖 유혹이 도사리고 있고 어떤 변화가 일어날지 모르는 상황에서 자기 생각을, 자기 몸을 지키려면 자기에게 충실해야 한다. 버릴 것도 있고 바꿀 것도 있지만, 인간 본성은 충실하게 지켜야 한다.

가정에 충실하고, 하는 일에 충실하고, 인륜 도덕에 충실하고, 나 자신에 충실하여 이름을 지키는 데에 충실하면 하늘이 내려준 운명을 다하는 것이다. 충이란 결과가 있는 것이다. 성공할 때까지 마음이 변하지 않아서 결과를 얻게 된다.

03. 붕우(朋友, friend)

오륜(五倫)72)의 붕우유신(朋友有信)은 벗 사귐에 믿음이 있어야 함을 가르친다. 남이면서 가장 친한 사람이 벗이다. 친하지만 믿음이 끊기면 남으로 되돌아가기에 믿음이 곧 벗을 맺어준다.

교우는 벗과의 사귐이고 사교의 시작이며 다른 조건 없이 믿음으로만 사귀게 되는 마음의 벗, 심우(心友)인 것이니 서로의 마음이 하나가 되는 사이이다.

벗은 붕(朋)과 우(友) 두 가지로 나누어 볼 수 있는데 붕(朋)은 월(月=肉, 살 육)을 나타내는 글자로, 붕(朋)은 살과 또 다른 사람의 살이 서로 접촉하는 친근한 사이로 동문수학한 사이를 말한다. 우(友)는 서로 양손으로 받든다(우의 옛날글자 : 艸)는 글자이며 서로 뜻을 같이하는 동지같은 사이이다.

벗과의 사귐

정(情)으로 하나가 된다 : 벗은 우정이며 남이면서 서로의 감정, 인정이 하나가 되어 마음을 주는 심우(心友)로 동고동락하는 친밀함이 있다.

---

72) 유교에서 실천 덕목으로 말하는 5가지의 인간의 기본 윤리. 부자유친(父子有親), 군신유의(君臣有義), 부부유별(夫婦有別), 장유유서(長幼有序), 붕우유신(朋友有信).

뜻을 같이 한다 : 학우, 동지와 같은 목표를 같이 하여 서로 도움을 주고 어려운 일의 도움은 벗이 제1이다.

즐거움을 함께 한다 : 슬픈 일은 남도 위로하지만, 기쁜 일은 진정 친한 벗이 아니면 마음으로 기뻐하지 못하고 인색하다. 진정으로 기뻐하는 것이 참 벗이다.

어려움을 함께 나눈다 : 어려움을 겪어야 비로소 친구를 알 수 있다. 우정의 문이 열리면 도움의 문이 열린다. 주머니 돈 보다 친구가 더 고맙다.

선행을 함께 한다 : 글공부로서 사귀고 벗으로써 인을 함께 한다(以文交友 以友輔仁). 아무리 능력이 있는 사람이라도 혼자 할 수 있는 일은 거의 없다. 벗이 함께하면 어려운 일도 해낼 수 있다. 나라를 구하는 일과 같은 일은 애국 동지와 같은 뜻으로 사귄 벗들이 합친 노력만이 가능한 일이다. 큰 일을 하려면 사람부터 사귀어 많은 벗을 만들어야 한다. 특히 사업가, 정치인이 되려면 벗을 사귀어 두어야 한다. 함께 우는 것처럼 사람의 마음을 맺어주는 것은 없다. 진정한 친구는 인생에 있어서 가장 값진 재산이다.

벗과 함께 배운다

가장 좋은 벗은 가장 좋은 책이다. 오랜 친구보다 나은 거울은 없다. 다른 산에서 나온 쓸모없는 돌이라도 옥을 가는 데는 기이 그 쓰임이 있다(他山之石 可以攻玉). 세 사람이 같이 길을 가면 반드시 나의 스승이 있다(三人行 必有我師). 프랑스 소설가 로맹 롤랑(Romain Rolland, 1866~1944)은 "그대를 이해하는 벗은 그대를 창조한다"라는 명구를 남겼다. 중국 춘추진국

시대의 고사 관포지교(管鮑之交), 즉 관중(管仲, ?~BC645)과 포숙아(鮑叔牙, ?~BC644)의 사귐도 바로 이런 것이 아닌가? 관중이 말했다. "나를 낳은 이는 어머니이고 나를 이해하는 벗은 포숙아이다." 포숙아는 관중을 추천하고 허물이 있어도 이해해서 그를 큰 정치가가 되게 도왔다. 관중이 기용되어 제나라의 정치를 맡은 뒤에 아홉 번 제후를 규합하여 단번에 천하를 바로 잡았으며, 제나라를 부국강병으로 이끌었다. 벗의 잘못은 충고해서 바로 잡아야 하나 자존심을 해치면 오히려 우환이 된다.

공자는 다음과 같이 가르치고 있다. "충고하여 선하도록 이끌어 듣지 않으면 곧 그쳐야 욕되지 않는다." 친구를 책망하는 것은 은밀히 하고 칭찬하는 것은 공공연히 하라(독일 속담). 사람이 감추고 있는 모습은 놀이할 때, 특히 여행할 때 있는 그대로 장단점이 나타난다. 여행할 때 친구의 선행은 돌에 새겨두되 비행은 모래 위에 쓴다. 장점은 배우고 단점은 잊어야 벗의 사귐이 오래 간다.

나에게 충고할 수 있는 사람은 부모, 형제 이외에 스승과 벗뿐이다. 그러나 함부로 해서는 자존심을 건드릴 수 있으므로 잘 하지 않는다. 친구로부터 배우려면 스스로 충고를 청하라. 나쁜 충고에도 화내지 말고 받아들여라.

벗을 사귀는 자세

자기를 알아주는 벗을 사귀라. 우정의 교류는 내가 먼저 줌으로써 오래 간다. 우의(友誼, friendship)를 오래 지킨다. 자존심을 지켜주어야 우의는 오래 간다. 거만한 가슴에는 우정이 싹트지 않는다. 벗을 위해 시간을 쓴다. 만나고 있는 순간은 벗을 위해 시간을 써야 한다.

벗을 사귐에 가장 중요한 것은 벗의 선택이다. 군자는 택한 후에 사귀고 소인은 사귄 후에 택한다. 공자는 유익한 벗(益友)은 정직함, 성실함, 식견 3가지를 갖춘 벗이라고 말했다.

벗을 잘못 사귀면 해가 된다. 해가 될 벗을 사귀지 않아야 한다. 그러나 아무리 신중하게 선택해도 인심은 항상 변하기에 배반에 대비해야 한다. 지나치게 도움을 주지 말아야 하며, 악행에 동조하지 말고 비밀을 말하지 말라. 비밀을 말하면 그의 노예가 된다. 그리고 이해관계로 사귀지 말라.
우정은 때로 자기를 잃어 지나치기도 한다. 감정이 지나치면 그릇됨에 빠지기 쉽고 다정한 감정이 식으면 허탈해진다. 그러므로 중용을 벗어나면 탈이 난다.

우정(友情)

벗과의 교류는 꿀과 같은 정기가 흐르듯이 정이 흐르는 것이다. 정은 즐거운 감정과 괴로운 감정도 이들 벗 사이에 함께 함을 예부터 동고동락(同苦同樂)이라고 하였다. 너와 내가 구별이 안 되는 사이의 일체감이다.

영국의 극작가 셰익스피어(William Shakespeare, 1564~1616)는 "우정만큼 인생을 즐겁게 하는 것은 없다"라고 말했다. '친구따라 강남 간다'라는 말은 아무리 먼 길이라도 친구와 함께 가면 즐겁다는 말이다. 친구와 즐겁게 지내는 시간은 놀이나 여행하는 기회가 아닌가? 죽마지고우(竹馬之故友)는 노인이 되어서도 서로 간격 없이 무조건 즐겁다. 이해관계가 아닌 인정만으로 만남이니 마음속부터 기쁨이 솟고 서로의 기쁨을 함께 하니 즐거운 것이다.

옛 벗을 싫어하지 아니 하고 새 옷을 싫어하지 아니 한다(不厭故友 不厭新衣). 벗이 먼 곳으로부터 막 왔으니 역시 즐겁지 아니한가(朋友自遠方來 不亦樂乎)! 10년 책을 읽는 것보다 한 번의 벗을 만남이 더 기쁘다는 말이다. 벗과의 즐거움은 형제 관계와 같이 애정이 흐르는 우정을 세월이 갈수록 더 깊게 한다. 노로(老路)에 옛벗과 함께 지내는 시간은 인생에서 가장 즐거운 시간이 되는 것이다. 벗이 없을 때 고독은 곧 괴로움이 아니겠는가? 옛날에 형제가 많았을 때 우애는 벗이 가까이 있지 않아도 외롭지 않았으나 앞으로 형제가 없는 독자뿐이니 인생은 정이 없고 즐거움도 형제와 함께 할 수 없게 될 것이다. 형제의 몫을 벗이 서로 맡아 해야 하며, 여가 시간의 고독도 벗을 만나서 풀어야 하게 되었다.

앞으로 많아질 여가 시간이 즐거워지려면 가정생활이나 교우 관계에 새로운 문화를 만들어야 한다. 먼저 교우 관계에 적극적인 생각부터 갖자. 아일랜드의 극작가 오스카 와일드(Oscar Wilde, 1854~1900)는 "헌신이란 친구를 가장 깊게 그리고 간단히 연결해 주는 지름길이다" 라고 말했다.

04. 부덕(婦德, wife's virtue)

　대자연에서 하늘의 역할과 땅의 역할이 나누어져 있다. 하늘은 햇볕과 비를 땅에 내려주고 궤도에 따라 운행함으로써 봄, 여름, 가을, 겨울 4철의 변화가 생겨 지상의 동식물을 철에 따라 자라게 한다. 하늘이 하는 일은 크면서 단순하다. 그러나 땅이 하는 일은 자상하고 복잡하며 항상 바쁘다. 작은 우주라고 말하는 가정에서 남편과 아내의 하는 일이 나뉘어져 있다. 부부유별(夫婦有別)의 도리가 바로 부부가 각기 맡은 역할이 구별되어 각기 맡은 도리를 다 함이다. 남편은 가계의 근원이 되는 경제적 수입을 책임지고, 아내는 그 수입을 잘 써서 살림을 유익하게 꾸려가야 한다.

　가정 주부라는 말은 가사를 책임진 주인이란 뜻이며 그 수고대로 우대받아야 한다. 부부관계는 가위의 양날과 같다. 서로 틈 없이 잘 맞아야 하면서 한쪽은 강하고 예리하며 한쪽은 부드러우며 둔해야 하는 일이 잘 이루어진다. 아내는 적극적으로 살림을 살고 남편은 아내를 도우면 된다. 남편은 조역을, 아내는 주역(主役)을 잘할 때 가화만사성(家和萬事成)을 이룬다.

주부의 미덕

　사랑의 화신(化身) : 주부(主婦, homemaker)는 사랑의 화신이다. 하늘은 높고 영원하며 땅은 일이 많고 걸우어 드리는 것이 두텁다(天長地厚). 땅이 만물을 기르듯 주부는 가족 모두에게 사랑의 손길이 닿지 않는 것이 없다. 가족에게 사랑으로 봉사한다. 아이의 양육자, 남편의 관리자, 노인의 간호원 역할을 희생적 사랑으로 다 한다.

빛나는 지혜 : 여성은 이성(理性)보다 감성적 재치가 뛰어나 눈치로서 보이지 않는 것을 알아차리고 그것으로 새로운 일을 찾아 성사시킨다. 문제가 나타나기 전에 예방하는 대비를 한다. 주부는 빛나는 지혜를 가진 보물이다. 하늘의 아름다움은 별에 있고 여성의 아름다움은 머리에 있다. 남자의 무딘 생각으로는 깨닫지 못하는 것을 아내의 감성과 재치로 내조하는 가정은 안전하다.

희생과 겸손의 미덕 : 주부는 바보스럽게 보이는 침묵 속에서 지혜가 숨겨져 있다. 다투지 않고 남편의 의견에 따름으로서 남편이 아내에게 따라오게 만든다. 다툼은 승부를 결정하지 않는 것이 최선이다. 말하기보다는 듣는 쪽이 지혜로운 것이다. 주부는 희생과 겸손의 미덕(美德)을 가지고 있다.

주부의 4덕(四德)

주부의 미덕은 여성의 외적 아름다움에 가족을 돌보는 마음과 솜씨로서 희생 봉사는 행동의 아름다움을 함께 말하는 것이다. 『시경(詩經)』에 나오는 "말과 행동이 정숙하고 얌전한 여성"을 뜻하는 요조숙녀(窈窕淑女)란 이를 두고 하는 말이다. '마음씨, 말씨, 맵시, 솜씨'의 4가지 미덕[73]을 갖춘 주부는 완전한 여성미를 갖춘 우리나라의 여성의 대표적 모범이다.

---
73) 명심보감 부행편에 나오는 부인의 행실로 부덕(婦德), 부용(婦容), 부언(婦言), 부공(婦工) 말함.

주부의 기본은 예덕(禮德)

여자를 찬미하는 말로 숙녀(淑女), 정녀(貞女), 양처(良妻), 효부(孝婦)란 용어가 있는데 이는 예절을 갖춘 부인의 덕을 두고 생긴 말이다.

부모에게 효도하고 부부상경여빈(夫婦相敬如賓)[74]으로 경순지도(敬順之道)[75]에 이른다. 이로써 가정이 화목하고 자녀에게는 예절교육의 모범이 되어 자녀로 하여금 올바른 행실을 하게 한다. 주부의 예절은 겸손으로 겸손을 길러 약함이 아름다움을 낳는다. 아내의 경순(敬順)의 미덕은 남편의 사랑의 응답으로 화목한 가정을 이룬다.

살림에 주부의 손길이 가지 않는 곳이 없다. 잠시도 쉬지 않고 수고로움을 감내한다. 계획적이고 지혜로움과 성실로써 가정을 꾸려간다. 의식주의 기본 생활뿐만 아니라 길흉사, 친척 관계 등 남편이 하지 못하는 일을 주부가 맡아 한다. 재산을 모아 집안을 일으켜 세우는 비결은 주부에게 있고 이를 지키는 것 또한 주부의 머리와 손에 있다.

주부의 내조(內助)

아내가 남편을 도우면 두 사람의 몫 이상의 일을 할 수 있다. 불가능한 일도 이루어 낸다. 조강지처(糟糠之妻)[76]와 같은 어려운 살림살이 이외에도 충고와 협조, 재치있는 지혜로서 남편의 입신, 출세에도 내조의 공은 지대하다

---
74) 부부간에 서로 손님을 대하듯 대해야 한다는 뜻.
75) 공경하고 순함의 도리.
76) 지게미와 쌀겨로 끼니를 이을 때의 아내라는 뜻으로 가난하고 어려울 때 고생을 함께 겪어온 아내.

사소한 일상생활에서 표나지 않고 돕는 일이 얼마나 많은 지 남편은 감사해야 한다. 춘추전국시대 제나라의 재상 안영(晏嬰, BC578~BC500)의 마부는 "재상도 겸양을 갖추는데 한낱 마부인 자신의 남편이 의기양양하는 모습"을 질책한 부인의 충고로 새로운 사람이 되어 출세했다. 아내의 말을 제대로 들은 남편 역시 훌륭하다. 아내의 말을 듣고 그때부터 겸양을 갖추어 나중에 대부(大夫)가 되었다. 문맹으로 소심했던 징기스칸도 현명한 아내 보르테(Börte)의 조언을 듣고 훗날 대초원의 정복자가 되었다.

여기서 한마디 덧붙이면, 제나라 경공(景公)이 어느 날 안영의 집을 방문했는데, 마중을 나온 안영의 옆에는 한 늙고 못생긴 여인이 있었다. 그 여인이 안영의 아내임을 알게 된 경공은 "경의 아내가 늙고 못났으니, 젊고 아름다운 내 딸을 새 아내로 내주겠다"라고 말했다. 이에 안영은 다음과 같이 답했다. "무릇 여인이 지아비를 지극히 모시는 것은 나중에 늙고 못나게 되어도 저버리지 말고 거두어 달라고 부탁하는 것이옵니다. 지금 저의 아내가 비록 늙고 못났으나 이미 저를 믿고 스스로를 맡겼는데 어찌 내칠 수 있겠습니까?"

현모(賢母)

주부의 두가지 큰 역할은 양처와 현모이다. 양처(良妻)로서 남편 공경, 부모 효경 그리고 가정 살림을 잘하는 주부이다. 현모(賢母)로서 자녀의 양육과 가정교육을 현명하게 하는 아이의 현명한 어머니이다.

프랑스의 소설가 앙드레 지드(Andre Gide, 1869~1951)는 "어머니의 사랑이야 말로 천지에 가득 찬 목숨을 살리는 기운이다. 어머니는 물리적인 힘만이 아니라 영적인 힘을 가졌다"라고 말했다. 어머니의 신묘한 힘이 자녀의 마음을 움직이게 한다.

　장군 집에 장군이 나고 정승 가문에서 정승이 난다. 역사적 인물은 그 어머니의 각별한 사랑과 교육이 있었음을 실제 사례에서 얼마든지 찾아볼 수 있다. 어머니는 자신의 분신으로 태어난 아이를 자신보다 더 아끼고 사랑한다. 젖 주는 어머니는 지극히 행복한 세계에 살고 있다. 어머니와 자식 관계는 꽃잎과 열매의 관계와 같다. 열매를 맺기 위해 아름다움을 버리고 꽃은 떨어져 버린다.

어머니의 사랑

　주부는 가정을 이어가는 새 생명의 창조사업을 완성하며 자녀에게 희생한다. 어머니가 있으므로 해서 자식들이 정의롭고 용기 있고 희망적이며 행복할 수 있다. 어머니는 아이에게 천하에서 가장 귀중한 보물이다(天下之大寶).
　어머니는 사랑의 보금자리이기에 자당(慈堂)이란 공경과 친밀감 있게 호칭하는 것이다. 자식은 없으면 어머니는 사랑의 화신(化身)이 될 수 없다. 지금 세상에는 어머니가 없는 가정에서 자란 불행한 어린이들이 많아지고 있다.

　조선시대 문신이자 성리학자인 송시열(宋時烈, 1607~1689) 선생은 딸을 시집보내면서 『계녀서(戒女書)』를 지어 다음과 같이 가르쳤다. "태아는 사랑 속에 핀 꽃이며 우주로부터 받은 열매이니 소중히 하라." 계녀서는 송시열이 안동 권씨 가문에 출가하는 딸을 위해 반가(班家)의 여성으로서 지켜야 할 각종규범, 덕목들을 한글로 적어 전해준 교훈서이다.

[그림 7-4]송시열이 머물렀던 화양구곡

어머니의 자녀교육

스위스에서 존경받는 교육자이자 사상가인 페스탈로치(Johann Heinrich Pestalozzi, 1746~1827)[77]는 다음과 같이 말했다.

"자식을 교육하는 어머니의 모습은 하나님이 내려주신 이 땅에서 가장 아름다운 표상이다."

요람에서 어머니로부터 익힌 습성과 인성이 평생을 좌우한다. 아이는 아버지보다 어머니와 접촉이 많고 정으로서 통한다. 우리나라에서 존경받는

---

77) 자신의 불운한 유년시절을 겪었으나, 고아들을 데려다가 조건 없이 가르치는 사랑을 실천하였으며, 19세기에 이미 어린이를 하나의 인격체로 규정한 점이 높이 평가된다.

이퇴계, 이율곡, 정몽주, 안중근 모두 어머니의 각별한 가르침을 받은 분들이다. 온갖 어려움에도 굴하지 않고 낙천성을 갖고 살면서 신뢰를 잃지 않는 사람은 훌륭한 어머니 품속에서 자란 사람들이다.

어머니의 잘못된 사랑이나 욕심이 자녀를 망친 사례도 있다. 조선시대 연산군(燕山君, 1476~1506), 로마 제국 최악의 황제 네로(Nero, AD37~68)와 같은 폭군이 그런 예이다. 어머니의 아이교육은 정직 하나로 족하다. 항상 아이에게 바르게 하여야 하며 부모는 장난이라도 거짓을 하게 해서는 안 된다.

자녀 교육의 근본은 정직과 사랑이다. 아이 교육은 칭찬과 꾸지람을 정직하게 하며, 선택은 자녀의 책임으로 맡기고 지나치게 간섭해서는 역효과다. 자식을 판단하지 말라. 지나친 욕심은 아이를 그르친다. 자식 교육도 뿌리고 가꾸는 것만큼 거두는 농사와 마찬가지이다. 그러나 공장에서 물건을 만드는 것과 농사는 다르다. 스스로 자라는 생명체의 본능을 북돋우는 일 이상은 해가 된다.

로마시대 가장 유명한 호민관(護民官) 그라쿠스(Gracchus) 형제의 어머니는 찾아온 자신의 친구들이 몸에 걸친 보석을 자랑하자, 이 친구들을 잠자고 있는 아이들의 방에 데리고 가서 "나의 보석은 두 아이뿐이요"라고 말했다. 자녀를 보석과 같이 가르쳐서 훌륭한 인물이 된 게 아닌가? 현모(賢母)란 자녀교육을 지혜롭게 한 어머니의 최고의 존칭이다. 그라쿠스 형제는 공화정 시절 로마의 정치가로서, 형 티베리우스 셈프로니우스 그라쿠스(Tiberius Sempronius Gracchus)와 동생 가이우스 셈프로니우스 그라쿠스(Gaius Sempronius Gracchus)를 말한다.

[그림 7-5] 그라쿠스(Gracchus) 형제
출처 : https://namu.wiki/w/

부부유별(夫婦有別)로서 화목한 가정을 이룬다

　가정은 남과 여의 다른 성이 결합하여 음양의 조화로서 모든 일이 이루어지고 유지된다. 부부간에는 역할이 구별되는 부부유별의 윤리를 지켜야 한다. 그렇게 되려면 각기 인품을 갖추어야 한다. 부부가 각기 선비와 부덕(婦德)을 갖추면 원만한 가정이다. 군자는 부부가 하는 목표는 같아도 하는 일은 서로 침범하지 않고 양보한다(君子 以同而異). 인생과 우주는 모두 서로 눈 흘겨보는 대립의 관계에서 조화를 찾아야 한다(주역). 부부가 반목하면 바른 집안을 이룰 수 없다. 본래 천하평(天下平)보다 제가(齊家)가 어렵다고 한다. 즉 천하를 평안하게 하는 것보다 가정을 가지런하게 하는 것이 더 어렵다는 뜻이다. 이 말은 부인의 잘못이라기보다 남자의 부인에 대한 이해가 잘 안된 탓이 더 클 수도 있다. 우주의 기운이나 세상만사가 서로 성(性)이 다른 1과 10이 만나 이루어지니 충돌이 생기게 마련이다. 전기도 1과 10이 잘 접촉되면 잘 흘러 동력이 생기지만, 잘못 접촉하면 불이 날 위험이 있다. 서로 이해하고 조심하자.

Chapter 08.
봉사하다

01. 지도자(指導者, leader)
02. 공직자(公職者, public official)

유학의 가르침은 수기치인(修己治人)78)에 목적이 있다. 지도자의 역할은 현대 사회에서는 어느 곳이나 누구나 그 기회가 많다. 지도론이라는 이름으로 출간된 서적이 수없이 많이 있다. 하지만 사람을 법이나 요령으로 다스리기보다 인성에 바탕을 둔 인간적인 지도자의 필요성이 더 절실하다.

치인(治人)은 유학 중에서도 『대학(大學)』에서 그 목적이 분명하게 제시되어 있다. 『대학(大學)』의 삼강령(三綱領)과 팔조목(八條目)79)에 보면, 삼강령에 있는 신민(新民) 또는 친민(親民)은 백성을 사랑하여 새롭게 나아지도록 이끄는 것을 말한다. 그리고 팔조목에서는 구체적으로 학문하고 수행한 후에 치국평천하(治國平天下)하는 일을 지도자의 역할로 제시하고 있다.

치인(治人)은 민본 정신으로 위민 정치하는 것을 왕도정치의 이상으로 삼았다. 군왕의 통치권은 백성으로부터 나온 것이니, 백성이 가장 소중하고 다음이 나라가 중하고 임금은 가볍다. 따라서 유학의 왕도정치는 군왕이나 경대부, 목민관에 이르기까지 백성을 지도하여 다스리는 권한은 백성에 대한 봉사하는 데 쓰이는 것이었다. 옛 목민관이 백성을 위해 선정을 하듯이 현대사회 조직에서 맡은 자리에 따라 조직원을 부릴 때에 위민정신으로 직원을 대접하고 봉사하고 인도하는 지도자가 우리 정서에 맞는 상사가 되고 지도자가 될 것이다.

마음을 움직이는 지도자가 화합으로 성공한다. 마음을 움직이려면 위민 정신으로 선공후사(先公後私)하는 마음을 가져야 한다. 중국 춘추전국 시대 제나라 재상 안영(晏嬰, ?~BC500)은 경공(景公)에게 다음과 같이 말로 간

---

78) 수양을 통해서 자기 인격을 완성하고 나아가 세상 사람을 다스린다는 의미. 내 몸을 닦고 나서 남을 다스림을 의미한다. 공자는 이러한 원리의 근본을 인(仁)이라고 하였다.
79) 대학 경문(經文)에 있는 명명덕(明明德) · 친민(親民) · 지어지선(止於至善)의 셋을 삼강령이라 하고, 평천하(平天下) · 치국(治國) · 제가(齊家) · 수신(修身) · 정심(正心) · 성의(誠意) · 치지(致知) · 격물(格物)이 여덟 조목은 팔조목이라 한다.

했다. "어진 군주는 자기가 배부를 때에 굶주린 자를, 따뜻하게 있을 때 추위에 떠는 자를, 평안하게 쉬고 있을 때 일하는 자를 생각하라."

인간 중심의 유학에서 가르치고 있는 치인(治人)의 가르침은 그 목적이 어디까지나 위민이며 방법은 인간의 성정(性情)에 바탕을 둔 인간적인 다스림을 예(禮)에 따라서 하는 예치(禮治)로써 사람대접을 우선했다. 권력으로 지시하고 금력으로 옭아매 사람을 수단으로 이용하는 것이 현대사회 조직의 특징이지만, 우리나라에서는 예치(禮治)로 하는 지도가 더 효과가 있을 것이다.

이번 chapter에서는 수기(修己)로 인격을 갖춘 인물로서 사회나 공직에 나가 봉사하는 지도자와 공직자에 대해 다루고자 한다.

01.___ 지도자(指導者, leader)

무릇 조직은 지도자에 의하여 유지되고 발전한다. 오늘날과 같은 다양한 조직 사회에서는 누구나 지도자 역할을 할 기회가 있다. 지도자가 되려면 자질부터 갖추고 자리에서 맡은 임무를 다해야 한다. 회사에서의 지도자 역할은 회장, 사장만의 일이 아니고 전무, 상무, 부장, 과장 등은 모두 맡은 영역에서 조직원을 지도해야 한다.

그러나 많은 사람이 자기가 지도자임을 깨닫지 못하기에 책임감이 적고 하는 일이 소극적이며 기계적으로 아랫사람들을 대한다. 사회집단이 나양해지면서 조직관리의 지도서가 많이 나오고 있지만, 사람을 규칙이나 권력이나 금력으로 이끌려는 시류 때문에 인간 본성을 거슬리는 것은 효율도 적고 인화도 해친다. 인간 중심의 사람 다스림을 아는 데에는 유학의 고전이 최고이다.

군자학으로서 지도력을 닦는 학문이 곧 유학이며, 지도자로서의 군자의 덕목은 지(智), 인(仁), 용(勇)의 세 가지 덕을 기본으로 삼았다. 조선의 정치 지도자인 군왕, 경대부, 하리(下吏 : 관아에 속하여 말단 행정 실무에 종사하던 관리)에 이르기까지 유학으로 닦은 선비가 정치 지도자가 되어 왕도정치, 민본성지로서 백성에게 봉사하는 지도자로서 선정에 힘썼다. 군왕 중에는 세종, 정조 같은 훌륭한 정치를 한 분은 유학을 가장 많이 닦은 성군이다.

그리스 철학자 플라톤(Platon, BC427~BC347)은 "지혜가 밝은 철인(哲人)이 정치를 맡아야 한다(철인정치)"고 주장했다. 이런 이유로 영국에서는 황태자 대관식에서 '플라톤 전서'를 선물한다고 한다. 수기(修己)가 안 된 자가 대통령이 되었을 때 국민을 어디로 이끌어 갔던가? 우리의 불행한 역사가 이를 증명하지 않았던가!

다음의 우화는 이미 빗대어 놓은 그대로이다.

"양이 이끄는 사자부대와 사자가 이끄는 양부대가 싸운다면 어느 쪽이 이길까?" "항상 뒤에서 끌려가던 뱀의 꼬리가 불평 끝에 머리 대신 앞장섰다. 눈이 없으니 갈 바를 알 수 없어 이리저리 헤매다가 끝내는 들판에 난 불에 타죽고 만다."

용기가 없으면 이끌지 못하고 지혜가 없으면 갈 바를 모르고 인자하지 못하면 남을 해친다. 그만큼 지도자가 중요한 역할을 한다.

군자는 명령하는 지도자다. 지인용 3덕을 갖추어야 지도자 노릇을 할 수 있다. 선거에서 뽑은 지도자는 3덕보다 더 중요한 예의와 염치를 갖춘 정직한 인격자를 택해야 한다. 세상사는 날로 변하니 사람을 바르게 이끌려면 지도자부터 앞서 변해야 한다. 지도자는 끊임없이 공부해야 남을 새롭게 할 수 있다. 『대학』에서 삼강령(三綱領), 즉 인간이 본래 간직하고 있는 밝은 덕인 명명덕(明明德), 백성을 새롭게 하는 친민(親民), 가장 옳고 선한 경지에 도달하는 지어지선(止於至善) 중에 지어지선의 가르침이 중요하다.

유학의 지도자 학문

유학의 유(儒)는 인(人, 사람 인) + 수(需, 구할 수)로서 쓰임이 있는 필요한 사람을 뜻한다. 유학은 군자의 학문이다. 군(君)은 윤(尹, 명령) + 구(口, 입)로서 명령하는 사람을 말한다. 치인(治人)이란 치국평천하(治國平天下)로서 사람을 이끌어 새롭게 하는 것을 말한다. 군자는 사유(四維)인 예의염치(禮義廉恥)[80]의 4덕을 갖추어야 최상의 지도자이다. 이처럼 수기와 처신으로서 국민을 위해 바르게 이끌고 충성으로 봉사해야 한다.

유학을 닦아 성인군자가 되기를 바라며, 성인이 자기 수양에 달통하고 학문과 교육으로 민심을 덕화(德化)하는 인물이라면, 군자는 백성을 다스리는 정치적 역할, 민생문제를 위해 사람을 지도하고 일을 시키는 역할을 하는 바 큰 인물이라는 의미로 대인(大人)으로 존경받는다.

송나라의 유명한 유학자 장재(張載, 1020~1077)는 다음과 같이 그의 지도자로서의 포부를 남긴 명언이 있다. 누구나 새겨둘 명언이다. "하늘의 뜻을 따라 마음을 정하여 민생을 돕고, 성현의 끊어진 가르침을 다시 이어 세상을 평안하게 다스리고, 하늘이 다스리는 뜻에 따라 세상만사 태평하게 다스리련다(爲天地立心, 爲生民立命, 爲往聖繼絶學, 爲萬世開太平)."

논어에 수기이안백성(修己以安百姓)이라는 가르침이 있다. 이는 학문과 수양으로 인격부터 갖춘 연후에 정치에 나서야 함을 말한다. 사람을 부리려면 자기부터 바르게 함으로써 남을 다스려야 한다(使民 正己以格物).

우리나라의 정치는 민주주의 만능으로 선거에서 어리석은 자를 잘 속이

---

[80] 예는 예절이고, 의는 법도이고, 염은 청렴이며, 치는 부끄러움이다. 예가 없으면 기울어지고, 의가 없으면 위태하고, 염이 없으면 엎어지며 치가 없으면 멸망하게 된다. 기울어지는 것은 바로 잡을 수 있고, 위태로움도 편하게 만들 수 있고, 잊어신 것노 바로 세울 수 있지만, 멸망한 것은 회복시킬 수 없음이다.

는 비양심적인 인물이 당선되는 사례가 너무 비견하다. 이럴 때는 피선거인(입후보자)을 선별하는 잣대가 있어야 속지 않는다. 선비와 같은 예의염치를 갖춘 인물을 택해야 한다. 그렇지 못하면 나보다 못한 사람에게 억울하게 다스림을 당한다.

지도자의 덕목

지도자는 군자의 덕을 갖춘 인격자이다. 즉 지도자는 군자사유(君子四維)인 예의염치(禮義廉恥)를 갖추어야 한다.

현대 사회의 지도자로서 갖출 덕목 몇 가지를 더 생각해 본다.

명분(名分) : 국가 사회의 공동체를 위한 일에 소명 의식을 갖고 봉사한다.

솔선수범 : 일은 지도자가 솔선해야 조직이 능동적으로 움직인다. 용기로서 앞장선다.

창의력 : 지도자의 창조력이 경쟁에 앞서게 한다. 창조력을 잃으면 조직, 특히 회사는 쇠퇴한다.

용인(用人) : 사람을 쓰는 것은 지도보다 더 중요하다. 의심나면 쓰지 말고 쓴 후에는 의심 말라. 남이 미워해도 살피고 남이 좋아해도 살핀다. 조직원의 관리는 항상 정보가 있어야 한다.

인화(人和) : 인화는 조직의 힘이다. 포용력을 갖고 다양하게 수용하고 공평하게 대한다. 법으로 까다롭게 다스리기보다 너그럽고 간편하게 하여 인간관계에 벽이 없어야 화합한다.

예치(禮治) : 예로 사람을 다스려야 한다. 사람대접이 지도자의 기본이다. 마음을 사려면 마음을 주라. 사람을 움직이는 비결은 오직 한 가지밖에 없다. 스스로 하고자 하는 마음을 불러일으키는 것이다.

권형(權衡)81) : 지도자는 조절하는 능력이 있어야 한다. 변화에 대처하는 판단을 내릴 때는 적절히 조절하는 감각과 지혜가 있어야 한다.

[그림 8-1] 권형(저울추와 저울대)
* 출처 : https://search.naver.com/search.naver?where=image&sm=tab_jum&query

프랑스의 군인이자 정치가인 샤를 드골(Charles De Gaulle, 1890~1970) 대통령은 다음과 같이 말했다.

"졸병은 문제가 아니다. 중요한 것은 누가 지휘했느냐에 있다."

---
81) 저울추와 저울대. 사물의 경중을 재는 척도니 기준.

지도력은 권력이며 그 권력은 재력, 지도력, 조직력을 갖추고 있을 때 힘이 생긴다. 특히 정치 지도자는 이 3가지가 필요하다. 지도력은 연마해야 생긴다.

공자는 다음과 같이 말하였다.

"나에게 자리가 주어지지 않음을 걱정하지 말고 그 자리를 맡을 능력이 있는가를 걱정하라."

현대의 조직 사회에서 인간을 기계의 부속품처럼 조직적으로 잘 관리하기는 하지만, 사역 당하는 입장에서는 인간성을 무시당하는 폐단이 있다. 조직의 힘은 궁극적으로 인화에 있다. 화합하려면 인간을 존중하는 예치(禮治)의 다스림, 다스림이라 하기보다는 지도, 인도하는 마음이 있어야 한다. 도덕군자의 인품을 갖추어 덕과 예로서 사람을 이끈다면, 사람이 마음으로 따르게 될 것이다. 아랫사람이나 남이 나를 따르지 않을 때 그 탓을 나에게서 찾아 수양하는 지도자는 인간관계뿐만 아니라 자기의 발전도 함께 있을 것이다.

02. 공직자(公職者, public official)

공직자는 국민의 심부름을 맡아 국민에게 봉사하면서 또한 국민을 지도한다. 공직자는 나라를 세우고 있는 기둥과 같이 책무가 막중하다. 앞으로 이처럼 중요한 공직을 맡을 기회가 생길 것이다. 국가적 차원에서 공직자의 관리 감독이 있겠지만, 공직자 자신이 먼저 바람직한 자세를 가져야 한다. 이런 의미에서 이번 주제인 공직자에서는 옛날에 관리가 지켜온 가르침을 배워 스스로 바른 공직자가 되는 데에 거울로 삼았으면 한다.

관리의 자질

관리의 리(吏, 벼슬 리)는 일(一, 하나 일) + 사(史, 역사 사)로 구성되어 사관(史官)이 군왕의 정사와 언행을 어김없이 기록하는 것처럼 관직에 있는 자는 관리처럼 공평무사, 불편부당하게 공정한 정사를 해야 함을 뜻한다. 사욕을 물리치고 공평하고 청렴한 처신을 하기는 어려운 것이다. 갖추어야 할 자질을 먼저 닦여져야 한다.

인품(人品) : 정직하고 청렴하고 명예를 소중히 해야 한다. 공직자가 정직해야 나라가 다스려진다(官正而 國治). 새 시대가 꽃 피워지려면 공직자부터 정직과 청렴의 덕을 지켜야 국민이 신뢰하여 따른다. 청백리(淸白吏)의 명예는 벼슬한 선비의 긍지였다. 사람을 다스리는 공직자는 관대하고 포용력이 있어야 국민이 스스로 따른다. 사람을 대할 때에 거칠게 대하거나 노해서는 자신을 해치게 된다. 항상 민원인의 처지에서 도와주고 불편이 없도록 보살핀다. 고려말 조선 초의 명재상 황희(黃喜, 1363~1452)와 같은 인물은 관리의 모범이 아니던가?

자세 : 관리가 갖추어야 할 가르침인 공평무사를 들고 있다. 공직자가 지켜야 할 3가지 일이 있다. 즉 부지런함, 청렴함, 삼감이다.

국민을 두려워함 : 벼슬의 요체는 외(畏, 두려워하다)자 뿐이다. 공직자는 처음에 국민을 주인처럼 생각하고 심부름하는 하인으로 국민을 대하나 시간이 흐르면 국민 위에 자리한 것처럼 처신하기 쉽다. 국민을 지도한다는 생각이 교만하게 만든다. 교만한 공직자는 국민의 신뢰를 받지 못한다. 자리가 높아질수록 겸손해야 몸을 지킬 수 있다.

남의 아래에 서라 : 지도자로서 존경을 받으려면 천한 아랫사람을 존귀하게 대하라(尊貴下淺). 공직 중에도 선거직에 오르려면 국민을 주인처럼 대해 겸손해야 지지를 받는다.

청렴한 처신 : 공직자의 범죄는 모두 부정부패라고 볼 수 있다. 공공재산을 훔치는 것과 뇌물을 받는 것이 부정부패의 주범이며 뇌물을 받는 것은 나라에 들어간 세금을 가로채는 셈이며 도둑질보다 더 죄가 무겁다.

유비무환 : 공자는 "나도 송사 처리는 남과 같이할 수 있다. 그러나 송사가 생기지 않도록 다스리겠다"라고 말했다. 공직자는 사고가 생기기 전에 예방해야 한다.

소명의식 : 공직을 맡기는 의도에 따라 맡은 일에 생명을 다하는 생각으로 일한다. 그러면 출세와 명예는 저절로 따라온다. 공직은 공직자를 위한 자리가 아닌데 자리를 차지하려 경쟁함은 도리가 아니다. 소명에 충실해야 자세가 바로 선다.

거처를 분명히 한다 : 공직자는 맡은 일을 이룬 뒤에는 상황의 변화를 예견하고 거처를 결정해야 한다. 춘하추동 4계절은 자기 일을 하고 지나간다. 사람도 성공하면 물러나야 한다(四時之序 成功者去). 성취한 것에 만족하여 그 자리를 지켜서는 위험이 온다.

공직자의 명예

공직자의 명예는 현직에서는 능력으로 평가받고 물러나서는 청렴으로 평가받는다. 군자다운 인품과 깨끗한 청백리는 그 명예가 후손에게 이어져 명문가의 전통으로 후손에게 경사로움과 자랑을 가져다주게 된다.

탁류에 휩쓸린 공직자는 자신뿐 아니라 후손에게 수치심과 부정적 인간이 되게 만드는 죄인이 된다. 녹봉을 항상 이웃에 나누어 준 조선 명종 때 명재상 상진(尙震, 1493~1564)은 아무리 고통스러운 일을 당해도 말과 얼굴빛이 바뀌지 않았다. 그는 "경망함은 진중함으로 바로잡아야 하고 급박함은 완만함으로 바로잡아야 하며, 편협함은 너그러움으로 바로잡아야 하고 조급함은 조용함으로 바로잡아야 하며, 사나움은 온화함으로 바로잡아야 하고 덤벙댐은 세밀함으로 바로잡아야 한다"라며 스스로 경계하였다.

한편 방안에서 우산을 받쳐 비를 피한 조선 인조 때 좌의정 유관(柳灌,

1484~1545) 같은 청백리의 이름은 후손의 명예가 되었다.

조선 후기 문신이자 실학의 대가로 『목민심서(牧民心書)』[82]를 저술한 다산 정약용(丁若鏞, 1762~1836)은 공직자에 대해 다음과 같이 한마디로 정리했다. "목민관의 생명은 청렴이다."

[그림 8-2] 다산초당(전남 강진군)

현대인의 생명은 직장이다. 직장을 지키기가 얼마나 어려운가? 청렴하지 못하면 공직과 마찬가지로 직장도 지킬 수 없고 부정으로 재산과 가정을 지킬 수 없다.

공직자는 소명 의식을 갖고 맡은 책무를 다함을 자랑스럽게 생각하여 자기의 욕심을 삼가고 오직 공직 수행으로 공익에 이바지해야 할 것이다. 즉 선공후사(先公後私), 공명정대(公明正大), 위민봉사(爲民奉仕)의 자세로 책임

---

[82] 정약용이 1818년(순조18년)에 저술한 지방 수령이 지켜야 할 올바른 마음가짐과 몸가짐에 대해 기록한 행정지침서. '목민심서'란 백성을 다스리는 마음속의 생각한 글이다(총48권).

을 다해야 한다. 주역의 64괘 중 첫 번째 괘인 중천건괘(重天乾卦)에 잠룡물용(潛龍勿用)이라는 가르침이 있지 않는가? 하늘을 날려면 물에 잠겨 있으면서 힘이 길러진 후에 날라는 뜻이니, 공직에 나가기 전에 수기(修己)로서 실력과 인품을 닦아야 한다.

유학을 군자학이라 말한다. 앞으로 공직에 나가 남에게 봉사하고 남을 지도하려면 유학(儒學) 공부가 꼭 필요하다. 공직은 인간을 다루는 측면이 많으니, 인간을 알아야 한다. 누구나 공직을 맡으면 급히 업적을 이루고 조급히 승진하려 한다. 이와 같은 공직자의 잘못을 예방할 수 있는 가르침을 이미 유학에서 다 가르치고 있다.

다음 논어에 나오는 공자의 가르침을 보기로 들어 본다. 제자 자하(子夏, BC507~BC420)가 정치에 관해 묻자 다음과 같이 가르쳤다.

"속히 하려 하지 말고, 작은 이익을 보지 말라. 속히 하려 하면 이루지 못하고, 작은 이익에 관심을 가지면 큰일을 이루지 못한다(無欲速 無見小利 欲速則不達 見小利則大事不成)."

Chapter 09.
마무리하다

노인은 지나온 삶을 반성하고 새로운 삶을 시작해야 한다.
그릇된 마음을 깨끗이 씻어내어 어린이 마음과 같이
순수해야 하며, 탐욕을 버리고 스스로 삼가해야 한다.
지난 세월의 아름다운 추억을 먹고 살아야
마음이 편안하다.
여유가 생기면 후손교육에 힘쓰라!
석양이 서쪽 하늘을 물들이면 마음이 편해 보기에 좋다.

노인은 나이가 든 늙은 사람을 말한다. 노년(老年)은 인생의 완숙기로서 그 인격으로 존경받는 시기이다. 마음대로 행동하고 마음대로 이야기해도 도리에 어긋나지 않게 살면, 노년은 평안하고 남으로부터 존경받는다.

성인 공자는 논어에서 다음과 같이 말했다. "나는 날 때부터 안 것이 아니라 배우기를 좋아했다(生而知者 學而知者). 70의 나이에 이르러 마음 내키는 대로 행동해도 도리에 어긋남이 없었다(七十而 從心所欲不踰矩)." 이와 같은 경지에 이르면 성인의 경지에 이른 것이다. 평생 학문과 수양의 결과라고 할 수 있다. 인생에 있어서 60의 나이를 이순(耳順)83)이라고 말하는 것은 60세에 이르면 진리를 알아듣고 순리대로 무리 없이 살아야 한다는 의미이다. 또 논어에 "들은 말에 마음이 통하여 진리에 어긋남이 없이 생각하지 않아도 저절로 되었다(聲入心通 無所違逆 不思而得也)"라고 하였다. 인생 50세까지는 의욕이 넘쳐 무리한 생각과 행동으로 불안하게 살았음을 60세에 반성하고 새로운 삶을 노년에 시작해야 한다. 새로운 인생은 60부터 시작이다. 노인을 기노(耆老)라고 말하는 것은 기(耆)는 60, 노(老)는 70를 의미한다. 그리고 기(耆) 자의 뜻에서 즐긴다는 의미가 있고, 노(老) 자는 완숙하다는 뜻이 있다. 이런 의미에서 노년은 완숙한 인격자로서 생의 마무리를 즐겁게 해야 한다.

60세에 이르기까지 희비애락(喜悲哀樂)이 많았지만, 60세 이후의 노년은 석양처럼 아름답게 인생을 마무리하고 떠나야 후대에 존경받는다. 60대는 인생을 마무리하며 즐기는 삶이 되어야 한다. 지금까지 가진 것을 버리고 무(無)로 돌아가는 노인 철학이 있어야 한다.

---

83) 약관(弱冠)은 스무 살, 이립(而立)은 서른 살, 불혹(不惑)은 마흔 살, 지천명(知天命)은 쉰 살, 이순(耳順)은 예순 살, 고희(古稀)는 일흔 살, 희수(喜壽)는 일흔일곱 살, 산수(傘壽)는 팔십 살, 미수(米壽)는 여든여덟 살, 졸수(卒壽)는 아흔 살, 백수(白壽)는 아흔아홉 살.

우리나라의 대표적 지성으로 손꼽히는 평남 용강 출신의 철학자이자 교육자인 이당(怡堂) 안병욱(安秉煜, 1920~2013) 선생은 "귀인(歸仁) 즉 인으로 돌아감"을 말했다. 인자한 노인의 삶은 천하의 순리에 따라 편안하게 살 수 있다. 노인의 생활방식은 안심, 평화, 한적(閑寂)이다. 욕심이 없으면 낙천적으로 되어 자연 그대로 유유자적하여 신선과 도인처럼 살게 된다.

프랑스의 근대 소설가인 스탕달(Stendhal, 1783~1842)은 "정신의 제일 아름다운 것 중 하나는 늙어서 존경받는 일이다"라는 말을 남겼다. 우리나라의 선비 중에 이와 같은 인물의 후손은 명문대가의 전통을 잇고 있다. 노년은 짧은 것 같지만, 그 시간은 매우 소중하다. 건강관리에 유념하여 노당익장(老當益壯)이면 꾸준히 일할 수 있다. 마지막까지 배우며 봉사하는 노년은 뜻있게 삶을 마무리하게 한다.

지난 생을 반성하고 새로운 삶을 시작하다

자신이 노년이라고 생각될 때 자신을 반성하고 생의 제2의 시작을 시도해야 한다. 평생 수도한 성철(性澈, 1912~1993) 스님도 입적하기 전에 "수미산(須彌山)84)처럼 많은 죄를 지었다"라는 말을 남겼다.

중국의 고전 『회남자(淮南子)』\85)에 등장하는 대인 거백은 오십에 이르러 지난 49년을 반성하여 수양함으로 60에 이르러 존경받는 인물이 되었다는

---

84) 불교의 우주관에서 나온 세계의 중심에 있다고 하는 상상의 산. 수미산의 하계(下界)에는 지옥이 있고, 수미산의 가장 낮은 곳에는 인간계가 있다. 또한 수미산 정상은 정입방체로 되어 있는데, 그 중심에 선견천(善見天)이 있고 주위의 사방에 32개의 궁전이 있어 삼십삼천(三十三天)이라고 한다.
85) 중국 한나라(漢) 유방의 손자인 회남국(淮南國)의 왕(王) 유안(劉安)이 만든 책으로 일종의 초기 백과사전(전체 21권).

고사가 있다.

회남왕 유안(淮南王 劉安, BC179~BC122)은 다음과 같은 명언을 남겼다.

- 그날 그날 근신하여 오늘은 어제보다, 내일은 오늘보다 근신을 거듭한다. 이것이 결국 일생을 통하여 수양이 되는 것이다.
- 나뭇잎 하나가 떨어지는 것을 보고 가을이 온 것을 안다.
- 두 마음을 품으면, 한 사람도 얻지 못하지만, 한 마음을 품으면, 백 사람을 얻을 수 있다.

자연의 이치와 인간 세상의 이치를 두루 말한 것이다. 유명한 인간만사(人間萬事) 새옹지마(塞翁之馬)의 고사도 『회남자』에서 나오는 이야기다. 새옹지마는 '변방에 사는 노인의 말'로 인생사 미래는 쉽게 알 수 없다는 뜻이다. 풀이하면,

> "북쪽 변방에 사는 노인의 말이 어느 날 도망을 갔으나 조금 지나 많은 야생마를 데리고 돌아왔다. 그러나 노인은 기뻐하지 않았다. 그 뒤에 노인의 아들이 이 야생말을 타고 다니다가 떨어져 절름발이가 되어서 주위의 사람들이 크게 걱정하였다. 이 또한 노인은 슬퍼하지 않고 덤덤한 태도를 보였다. 얼마 뒤에 북쪽 오랑캐들이 쳐들어와 마을의 대부분 남자가 징집되어 전장에서 죽었으나 절름발이인 노인의 아들은 징집되지 않고 살아남았다."

평범하게 살아도 모르는 중에 누구나 죄를 지을 수 있다. 60세에 이르면 지난 삶을 철저하게 반성해서 지은 죄를 찾아내야 알 수 있다. 악연으로 맺은 죄 아직 풀지 못한 것, 상대의 잘못도 모두 내 탓으로 생각할 때 비로소 반성할 수 있다. 용서 못하는 것도 내 탓이다. 용서하련 나부터 자유로워진다.

'죽음을 어떻게 맞이 할 것인가?' 라는 책으로 유명한 알폰소 데켄(Alfons Deeken, 1932~2020) 신부는 다음과 같은 말로 우리에게 깨우침을 주었다. "노년의 하나의 역할은 모든 이와의 화해이다." 화해함으로 자신부터 고통에서 해방된다. 또 다른 과제는 은혜를 갚는 일이다. 능력이 없는 노인이 은혜를 갚는 길은 마음밖에 없을 것이다. 은혜에 감사하고 기도하자.

화해하고 감사하고 기도하는 일은 마음에서 묻어나야 한다. 자기의 욕심이나 그릇된 마음을 깨끗이 씻어내어 어린이 마음과 같이 순수해야 한다. 천국이나 극락은 악이 없는 순수한 것이니, 노년은 이 세상에서 가장 순수한 마음으로 먼저 돌아가야 그 소망이 이루어질 것이다.

노년의 활동

- 몸은 늙어도 마음은 늙지 않는다(身老心不老).
- 무엇을 성취하려면 나이 먹어도 청년이 되지 않으면 안 된다.
- 노년은 후대의 인성 도덕을 감당하고 배우기에 적절한 시간이다.
- 노년은 가문의 전통을 전수할 책무가 있다. 명문가의 자부심을 후손에게 심어 준다.
- 사회에 보답하는 생각으로 자기의 능력에 따라 봉사하고 희사한다.
- 60대 이후의 봉사는 인격을 결정한다. 돈을 위해서 살지 말고 다수의 사람에게 도움이 되는 일을 하며, 즐겁고 보람되게 양보하면서 살아야 한다.
- 노년의 과제를 몇 가지 들어보면 학문과 교육, 후덕한 인격 함양, 남과의 화해, 삶의 주변 정리, 사회봉사, 감사와 기도 등과 같은 것들이 있다.

노년의 미덕

욕심을 버리며 삼간다. "노인이 걸리기 쉬운 병은 탐욕이다"라고 영국의 작가 밀턴(John Milton, 1608~1672)이 말했다. 노년은 버리는 시기이다. 마음이 매이지 않아야 한다. 공자는 노년에 끊어야 첫 번째가 아집(我執)이라고 했다. 내 생각보다 순리에 따르면 아름답다.

예절의 모범이 되어야 한다. 노인은 예절을 모범적으로 지키는 후손 교육의 기본이다. 늙었다고 해서 예절 없으라는 법은 없다.

- 백발은 영광의 면류관(冕旒冠)으로 의롭고 착하게 살아야 그것을 얻는다(구약성서 잠언 16:31).
- 젊은이는 용모가 이쁘고, 늙은이는 마음이 예쁘다(스웨덴 속담).
- 끝맺음을 잘 해야 탈이 없다.

평생의 공로도 마지막 잘못으로 공든 탑이 무너진다. 탐욕에서 초월하고 자유롭고 즐겁게 살아야 그 삶이 아름답게 장식된다. 중국의 석학 임어당(林語堂, 1895~1976)은 "인생의 황금기는 늙어가는 장래에 있으며, 지나간 순진한 청소년에 있는 것이 아니다"라는 멋진 말을 남겼다. 노인은 지난 세월의 아름다운 추억을 먹고 살아야 마음이 편안하고 시간도 잘 간다.

하루의 짧은 시간의 날씨도 비바람과 뜨거운 햇볕과 흐림의 변화가 무상하지만, 해 질 무렵에 영롱한 석양이 서쪽 하늘을 물들이면 마음이 편해지며 보기에 좋다.

[그림 9-1] 코타 키나발루(Kota Kinabalu)의 석양(Sunset)

노년은 마무리이며 후손교육에 힘써야 한다

 사람의 죽음은 육신과 정신이 분리되어 육신은 땅으로 돌아가고 정신(혼)은 남는다. 사람이 죽은 다음에 그 삶에는 신앙이 있고 또한 정신적 유산이 후손과 역사에 남는다.

 인생은 두 번 다시 돌아오지 않지만, 70대에 이르러 지나간 삶을 되돌아볼 수 있다. 다시 산다고 생각할 때 후손에게 당부하고 싶은 것들을 위인, 현인들의 삶에서 찾아 이 책에 실었다. 이를 후대들이 선택하여 삶의 지혜로 삼게 하려는 것이다. 그래서 후손들이 바른 삶을 살도록 도움이 되게 하며, 이와 같은 가정교육이 가정의 전통이 되어 길이 명문가를 이루기를 당부한다.

노년에는 치국평천하(治國平天下)의 큰 꿈을 버리고 오직 수신하고 가문의 후손에게 인륜과 도덕을 가르쳐서 사람다운 사람이 될 수 있도록 교육에 힘써야 한다. 오늘날 과학, 기술 위주의 삶은 마치 강력한 추진력을 갖춘 로켓이 유도 장치가 없는 것처럼 발전하였다. 수많은 금력과 거대한 권력이 어디에 쓰일지 심히 걱정스럽다. 결국 인륜 도덕을 찾아 인간답게 살게 하려면, 인간학인 유학에서 온고이지신(溫故而知新)의 공부를 하고 현실 생활에서 훌륭한 일을 하며 인류에게 공헌하기 위해 동서양 위인들의 체험적 금언을 많이 듣고 익혀야 할 것이다.

그래서 늙은 나이에도 공부하고 후손에게 가르쳐야 하겠다는 생각을 가지고, 못다 한 뜻을 후손에게 다시 심어 대신 잇게 하고자 함이 노인의 바른 마음가짐이다.

【허경한】

진주사범학교 졸업
경북대 사범대학 졸업
데레사여자고등학교 교장
부산 지산고등학교 교장
대양공업고등학교 등 교장 역임

【홍윤근】

건국대학교 대학원 안보재난관리학과 졸업(정책학 박사)
前 외교관(주몽골 참사관, 주블라디보스톡 영사, 주카자흐스탄 공사참사관)
前 건국대학교 안보재난관리학과 겸임교수
한국국가정보학회 이사
한반도안보전략연구원 이사
신한대학교 특임교수

- 저서 -
러시아를 알자, 러시아 & 루스끼, 서울: 하이비젼(2018)
북한의 재난관리 - 실태와 개선, 서울: 스페이스메이커(2020)
최신 국가정보학, 도서출판: 선(2022)
드론 무인멀티콥터 조종개론, 도서출판: 지수명(2023) 등 어느 교장 선생의 가서(家書)_인생, 어떻게 살아야 하나?

초판발행   2024년 3월 30일

원작자   허경한
저 자   홍윤근
발행인   허미숙
마켓팅   홍지현

발행처   도서출판 지수명
신고번호 제2023-000056(2023.2.14.)
주 소   서울시 강남구 도곡로 7길 22(역삼동)
전 화   02-578-0719, 010-9196-8254 (도서 주문 및 발송)

ISBN   979-11-982330-0-4 03190

정 가   20,000원

----
* 잘못된 책은 구입처에서 교환해 드립니다.
* 이 책은 저작권법에 따라 보호받는 저작물이므로 무단 전재와 복제를 금합니다.